셀프 리더십

Leading from the Inside Out

새뮤얼 D. 리마 지음 | 황을호 옮김

생명의말씀사

LEADING FROM THE INSIDE OUT
by Samuel D. Rima

Copyright ⓒ 2000 by Samuel D. Rima
Originally Published in English under the title
Leading from the Inside Out
by Baker Books,
a division of Baker Book House Company,
Grand Rapids, Michigan 49516, U.S.A.
All rights reserved.

Korean Edition published by Word of Life Press, Seoul, 2003.
Translated and published by permission.
Printed in Korea.

셀프 리더십

ⓒ 생명의말씀사 2003

2003년 1월 10일 1판 1쇄 발행
2015년 10월 25일   6쇄 발행

펴낸이 | 김재권
펴낸곳 | 생명의말씀사

등록 | 1962. 1. 10. No.300-1962-1
주소 | 서울시 종로구 경희궁1길 5-9(03176)
전화 | 02)738-6555(본사)・02)3159-7979(영업)
팩스 | 02)739-3824(본사)・080-022-8585(영업)

인쇄 | 예원프린팅
제본 | 정문바인텍

ISBN 89-04-07077-5 (03230)

저작권자의 허락없이 이 책의 일부 또는 전체를
무단 복제, 전재, 발췌하면 저작권법에 의해 처벌을 받습니다.

목차

Leading from the Inside Out

 들어가는 글　　5

I 셀프 리더십의 기초

1. 왜 셀프 리더십인가?　　16

2. 삶의 가치를 정립하라　　31

3. 소명 의식을 가지라　　56

4. 삶의 목표를 세우라　　85

5. 삶의 동기화 수준을 측정하라　　102

- 나의 신조　　130

셀프 리더십

Contents
Leading from the Inside Out

II 셀프 리더십의 실천

6. 영적 셀프 리더십   136

7. 신체적 셀프 리더십   168

8. 감정적 셀프 리더십   197

9. 지적 셀프 리더십   230

- 셀프 리더십 실천 계획   254

- 마치는 글   261

III 그룹 스터디 가이드

그룹 스터디 가이드   266

들어가는 글
Leading from the Inside Out

 미국 부통령 앨 고어가 2000년 대통령 선거 후보로 나설 것을 공식 선언하는 연설 가운데 특별히 나의 관심을 끄는 대목이 있었다. 그것은 우리 문화에 번져 있는 심각한 결함―품위의 결함, 시간의 결함, 도덕의 결함, 그리고 개인적, 문화적 가치관의 결함에 대한 언급이었다. 그는 이제까지 내가 그에게서 들어왔던 어떤 것보다도 강한 어조로 우리의 문화적 결함을 치유할 수 있는 유일한 길은 사람들이 다시 한번 자기 관리를 심각하게 받아들이는 것이라고 말했다. 고어 부통령은 미국이 이전에 공통적으로 지지해 왔던 가치관을 다시 회복할 때만이 현재의 통탄스러운 상황을 극복할 수 있을 것이라고 말하는 듯했다. 나아가 그는 각자 자기 자신의 개인 생활을 관리해야 할 필요성을 심각하게 받아들이고 더 강력한 개인적 가치관과 도덕―이것은 그들의 사회적 행위의 기본이 된다―을 가지고 살 때만이 이러한 회복이 가능할 것이라고 주장하였다.

다시 긴급하게 된 옛 메시지

자기 관리의 필요성에 대한 고어 부통령의 메시지는 전혀 새로운 것이 아니다. 다만 이 오래된 원리를 실천해야 할 긴급성이 새롭게 부각된 것이다.

찰스 스펄전은 영적 지도자가 되려는 사람들을 대상으로 강의했던 목회자 후보생들에게라는 고전에서 이렇게 서두를 시작한다.

> 어떤 의미에서 우리는 우리 자신의 도구입니다. 그러므로 우리 자신을 잘 정돈해야 합니다. 만일 내가 복음을 전파하기 원한다면 나는 나 자신의 목소리만을 이용할 것입니다. 그러므로 나는 나의 음성을 훈련시켜야 합니다. 나 자신의 두뇌만을 가지고 생각해야 하고, 나 자신의 가슴으로 느껴야 하므로 나는 나의 지적, 정서적 능력을 교육시켜야 합니다. 나는 나의 새롭게 된 성품으로 영혼들을 위해 울고 고뇌할 수밖에 없기 때문에 나는 그리스도 안에 있었던 부드러움을 세심하게 지켜야 합니다. 나의 서재를 채우거나 모임을 조직하거나 특별한 프로젝트를 계획한다 해도 나 자신 가꾸기를 소홀히 한다면 헛된 일입니다. 책과 고뇌, 조직들은 다만 나의 거룩한 소명을 위한 작은 도구에 불과하기 때문입니다. 나의 영과 혼, 몸이 바로 거룩한 봉사를 위한 가장 중요한 도구입니다. 나의 영적 능력과 나의 내적인 생활이 바로 전쟁을 위한 도끼요 무기인 것입니다.

이어서 스펄전은 이렇게 말한다.

들어가는 글

> 복음의 선구자가 자기 자신의 고유한 인격에 있어서 영적으로 고장이 나는 것은 자신에게나 그의 사역에나 매우 심각한 재앙입니다. 그러나 형제들이여 이런 악이 얼마나 쉽게 일어나는지요. 그러므로 이런 일을 막기 위해 얼마나 경계해야 할지요! ……다른 모든 면에서는 유용한 사람이 작은 결함으로 인해 심한 장애물이 되고, 심지어 전혀 쓸모 없게 되기도 합니다.[1]

리더의 궁극적인 성공은 자기 자신을 얼마나 잘 관리하느냐에 달려 있음을 스펄전이 잘 지적한 것이다. 그는 다른 모든 기술들과 재능들, 은사들은 그것들의 받침이 되는 기초만큼만 효과적이라고 본 것이다. 그 기초는 지도자의 내적 생활이다.

최근에 이르러 이 자기 관리의 원리, 다시 말해서 효과적인 리더십을 위한 기초인 셀프 리더십은 버려지고 보다 실용주의적인 접근법이 선호되고 있다. 오늘날의 리더는 그들이 어떠한 사람이냐보다는 그들이 어떤 일을 해낼 수 있느냐에 의해서 판단되는 것처럼 보인다. 근래에 들어서 일반적인 합의는 리더가 공적인 역할을 잘 감당하고 수행자들이 기대하는 번영을 이루어내기만 하면 그가 사적으로 어떤 사람이냐는 문제가 되지 않는 것 같다. 그러나 인격 지향적인 리더십을 버리고 생산성 지향적인 리더십을 선호하는 자세는 미국 문화와 나라를 폭발 직전에 이르게 했다는 것이 필자의 주장이다. 만일 우리가 리더십의 일차적인 기초인 셀프 리더십을 회복시키지 못하면 우리는 지금

---

1) C. H. Spurgeon, *Lectures to My Students* (목회자 후보생들에게 - 생명의 말씀사 역간), 7-8.

도 불안한 우리 문화가 더욱더 붕괴되는 것을 목격하게 될 것이다.

기초가 견고성을 결정한다

지난 세기에 펜실베이니아 주에 건립되었던 소방서 건물이야기가 널리 회자된다. 그 건물은 당시 가장 혁신적인 건축 기술과 최신 자재를 사용하여 지어졌다고 한다. 건물의 미관 역시 뛰어나서 즉시 그 지역의 화제가 되었고 주민들은 이 현대 과학과 기술의 경이로움을 찬탄했다.

그러나 놀랍게도 몇 달이 못되어 이 멋진 건물은 붕괴의 조짐을 보이기 시작했다. 먼저 천장과 문틀에 금이 가기 시작했다. 그리고 오래지 않아서 마루 바닥이 벌어졌고 급기야는 사람들이 통행하기에 위험하다는 판정을 받게 되었다. 그 다음에는 문과 창이 닫히지 않았다. 마침내는 지붕에도 균열이 생겨 지붕의 싱글이 떨어지기 시작했다.

결국 시 당국은 그 새 건물에 대해 사용 불가 판정을 내렸다. 그런 후 오래지 않아서 그 건물 전체 구조가 붕괴되어 쓰레기더미로 변할 지경에 이르렀다. 한때 현대 과학기술의 표징이 쓰레기로 변한 것이다.

이 건물이 그토록 금방 못 쓰게 되었기 때문에 당국에서는 이 소방서 건물의 붕괴 원인을 조사하였고, 장기간에 걸친 조사 끝에 내린 결론은, 초기 검사 때 발견되지 않은 지나친 바닥의 틈새 때문이라는 것이었다. 기초의 취약성으로 생긴 위험에다 지하 깊은 곳을 흐르는 지하수맥이 균열된 기초의 밑부분을 침식한 것으로 판명되었다. 그 건물을 지상에서 볼 때는 대단했지만, 지표 아래 기초에는 결함이 있어서 결국은 건물 전체의 붕괴를 가져오고 만 것이다.

들어가는 글

리더십 기초의 결함

최근 우리는 미국 전체에 걸쳐서, 아니 실제로는 전세계적으로 리더 계층에 속한 사람들 사이에서 이와 비슷한 일이 이루어지는 것을 목격했다. 우리는 국가적으로 혹은 세계적으로 널리 알려진 인기 있는 리더들에게 매료되었다. 그런 리더들은 교회, 정부, 기업 등 여러 곳에 자리하고 있다. 리더십의 위치를 갈망하는 사람들은 그런 리더십들에 홀려서 최신의 리더십 기법을 배운다. 리더는 겉으로 볼 때 힘과 평정, 자제력 등의 모델로 보인다. 그러나 머지않아 이런 교회와 국가의 리더들 중 다수의 삶과 행위에 뭔가 문제가 있다는 낌새를 알아차리기 시작한다.

지난 15-20년 동안 우리 모두는 성공적인 리더들이 차례로 무너져 내려 마침내 그들이 이끌던 조직은 물론 그 리더 자신과 가족에게 공공연한 부끄러움을 안겨주는 것을 놀라움 가운데 지켜 보아야 했다.

이런 공적 리더들의 실패의 원인을 깊이 조사한 결과, 거의 모든 경우에 있어서 그 리더의 개인적인 기초에 결함이 있다는 것이 발견되었다. 비록 그 리더가 재능이 있고, 똑똑하며, 겉보기에는 매우 성공적으로 일을 수행한다 해도 근본 기초에서 발각되지 않았거나 아니면 의도적으로 무시해 버린 균열이 있었던 것이다.

그러나 불행하게도 그 멋진 소방서 건물처럼 이들 리더의 기초의 결함은 점점 더 분명하게 드러나게 된다. 그럼에도 문제가 표면 저 아래 숨어 있기 때문에 이들 리더 대부분은 적절한 보수를 받기도 전에 붕괴되고 불타 버린다.

우리 모두는 대통령과 존경받는 의회 리더들, 정상권의 기업 대표들, 세계적인 목회자들과 교단의 리더들도 다른 수많은 훌륭한 리더들과 마찬가지로 개인의 기초에 있는 심각한 결함으로 인하여 부끄러운 실패를 당하는 것을 보아 왔다. 그들은 자신이 지닌 리더십 기술들을 적용하고 최신의 리더십 기법들을 사용함으로써 높은 리더십의 자리에 올랐으나, 그들이 이룬 업적에도 불구하고 궁극적인 실패를 피할 수는 없었다. 기초에 심한 결함이 있으면, 건물이든 리더이든 상관없이 그 결함은, 기초가 지지해야 하는 온전함을 훼손시키고, 나아가 적절한 수리를 받지 못하면 비극으로 끝을 맺게 된다.

셀프 리더십의 기초는 무엇인가?

본서는 리더가 되기를 갈망하는 사람들과 리더들이 온전한 리더십을 실천하고 유지하기 위해서 반드시 필요한 기초 작업을 돕기 위해 쓰여진 것이다.

중요한 건축물에서도 그렇겠지만, 가장 중요한 것은 쉽게 눈에 띄지 않는 문제 또는 요소이다. 건축물이 세월이라는 시험에서 견디려면 수준 높은 건축술과 공법도 중요하겠지만 그에 앞서서 기초가 잘 놓여져야 한다. 궁극적으로 건물의 견고성은 그 기초에 의해 결정된다.

리더십도 이와 마찬가지다. 우리 문화의 적대적인 요소들을 극복하고 성공적인 리더십을 발휘하기 위해서는 리더 생활의 이러한 측면, 즉 성공적인 리더십을 위한 견고한 기초를 준비하는 작업이 진지하게 이루어져야 한다.

이 책의 기본적인 전제는 모든 성공적이고 지속적인 리더십은 반드

들어가는 글

시 성공적인 셀프 리더십의 기초 위에 세워져야 한다는 것이다. 우리가 다른 사람들을 인도할 수 있는 견고한 기초는 우리 자신의 삶을 성공적으로 영위하는 데 달려 있다.

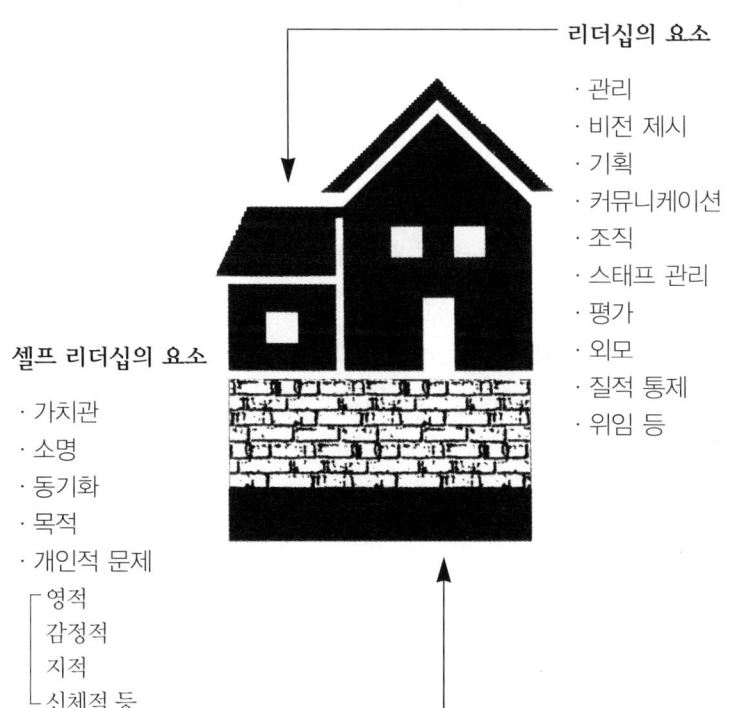

위의 그림은 성공적인 셀프 리더십(기초)이 리더십의 다른 요소들과 어떻게 관련되는가를 보여준다.

견고한 기초가 리더십의 원천이다

셀프 리더십 문제에 관심을 기울이면 견고한 기초를 세우게 되고 그것을 바탕으로 리더십을 발휘할 수 있게 된다. 앨버트 데이는 그의 고전적인 책 훈련과 발견에서 다음과 같이 썼다.

> 우리는 믿음으로 구원을 얻는다는 것에 대해 많은 이야기를 하였다. 그러나 진정한 믿음에는 반드시 훈련이 포함된다는 것에 대해서는 잘 알지 못하고 있다. 믿음이란 간단히 "모든 것을 예수님께 떠맡기는 것"이 아니다. 믿음이란 "아무든지 나를 따라 오려거든 자기를 부인하고 날마다 제 십자가를 지고 나를 좇을 것이니라"고 하신 예수님의 말씀을 진지하게 받아들인 만큼 예수님을 신뢰하는 것이다. 우리는 우리가 하나님의 은혜를 의지한다고 요란스럽게 떠들어대지만, 정작 하나님의 은혜는 자기 훈련의 미덕을 실행하는 사람에게만 주어진다는 사실을 알지 못하고 있다.[2]

데이의 말은 성경에 나타난 사도 바울의 태도와 일치한다. 바울은 하나님의 은혜를 열렬히 추구했지만 자기 훈련 역시 강하게 주장하였다. 그는 "내가 내 몸을 쳐 복종하게 한다"(고전 9:27)고 말했다. 바울은 교회의 리더로서 자신이 어떻게 사는가를 설명하기 위해 훈련된 운동선수의 비유를 종종 소개했다. 그는 할 수 있는 한 자신을 하나님께 유용하게 하려는 듯, 자기 내면의 삶과 근본적인 문제들, 예를 들어 개인의 가치들과 소명 등을 관리할 필요가 있음을 진지하게 생각했다.

---

[2] Albert Edward Day, *Discipline and Discovery* as quoted in Ruben P. Job and Norman Shawchuck, *A Guide to Prayer for Ministers and Other Servants* (Nashville: The Upper Room, 1983), 91.

이 위대한 사도는 자신의 내면의 삶을 잘 관리하지 못하면 실제로 개인적으로 무너지게 되고, 그리하여 자기가 사도로서 애써서 노력하던 것들에 부정적인 영향을 미치게 된다는 사실을 늘 의식하고 살았다.

이 책은 효과적으로, 오랫동안 그리고 마지막까지 리더의 역할을 잘하기 원하는 리더들로 하여금 셀프 리더십 문제에 깊은 관심을 갖게 하려는 의도로 쓴 것이다. 이것은 하나님께 영광 돌리는 탁월한 리더십이 되기 위한 유일한 기초가 된다. 이런 리더들만이 우리 사회에서 대중과 또 리더십으로 세워 준 사람들로부터 신뢰를 회복할 수 있다.

이 책을 사용하는 방법

본서는 3부로 나누어져 있다. 제1부는 성공적인 셀프 리더십을 위한 기초적인 문제들을 다룬다. 여기서는 개인적 삶의 가치들의 중요성과, 하나님의 소명을 분명히 할 필요성, 그리고 현재의 동기화 수준을 성공적인 셀프 리더십에 동원하도록 도전할 것이다. 아울러 개인의 삶을 영위할 수 있는 의미 있는 인생 목적을 개발하는 일의 중요성을 설명할 것이다.

제2부에서는 리더로서의 삶에서 셀프 리더십을 적용할 부분들을 살펴볼 것이다. 일단 자신의 가치를 정립하고, 소명을 명확하게 하며, 자신의 동기화 수준을 확인하고, 가치 있는 삶의 목적을 설정한 다음에는 삶의 여러 영역들 속에서 셀프 리더십을 실제로 실천하는 법을 익혀야 한다.

어느 조직에든지 당신의 가치와 소명, 사명을 실현하려는 노력을 방해하는 세력들이 많이 있다. 제2부는 당신이 영적 셀프 리더십, 신체적 셀프 리더십, 감정적 셀프 리더십, 지적 셀프 리더십을 성공적으로 실천할 수 있는 구체적인 방법들을 제공할 것이다.

  2장에서 9장까지는 각 장에서 읽은 원리들을 실천에 옮길 수 있도록 장 끝에 셀프 리더십 워크숍 난을 마련해 두었다. 제1부의 끝에는 각 장의 워크숍에서 실시한 것을 당신 개인의 것으로 소화시키기 위한 과정이 준비되어 있다. 이것은 (성경과 연결하여) 독자 개인의 의사 결정과 방향 설정시 지침으로 이용할 수 있을 것이다. 제2부의 끝에는 6장에서 9장까지의 워크숍들을 셀프 리더십 개발에 체계적으로 활용할 수 있도록 안내하는 내용이 포함되어 있다.

  제3부에는 그룹 토의를 인도하거나 프리젠테이션의 틀로 사용할 수 있는 스터디 가이드가 포함되어 있다. 신속하게 본문을 읽고 빨리 워크숍 페이지를 시작하고 싶은 유혹이 있겠지만 본문을 정독할 것을 간절히 권고한다. 그래야만 바른 이해에 도달할 수 있고, 따라서 워크숍의 결과들을 개인의 삶에 적용하여 최대한의 효과를 얻을 수 있을 것이다.

I

셀프 리더십의 기초

셀프 리더십

1 왜 셀프 리더십인가?

1997년 여름, 미국 침례교 총회의 회장인 헨리 리욘스가 갑자기 전국적인 뉴스의 초점이 되었다. 그의 아내가 사우스 플로리다에 있는 그의 화려한 저택에 방화를 기도한 혐의로 체포되었기 때문이었다. 이 사건은 이 리더가 자신의 여성 조수와 함께 70만 달러 상당의 집을 사고 공동으로 등기한 사실을 그의 아내가 안 후 반발심에서 저지른 것이었다. 매체들이 이 사건의 내막을 추적하면서 그 이상의 내용들도 밝혀졌고 결국은 이 전국적인 종교 리더의 정직성은 물론 도덕성마저 의심받게 되었다. 이어서 겉으로는 공용이라고 했지만 벤츠 자동차와 수십만 달러짜리 보석을 구입한 일 등이 의심받게 되었다. 이런 논란이 계속되는 가운데 리욘스는 신임 투표를 받기 위해 이 교단의 집회에 소환되었다. 그런데 이 교단의 신실한 많은 사람들의 사임 요구에도 불구하고 이 리더는 신임을 얻어 리더의 직책을 계속하게 되었다.

1. 왜 셀프 리더십인가?

그의 결혼 생활은 분명히 난잡하고, 돈의 씀씀이는 의심스럽기 그지없는데도 리더십의 자리에 그대로 머물게 된 것이다.

셀프 리더십 : 잃어버린 기술

1990년대에 실업계와 정치계, 심지어 종교계의 고위 리더들이 일으킨 수많은 문제들로 인해, 한 가지 혼란스러우면서도 분명히 대중적인 리더십 철학이 나타나기 시작했다. 갈수록 많은 리더들이 개인 생활에서 매우 의심스러운 일을 하고 있는 것이 발견됨에 따라, 리더의 개인적인 삶은 리더십 수행에 별로 영향을 미치지 않는다는 이야기가 나돌기 시작했다. 리더를 선발할 때 가장 중요한 요소는 그 일을 할 수 있느냐 하는 것이라는 주장이다. 그 직책을 감당할 수 있는 경험과 은사와 능력을 갖추고 있는가? 이것이, 오직 이것만이 리더의 적합성 여부를 결정해야 한다는 것이다.

미국 상원 법사위원회가 미국 대통령 빌 클린턴을 탄핵하기 위해 투표를 실시하게 되었을 때, 미국인들은 리더의 자격이 무엇인가를 생각하지 않을 수 없었다. 대통령의 무모하고, 부도덕하며 자기 파괴적인 사생활은 그의 대통령 임기 8년 동안 계속 암운을 드리웠다. 그 결과 학자들과 전문가들은 방송을 통해 리더의 개인적이고 사적인 행위는 어느 누구의 일도 아니며 따라서 그들이 사적으로 하는 행위는 그들의 공적 리더십 행위와 혼동되어서는 결코 안 된다는 주장을 펼쳤고 미국인들은 전대미문의 혼란과 정치적 소요에 휘말렸다. 논란의 요지는 리더의 개인 생활과 사적 행위가 그의 공적 리더십 행사와 관련이 있느냐는 것이었다.

이 격렬하여 때로는 격한 감정이 섞였던 논쟁의 한편에서는 리더가 사적으로 하는 일과 공적으로 하는 일 사이에는 분명한 구분과 분별이 있다고 주장했다. 이들의 주장은 대체로 이런 것이었다. 한 리더의 사적 행위는 그가 공적 영역에서 리더십을 실행하는 것과는 상관이 없다. 리더가 능숙하게 그 직책에 요구되는 과업을 성취하여 좋은 결과만 낸다면, 그 리더가 사적으로 어떤 신념을 가지고 있든, 닫힌 방안에서 어떤 행위를 하든 문제 삼아서는 안 된다.

다른 말로 해서, 이 입장을 지지하는 사람들은 정직(integrity)과 인격을 희생해 가면서 실용주의 노선을 추구하는 것으로 보인다. 리더가 긍정적인 결과를 이루어 낼 수만 있다면 그의 삶의 도덕적 혹은 지적인 토대야 무슨 상관이 있겠는가? 만일 설교자가 멋진 설교문을 작성하여 탁월하게 전달한다면, 그가 소득세를 탈세하든, 은밀하게 인종차별을 하든 아무 문제가 되지 않는다. 최고 경영자가 경영을 잘해서 주주에게 이익을 돌려주기만 한다면, 자기 집에서 은밀하게 아동 포르노그래피를 즐겨 보는 알코올 중독자일지언정 무슨 상관인가? 이런 이야기가 터무니없고 어리석은 것임에도 그들은 그런 논리적인 결론을 제시한다.

리더의 사생활과 공적 리더십 사이의 이런 불일치는 오히려 정직과 인격에 관심 있는 사람들에게는 경종이 되고 있다. 이들의 주장은 리더가 마음속 깊이 간직한 가치와 신념은 그가 공적 무대에서 리더십을 수행하는 방법이나 공적 행위와는 전혀 상관이 없거나 영향을 미치지 않는다는 그릇된 전제에 기초한다. 과거에는, 리더에게 이런 상

1. 왜 셀프 리더십인가?

황이 생기거나, 신념과 행위 사이에 불일치가 있을 경우 그 사람은 정신이상자로서 일종의 심리적인 통합 문제를 가지고 있는 자로 취급받았다. 그런데 요즘에는 그런 상반됨이 수용 가능하고 존중되어야 한다고들 한다. 그러나 자신의 가치관과 신념과는 상반되는 행위를 지속적으로 하는 사람은 정서적으로 혹은 심리적으로 또는 양면에서 건강하지 못한 것이다. 그런 사람들을 리더십의 자리에 앉혀서는 안 된다. 그들은 전문가의 도움을 받도록 해야 한다. 리더의 개인적 인격이 효율적이고 건강한 리더십의 기초가 되어야 한다.

최근에 나타난 리더십 수행의 자격에 대한 이런 상대적 견해는 실로 이상하게 발전되었다. 정말로 우리는 리더가 개인적이고 사적인 생활을 영위하는 방법과 공적 리더십을 수행하는 방법 사이에 합법적인 이분법이 존재할 수 있다고 믿는가? 개인의 정신적인 신념 체제는 그의 리더십 수행에 절대적으로 전혀 영향을 미치지 않는다는 것이 진실일까? 개인적 약속과 언질을 지키지 못하는 리더가 리더로서 한 약속과 언질을 지킬 것으로 믿을 수 있을까? 자신의 배우자와 자식들에게 거짓말하는 사람이 자신이 이끄는 사람들에게는 그렇게 하지 않으리라는 보장이 있을까? 개인적인 관계를 제대로 관리하지 못하고 개인적 갈등을 만족스럽게 해결하지 못하는 리더가 리더십 역할을 할 때에는 잘할 것이라고 기대하는 것은 맹목적인 낙관이라고 하지 않을 수 있을까?

이런 질문에 대한 대답은 자명하고 또 한때는 그러했지만, 지금은 사람들이 기대하는 것처럼 명백하지 않다. 실제로 거의 모든 분야에서 나타나는데, 자신의 전문 분야에서 상당 기간 동안 리더십의 역할을 아주 잘 감당한 사람이 자신의 개인 생활 면에서는 거의 혼란의 상태에 있는 경우가 많다. 그 결과로, 거의 예외 없이 그 리더의 개인 생활이 잘 정돈되어 있는 공적 생활을 파괴하는 때가 온다. 그리하여 그 결과는 거의 한결같이 TV 뉴스에 추문으로 헤드라인이 된다. 한 개인의 사생활은 언제나 그의 공적 리더십 수행에 영향을 미치는 것이 분명한 것 같다.

리더의 공적 인격 및 리더십 수행과 그의 개인적, 사적 생활 방법 사이에 드러나는 이런 불일치의 근원은 어디에 있을까? 이런 불일치가 인정될 수 있다는 개념은 어디서 온 것일까? 한 사람이 조직의 리더로서는 성공하면서도 한편으로 자기 생활은 비참하게 실패할 수 있다는 것이 도대체 가능한 일일까?

지난 30년 동안 성공적인 리더십 수행과 기술에 대한 책들이 문자 그대로 범람했다. 영향을 주는 방법, 비전을 제시하는 법, 목표 설정, 마스터 플랜 작성법, 인간 자원 관리, 협상, 행정을 비롯하여 조직의 성공적인 리더십이 되는 것과 관련된 주제들에 대해 수많은 책들이 쓰여졌다. 이처럼 리더십을 강조한 결과 대학원과 상대를 졸업한 리더들의 질적 수준과 기술이 뚜렷하게 높아졌다. 그러나 바로 이 기간 동안, 리더가 자신의 개인 인격을 계발하고 효과적, 성공적으로 셀프 리더십을 수행하는 일에 대한 강조는 눈에 띌 정도로 줄어들었다.

이와 같이 리더의 의도적인 인격 계발을 소홀히 한 데 대한 반응은 공적 리더십 자리에 있는 사람들을 향한 대중의 냉소와 존경 부재의 증가이다. 교회든, 회사든, 정치계든, 사람들은 대다수의 리더들에 대해 전보다 더 신뢰하지 못하고 좌절을 경험하고 있다. 리더십 자리에 있기만 하면 자동적으로 수행자들이나 대중으로부터 거의 무조건적

1. 왜 셀프 리더십인가?

인 존경을 받던 시절은 지나갔다. 그때와는 반대로 오늘날의 리더들은 자신이 이끄는 사람들에게 자신이 신뢰할 수 있는 리더라는 것을 증명하기 위해 많은 노력을 기울여야 한다. 일단 신뢰를 얻는다 해도 그 신뢰를 계속하여 유지하는 것은 리더의 주된 일이 되었다.

리더들에 대한 대중의 냉소라는 이 유행병은 리더들의 공적 삶과 사적 삶 사이의 불일치가 사람들에게 종종 발견되기 때문이다. 리더의 사생활의 실패를 매체들이 폭로하는 일이 늘어감에 따라 사람들이 리더들을 신뢰하기가 갈수록 어려워지고 있는 것이다. "만일 그가 자신의 본능에 대해 리더십을 발휘할 수 없다면, 어떻게 교회에 대한 리더십을 수행할 수 있겠는가?"라고 교인들은 의문을 제기한다. "만일 그가 자기 자신의 돈 관리를 제대로 하지 못한다면, 어떻게 조직의 리더십 역할을 할 수 있겠는가?"라는 것이 피고용자들과 동료들의 당연한 질문이다.

실제로 한 리더가 자기 개인의 생활을 영위하는 방법은 그의 공적 리더십 수행 능력에 큰 영향을 미친다. 리더들이 자신의 전문 분야에 대해 행사하는 것과 같은 수준 높은 리더십을 자신의 사생활에서도 보여주지 않는 한, 리더들에 대한 대중의 냉소와 불신 풍조는 바뀌지 않을 것이다.

셀프 리더십이란 무엇인가?

셀프 리더십이란 정확히 무엇을 말하는가? 리더들은 그들이 공적 리더십의 자리에서 실행하는 것과 동일한 질의 리더십을 자신의 사생활에서도 실천해야 한다고 하면서 필자가 주장하는 것은 무엇일까?

오늘날 많은 사람들이 널리 받아들이는 리더십의 정의들이 있는데 이것은 일류 조직과 집단들에 적용되고 있다. 이 정의들은 모두 경영과 리더십 사이를 분명하게 구별한다. 과거에는 경영과 리더십을 종종 서로 바꾸어 사용하였다. 다시 말해서 경영자의 자리에 있는 사람은 모두 다 리더로 간주되었다. 그러나 오늘날은 그렇지 않다. 오늘날 리더십 주제에 대해 가장 많은 글을 쓰는 작가에 속하는 워렌 베니스는 그의 저서 리더가 되는 일에 관하여[1]에서 리더십과 경영을 분명히 구분한다. 베니스에 의하면 경영자는 일을 바르게 하는 데 관심을 쏟는다. 다시 말해서 경영자는 절차를 따르고 자신이 경영하는 사람들의 추종을 받아내는 데 관심을 집중한다. 이 역할에서는 기존 관습을 잘 수행하고 표준이 되는 정책을 고수하는 것이 경영자의 효율성을 결정한다. 반면에 리더는 바른 일을 하는 데 관심이 있다고 베니스는 주장한다. 리더는 단순히 기존 절차를 따름으로써 수용된 관습으로 추종을 얻어내기보다는 인정된 절차가 바른 일인가를 먼저 질문한다. 진정한 리더는 기존의 관행이 조직의 비전과 임무를 성취하는가를 판단하고 완전히 새로운 절차와 관행을 만들어 내는 사람이다. 기존 패러다임의 범주 내에서 일을 하는 것으로 만족하기보다는 기존의 시스템을 변혁시켜 보다 효율적인 시스템으로 만드는 것이다. 요컨대 베니스에 의하면, 리더십은 그 본질상 수행적이라기보다는 변혁적이다.

---

[1] Warren Bennis, *On Becoming a Leader* (1989; reprint, Reading, Mass.: Addison Wesley, 1994).

1. 왜 셀프 리더십인가?

존 맥스웰 박사 또한 리더십 분야에서 인기 있는 저술가요 강사다. 맥스웰이 보는 리더십은 영향력이다. 베니스는 리더의 활동의 최종 결과에 초점을 두는 반면, 맥스웰은 그 결과를 위한 수단, 즉 영향력의 행사에 초점을 맞춘다. 성공적인 리더는 개인들과 조직이 기존의 패러다임을 자발적으로 변경하도록 영향을 줄 수 있는 사람이다.

퓰리처 상을 받은 저자 제임스 맥그리거 번즈는 그의 고전적 저서 리더십[2]에서, 리더의 역할은 제도적, 정치적, 심리적 및 기타 자원들을 움직여 상호 유익한 목적을 실현하게 하는 것이라고 말한다.

그러므로 요약하면, 성공적인 조직의 리더들은 자신의 영향력을 사용하고 또 필요한 자원들을 동원함으로써 기존의 패러다임과 관행들을 변혁시켜서 그 집단 혹은 조직의 명시된 임무를 보다 유익하고 효과적으로 달성한다.

셀프 리더십의 개념을 주장함으로써 내가 제안하는 것은 리더들은 자기 자신의 삶을 영위하는 데 있어서도 동일한 주의를 기울여야 한다는 것이다. 이것이 셀프 리더십의 기술이다. 우리는 우리 삶의 기존 패러다임이 변혁되어야 하는지 끊임없이 질문해야 한다. 현재 우리가 일하는 방법과 삶의 방식이 우리 개인의 사명과 목적을 성취할 수 있게 하는가? 우리가 속한 조직의 사명을 아는 것과 동일하게 나 개인의 사명을 확실히 인식하고 있는가? 그렇지 못하다면 왜 그런가? 우리는 자신의 삶에 대해 끊임없이 영향력을 행사하고 있는가? 우리 자신에게 필요한 변화를 일으킬 수 있도록 영향을 주어 보다 생산적이고 성

---

2) James MacGregor Burns, *Leadership* (New York: Harper Torchbooks, 1978).

셀프 리더십

공적인 인간과 리더가 되도록 하고 있는가? 우리의 잠재력이 충분히 발휘되지 못하도록 방해하는 파괴적인 습관과 행위를 변화시키도록 자신에게 영향을 주고 있는가? 우리 자신의 삶 속에 있는 다양한 자원들—신체적, 지적, 영적, 정서적, 경제적 자원들—을 활성화하여 우리 일생의 사명을 이루는 데, 유익한 목적들을 성취하는 데 우리는 얼마나 성공적인가? 우리가 셀프 리더십의 기술을 마스터하기 위해서는 이런 중요한 문제들을 반드시 다루어야 한다.

성공적인 리더들은 종종 조직적 상황에서는 때로 집착에 가까울 정도로 이 모든 일을 행한다. 그러나 이 원리들을 자신의 삶에 적용하는 일은 소홀히 한다. 대부분의 경우 이렇게 소홀히 한 결과는 오늘날과 같은 냉소와 불신의 분위기로 나타나, 수많은 리더들과 그들이 이끄는 조직들을 괴롭힌다.

동료들과 경쟁 상대들이 부러워하는 조직을 만들 수 있는 리더가 결혼 생활과 가정 생활은 엉망진창으로 이끌어 간다는 것이 있을 수 있는 일인가? 무엇 때문에 건강하고 활발한 조직을 만들 수 있는 리더가 자기 자신의 지나친 체중은 관리하지 못하여 개인 건강과 체력 문제로 고생을 하는가? 목사와 영적 리더들이 자신이 이끄는 교회와 기관들은 재정적으로 건강하게 유지하면서, 개인의 생활은 경제적 파탄 직전에 처하는 일이 도대체 무엇 때문인가? 안타깝게도 자신이 이끄는 기관을 위해서는 탁월하고 감동적인 사명 선언문을 만드는 리더들 다수가 자기 자신의 삶을 위해서는 이와 같은 탁월한 사명 선언문을 만들 수 없는 것이 사실이다.

이제는 리더들이, 특히 영적 리더들이 조직의 리더십 기술을 마스터

1. 왜 셀프 리더십인가?

하고 실천하는 것과 동일하게 셀프 리더십의 기술을 마스터해야 할 때이다. 만일 리더가 자신이 이끄는 조직체에서 보여 준 탁월함과 능숙함과 동일한 삶을 개인의 삶에서 보여주지 않는다면 그 불협화음은 결국 인도를 받는 사람들의 신뢰와 존경을 상실하는 결과로 나타나고 말 것이다. 리더십의 실패가 거의 모든 영역에서 빈번하게 나타나 리더에 대한 냉소와 신뢰 결여가 보편화된 오늘의 환경에서는, 셀프 리더십의 기술을 마스터하는 일이 성공적이고 온전한 리더십을 발휘하기 위해 필수적이다.

셀프 리더십의 신학

성경은 셀프 리더십에 대해 뭐라고 할까? 셀프 리더십은 성경에 바탕을 두고 있는 것일까, 아니면 전적으로 인간이 만들어 낸 자생적 철학일 뿐일까? 성경은 셀프 리더십의 중요성에 대해 엄청나게 강조하고 있다. 바울은 자신의 젊은 제자 디모데에게 보내는 서신에서 디모데 자신의 삶을 영위하는 방법에 대해 세심한 관심을 기울이라고 거듭 말한다. 아니, 디모데가 맡고 있는 교회의 조직적 리더십을 위한 특정한 기술과 도구들보다는 디모데 자신의 셀프 리더십에 더 초점을 두고 있다고 말하는 편이 정확할 것이다.

바울은 디모데에게 보내는 첫 번째 서신의 서두에서 "선한 싸움을 싸우며 믿음과 착한 양심을 가지라 어떤 이들이 이 양심을 버렸고 그 믿음에 관하여는 파선하였느니라"(딤전 1:18-19)고 이 젊은 리더에게 강력하게 촉구한다. 바울이 보기에는 디모데 개인의 믿음의 삶과 행동이 리더로서 그의 공적 삶과 일치하는 것이 중요했다. 셀프 리더십의 실패는 심각한 실패로 연결될 수 있기 때문이다.

바울은 디모데를 위해 교회의 잠재적 리더들의 자격을 열거하면서 셀프 리더십의 중요성을 더욱더 강조하지 않을 수 없었다. 바울은 리더가 될 사람은 다음과 같은 자격을 갖추어야 한다고 말한다.

> 책망할 것이 없으며 한 아내의 남편이 되며 절제하며 근신하며 아담하며 나그네를 대접하며 가르치기를 잘하며 술을 즐기지 아니하며 구타하지 아니하며 오직 관용하며 다투지 아니하며 돈을 사랑치 아니하며 자기 집을 잘 다스려 자녀들로 모든 단정함으로 복종케 하는 자라야 할지며 (사람이 자기 집을 다스릴 줄 알지 못하면 어찌 하나님의 교회를 돌아보리요)(딤전 3:2-5).

요컨대, 바울이 말하는 바는 리더가 자신의 삶과 가정을 성공적으로 이끌지 못하면, 어떻게 교회나 다른 조직의 리더십이 될 수 있겠느냐는 것이다. 이 원리는 어처구니가 없을 정도로 단순하다. 어떤 리더가 자기 자신의 삶을 효과적으로 관리하고 자신을 통제하는 일을 제대로 하지 못하는데 어떻게 다른 사람들을 효과적으로 이끌어 갈 것을 기대할 수 있겠는가? 전혀 말이 되지 않는다. 그러면서도 리더십이 될 수 있다고 생각하는 것은 어리석고 유치한 생각이다. 그럼에도 불구하고 한 개인이 자신의 삶을 꾸려가는 방법은 그의 리더십 역량과는 아무 상관이 없다고들 말한다.

바울은 계속해서 디모데에게 "경건에 이르기를 연습하라"(4:7)고

1. 왜 셀프 리더십인가?

훈계한다. 바울이 말하는 바는 디모데가 순전히 개인적 훈련을 통하여 경건하게 될 수 있다는 것이 아님을 우리는 알 것이다. 경건의 성장은 우리 안에 계신 성령께서 하시는 일이다. 그렇지만 우리는 개인적인 경건의 훈련을 통해서, 성령께서 우리 안에서 보다 효과적이고 지속적으로 성화의 일을 하시도록 자신을 준비할 수 있다. 예를 들어, 언어 영역에 있어서 우리는 훈련을 통해 지속적인 영적 성장과 발전에 필요한 좋은 땅이 될 수 있다. 반대로 우리 삶에서 이런 훈련을 하는 데 실패할 경우 성령의 역사를 방해할 수 있다. 이어서 바울은 디모데에게 아무도 그를 무시하지 못하고 그의 리더십을 의심하지 못할 삶을 살라고 격려한다(12절). 오히려 그가 이끄는 사람들의 본이 되도록 훈련하라고 한다. 그러고는 "이 모든 일에 전심전력하여 너의 진보를 모든 사람에게 나타나게 하라"(15절)고 훈계한다. 마지막으로 "네가 네 자신과 가르침을 삼가 이 일을 계속하라"(16절)고 말한다. 바울이 말하는 것은 성실한 공적 리더십의 필요성(가르침을 삼가)은 말할 것도 없고, 성실하고 효과적인 셀프 리더십의 필요성(네 자신과) 모두인 것이다.

리더와 잠재적 리더들을 향해 성공적인 셀프 리더십을 수행하라는 교훈은 성경 전체에 수없이 많다. 한 가지 예를 들자면 구약의 제사장 엘리의 비극적인 이야기일 것이다. 사무엘상 2장에서 우리는 셀프 리더십에 실패하여 그 결과로 엄청난 상실을 경험하는 영적 리더의 안타까운 이야기를 읽게 된다. 이 늙은 리더는 제사장이라는 높은 자리에 있지만 자신의 일을 다스리는 데는 실패한다. 리더로서의 역할과 책임에 대한 엄중한 경고에도 불구하고(27-29절 참조) 그는 이스라엘 역사상 중요한 시기에 리더십 수행에 실패한다. 엘리는 개인의 행위 영역은 제사장으로서의 공식적 리더십 수행에 직접적인 영향을 미치지 않을 것이라고 생각하여 그 영역을 간과 내지는 무시했다. 그러나 우리는 성경에서, 하나님께서 리더의 리더십 실천보다는 그의 삶에 더 많은 가치를 두시는 것을 본다. 결국, 엘리의 나태한 개인 생활 때문에 하나님은 그의 리더십을 빼앗으시고 또 대대로 그의 가문 전체를 징계하셨다(31-33절).

더구나 성경 전체를 통하여 볼 수 있는 것은 리더가 자신의 감정과 행동에 대해 셀프 리더십을 실행하지 못할 경우 거의 항상 그가 이끄는 사람들과 조직체에 부정적인 영향을 준다는 것이다. 이것을 분명하게 보여주는 한 가지 예가 모세의 경우이다. 모세는 자신의 감정에 대한 셀프 리더십을 발휘하지 못하여, 하나님의 지시대로 바위를 향해 말을 하는 대신 바위를 내리쳤다. 그의 실패의 영향은 심각했다. 솔로몬의 사치스런 생활방식도 그렇다. 그는 신명기 17장에 나오는 명령을 어기고 과도하게 세금을 부과함으로써 그의 아들에게 부정적인 영향을 끼쳤을 뿐 아니라, 왕국의 분열까지 자초했다. 다윗도 지속적으로 셀프 리더십을 실천하지 못하여 자신과 이스라엘 나라에 엄청난 피해를 주었다. 성경 도처에 나오는 사울, 요나, 아브라함 등의 사건도 공적 리더의 삶에서 셀프 리더십이 중요함을 환기시켜 준다. 아울러 우리는 에스더, 요셉, 다니엘, 느헤미야, 바울 등 성공적인 셀프 리더십의 열매를 거두었던 사람들의 예도 볼 수 있다.

1. 왜 셀프 리더십인가?

자신의 삶을 다스리지 못할 때

필자가 제1장의 원고를 다 써서 출판사를 찾아 갈 때쯤 미국 침례회 총회장 헨리 리온스 목사는 사기, 횡령, 돈세탁, 모의, 탈루 등 56가지 혐의로 정식 기소되었다. (그 후 그는 유죄로 판정되어 플로리다 교도소에서 9년 반의 형기를 살고 있다. 이것은 리더가 남길 만한 좋은 유산이 결코 아니다.) 그의 무모한 셀프 리더십은 그리스도는 물론, 자신과 가족에게 수치와 당혹감을 안겨주었을 뿐 아니라, 미국 침례교단마저도 내적 소용돌이에 휘말리게 했다.

이런 안타까운 사건들에 늘 나타나는 형상대로, 미국 침례교의 리더급 인사들 가운데는 그의 사악한 행동에도 불구하고 그 엉망인 리더를 지지하는 사람들이 상당히 있다. 동시에 총회장의 행위에 분노를 느끼고 그의 해임과 징계를 요구하는 건강한 회원들도 있다. 리더가 자신의 삶에 대해 셀프 리더십을 실천하지 못할 때 치르는 값이 그런 것이다. 그 값은 너무 커서 많은 조직들은 그 값을 치르지 못하고 결국 붕괴되고 만다. 20세기말 미국은 대통령 클린턴이 성공적인 셀프 리더십을 실천하지 못함으로써 리더십의 도덕적 수준 저하와 대중의 냉소주의, 국제적 망신이라는 값을 치를 수밖에 없었다. 그 값은 정부와 그 제도들을 내적 붕괴 직전에 이르게 할 정도로 컸다.

셀프 리더십 기술을 마스터하라

이 책의 목적은 기존 리더십과 잠재적 리더십들이 셀프 리더십의 기술을 마스터하게 하려는 것이다. 리더로서 우리가 하나님이 주신 가능성을 온전히 다 이루고, 또 하나님이 우리에게 맡기신 혹은 맡기실 리더십 자리를 온전히 감당하도록 하나님의 부르심과 인도와 은사를 성취하기 위해서는 몇 가지가 필수적이다.

이제는 하나님의 영광을 위하여 우리 삶의 가능성을 온전히 실현하기 위해 출발할 때다.

2
삶의 가치를 정립하라

앞장에서 보았듯이 자기 자신의 삶에 대해 지속적인 리더십을 실천하지 못하면 리더 개인은 물론 그가 이끄는 조직 모두에게 중요한 실패를 안겨줄 수 있다. 종종 고위급 리더들은 자신이 속한 조직의 핵심 가치들을 아주 잘 알 수 있고, 또 실제로 그 조직 내에서 그 가치들을 전하는 전도사 역할을 탁월하게 할 수 있다. 그러나 자신의 교회나 회사의 가치들을 위해서는 열정적인 바로 그 리더들이 자기 자신의 핵심 가치는 무엇인가를 잘 알지 못하는 경우가 종종 있다. 그리하여 리더로서 그들의 역할에 있어서는 가치 지향적이지만, 자기 개인의 삶을 이끌어 가는 데 있어서는 자신이 전문적으로 추진하는 그 가치들을 종종 어긴다.

1998년 7월, 미국 정부의 프로그램 HEARTS(정직, 윤리, 책임, 존경, 신뢰, 지지를 의미하는 Honesty, Ethics, Accountability, Respect,

Trust, Support의 첫 자를 따 만든 말임)의 책임자이자 리더가 공금 횡령 혐의로 입건되었다는 소식이 전국에 보도되었다. 정직, 책임, 윤리, 신뢰의 교사이자 리더의 역할을 하는 주디스 앤 군더슨은 알면서도 의도적으로 허위 지출 보고서를 작성하여 정부의 돈을 사취했다. 그녀는 건전한 윤리와 정직, 신뢰를 계발하고 실천하게 하는 일을 사람들에게 가르치는 임무를 위탁받은 리더임에도, 자기 개인의 삶에서는 그와 정반대 되는 행위를 하였던 것이다. 그녀가 HEARTS의 리더로서 자신이 전파하는 가치들을 열심히 전했다는 것은 의심의 여지가 없다. 그러나 놀랍게도 그런 혐의로 입건되었음에도 불구하고 그녀는 자신의 정부 조직에서의 위치를 유지할 자격이 있다는 결정이 내려졌다.[1]

인격이 중요하다

개인적 인격이란 개인의 신념, 가치, 도덕성 등의 총체로서, 이것들을 종합하면 그 개인의 진정한 속성 혹은 인격을 드러내는 것이라고 정의할 수 있다. 그러므로 어떤 상황에서 그가 어떻게 반응할 것이며, 그 리더의 의사결정에 정보를 제공할 우선순위를 어떻게 결정할 것인가를 보여주는 것은 리더의 개인적 인격이다. 잘 통합된 사람은 그가 사적으로 지지하는 가치와 신념들과 공적인 행위 사이에 뚜렷한 연속성이 있는 사람이다.

사실 이 원리는 늘 깨뜨려져 왔는데 존 케네디 대통령조차도 순전한

---

1) *Omaha World Herald*, 1998.

2. 삶의 가치를 정립하라

인격과 정치적 위대함 사이의 관련성을 거듭거듭 강조했다. 그는 인격은 행위를 솟구쳐 내는 주요한 원천이라고 올바른 주장을 했다.[2] 개인의 인격의 중요성과 리더로서의 업무 수행을 평가한 사람은 케네디뿐만이 아니다. 그리스 철학자이자 정치 사상가인 아리스토텔레스는 다른 사람의 인격을 판단할 수 있는 유일한 길은 그 사람의 행위에 근거하는 것밖에 없다고 보았다. 아리스토텔레스에 의하면, 공적 리더십의 자리에 앉은 사람들은 공공의 행복 증진을 원하는 진정한 욕구로 인하여 자신의 저열한 욕구를 늘 통제할 수 있어야 한다. 아리스토텔레스의 사고에 의하면 최고의 정부란 리더들이 자신 깊숙이 간직하고 있는 미덕과 도덕성을 국가 전체의 복지를 증진하는 방향으로, 공적으로 실천하는 정부이다.

행위라는 시험지

도덕과 미덕은 사소한 것이어서 한 사람이 다른 사람을 위해 그것을 정의하거나 규정해 줄 수 없다고 여기는 오늘날의 상대주의 세계에서는 별로 인기 있는 개념은 아니지만, 그러나 엄연한 사실이 하나 있다. 그것은 개인의 행위는 그의 진정한 인격을 나타내는 가장 정확한 지표라는 것이다. 궁극적으로 우리의 행위는 우리가 깊숙이 간직하고 있는 가치들을 실행에 옮긴 것에 불과하다. 그렇다고 해서 우리가 스스

---

[2] Thomas C. Reeves, *A Question of Character: A Life of John F. Kennedy* (Rocklin, Calif.: Prima Publishing, 1997), 245.

로 가치 있게 여기는 것들을 항상 좋아하거나 인정한다는 말은 아니다. 그와는 반대로 우리가 가치 있게 여기는 것들에 대해 실망하거나 싫증이 날 수 있고, 또 우리 자신과 및 우리와 만나는 사람들에게 문제가 되는 행위로 인하여 우리의 매력 없고 파괴적인 가치들에 직면할 수도 있다. 이런 일이 종종 있으므로 우리는 정직하게 그리고 끊임없이 우리의 가치들을 평가하고, 왜 그것들이 우리의 가치가 되었는가를 탐구해야 한다. 만일 우리가 간직하고 있는 가치들에 대해 우리가 만족하지 못한다면 우리는 그것들을 바꾸어도 된다.

 예를 들어, 우리는 물질적 욕구에 있어서 즉각적인 만족을 가치 있게 여길 수 있다. 물론 지적으로는 그런 가치가 경제적으로 우리를 건강하게 해주지 못한다는 것을 알고는 있지만, 즉각적 구매가 가져다 주는 즉각적 만족은 우리에게 중요하게 여겨지고 우리는 그것을 가치로 간직한다. 그리하여 이 가치는 필연적으로 이 영역의 삶에서 우리의 행위를 지배한다. 그러나 몇 해 동안 이 가치를 강박적 소비 행위를 통하여 실행해 본 결과 경제적 어려움을 겪을 수밖에 없게 되자, 그 고통이 크기 때문에 즉각적 만족보다는 경제적 안정과 책임에 더 높은 가치를 두게 된다. 이것은 모든 항구적인 행동 변화의 시작으로서 우리의 행위가 어떻게 우리의 가치를 반영하는가를 보여준다.

 공적 리더의 행위가 무모하고 자기 파괴적이어서 심각한 실패를 야기할 때, 그 문제의 근원은 언제나 그 리더가 마음속 깊이 간직하고 있는 가치에 있다. 그 가치가 다른 사람을 즐겁게 하려는 욕구이든지, 다른 사람의 인정을 받고 싶어하는 것이든지, 감정적 고통을 달래려는 마음이든지, 아니면 육체적 만족에 대한 욕구이든지, 그 가치들은 소

2. 삶의 가치를 정립하라

중하게 여겨지지 않을 때까지는 그 리더의 행위를 궁극적으로 결정한다. 모든 리더들이 가치와 관련하여 겪는 이 갈등, 즉 어떤 형태의 개인적 만족을 주기는 하지만 파괴적이고 무모한 공적 행위를 낳는 이 갈등에 대해서 제임스 코우즈와 배리 포스너는 다음과 같이 쓰고 있다.

> 당신이 다른 사람을 지도할 수 있으려면 먼저 서로 상반되는 가치들과의 갈등을 극복하고 당신 자신을 다스려야 한다. 당신의 삶과 당신이 추구할 목적을 지배할 원리들을 명확히 한 후에야 비로소 당신은 자신의 일상적인 결정들에 대해 목적을 부여할 수 있다.

코우즈와 포스너는 계속해서 이렇게 말한다.

> 상반되는 신념들을 내적으로 해결하게 되면 개인적 정직에 이르게 된다. 그리고 개인적 정직은 신뢰성에 필수적이다. 정직성을 가진 리더는 가정에서든 직장에서든, 가족에게든 동료에게든 동일한 자아를 나타낸다. 그는 상황과는 상관없이 행동을 선택하게 하는 통일된 가치관을 가지고 있는 것이다.[3]

가치와 행위 일치시키기

만일 우리가 개인적 인격과 리더십으로서의 공적 행위를 일치시키

---

3) James M. Kouzes and Barry Z. Posner, *The Leadership Challenge* (San Francisco: Jossey-Bass, 1987), 301.

려면, 우선 개인적 가치의 계발이 리더를 만드는 데 어떤 역할을 하는지 분명히 이해해야 한다. 사적이고 개인적인 가치들은 리더의 공적 행위를 결정 짓는 도구이기 때문에, 리더가 자신의 가치들을 분명하게 정의하고 정립하는 것이 필수적이다.

근본적으로, 가치란 우리가 상대적인 가치, 유용성, 혹은 중요성을 부여하는 것들이다. 그러므로 개인적 가치란 다양한 개념, 아이디어, 원리 및 한 개인이 가치, 유용성, 혹은 중요성을 부여하는 것들이다. 개인적 가치라 할 때 필자가 의미하는 것은 도덕적 절대 혹은 궁극적인 옳고 그름 등과 유사 혹은 동일한 것이다. 개인적 가치는 도덕적 절대나 궁극적인 옳고 그름을 반영할 수도 있고 그렇지 않을 수도 있다. 그렇지만 우리의 개인적 가치들을 널리 용인되는 도덕적 절대와 궁극적인 옳고 그름과 일치시킬수록, 리더십 수행과 일반 생활에서 우리의 공적 행위가 중대한 문제를 일으킬 가능성은 희박해진다.

예를 들어, 나는 외모에 높은 가치를 둔다. 신체적 건강과 단정함, 적절한 옷차림에 부여하는 나의 가치와 유용성, 그리고 중요성은 상대적으로 높다. 그 결과 이 개인적 가치는 나의 행위의 상당 부분을 차지한다. 나는 규칙적으로 일을 하고, 날마다 샤워와 면도를 한다. 또 미국 혈통에서 이어받은 직모의 흐트러지는 머리 결 때문에 가능한 한 단정하게 빗질을 한다. 양복의 단추가 다 달려 있도록 노력하고 (21세기 패션을 고려할 때 그리 쉬운 일은 아니다) 넥타이는 너무 넓지도 좁지도 않은 것을 착용한다. 적절한 외모는 내가 중시하는 여러 가치들 가운데 하나인 것이다. 그런데 이 특정한 가치는 도덕적 절대 가치나 궁극적인 옳고 그름과는 아무 상관이 없음에도 나에게는 중요

2. 삶의 가치를 정립하라

한 가치로 남아 있다.

문제는 우리의 개인적 가치들 전부가 도덕적 절대 가치를 반영하고 있는가가 아니다. 다만 도덕적 절대 가치와 본질적 가치 문제가 우리의 개인적 가치들의 메뉴 속에 잘 드러나 있는가 하는 것이 문제이다. 더 나아가 가치들 사이에 갈등이 생길 때는 도덕적 절대 가치가 개인적 가치들에 우선하는 것이 중요하다.

헌신된 그리스도인으로서 나의 가치들 가운데 하나는 "나는 하나님과 대화하는 관계가 발전하고 갈수록 더 친밀해지도록 한다"는 것이다. 나의 개인적 신조는 다음과 같다.

> 내가 간직하고 있는 단 하나의 가장 중요하고 생사를 가르는 가치는 살아 계시며, 사랑이 많으시고, 인격이시며, 주권자이신 하나님에 대한 개인적인 믿음이다. 이 하나님이 나를 알고 나와 사귀기 원하신다. 나는 나와 하나님과의 관계를 의식할 것이며 이것을 다른 가치나 우선순위 혹은 목적보다 위에 둘 것이다. 나는 나와 하나님과의 관계를 훼손하는 모든 영향력과 활동을 피할 것이다.[4]

분명히 이것은 내가 절대적인 것이라고 믿는 것과 정확하게 일치한다. 그러나 다른 가치들도 있는데, 예를 들면 "사물을 단순히 있는 그대로 보지 말고, 항상 그것의 가능성을 보도록 한다"는 나의 가치는 도덕적 절대 가치와 명확한 일치성이 좀 부족하다. 우리 모두는 개인의 즐

---

[4] Samuel D. Rima, "Governing Values and Personal Constitution," January 20, 1994.

거움, 경제 문제, 대인 관계, 성공과 성취, 가족 등 수많은 것들에 대해 가치를 갖고 있지만, 그것들이 모두 직접적으로 절대 가치를 반영하는 것은 아니다. 그럼에도 그것들 역시 우리가 간직하는 가치들이다.

우리의 가치는 어디서 오는가

나의 조부는 대공황이라는 최악의 시대에 사셨다. 그는 워싱턴 주 북동부에 있는 스포케인 인디언 보호구역에 사셨다. 조부는 아홉 명의 식구를 먹여 살리기 위해서 몇 푼이라도 벌 수 있다면 어떤 일이든 닥치지 않고 하셨다. 당연히 쉬운 생활은 아니었다. 그 시기에 조부는 검소함을 소중하게 여기고 손에 가진 것으로 살아가기 시작하셨다. 당연히 그 당시 조부께서 가장 귀하게 여기는 가치들 가운데 하나는 무엇이든지 최대한 아껴 쓰고 늘여 쓰는 것이었다. 이 가치가 그의 개인적 행위에 영향을 미칠 것은 당연한 일이었다. 내가 조부 댁을 방문하였을 때 뭔가 폐품을 활용하려고 애 쓰고 계시지 않은 적이 없었다. 의자에 앉아서 헌 신의 밑창을 대거나 코트의 팔꿈치를 덧대고 계시곤 했다. 조부께서 돌아가신 후, 돈을 커피 캔에 담아서 지하실과 뒷마당에 치밀하게 감추어 두신 것이 발견되었다. 분명히 대공황을 경험하신 까닭에 조부는 은행을 비롯한 다른 금융 기관들에 대해 그리 가치를 두지 않으신 것이다.

조부의 행위는 어린애였던 나로서는 이해가 되지 않는 것이었다. 나는 항상 여기 저기를 수선한 가구들이 가득 들어 찬 작은 거실에 앉아 있는 식구들 틈에서 왜 할아버지는 늘 헌 것을 수선하고 계시는가 하

2. 삶의 가치를 정립하라

고 궁금하게 여겼다. 그래서 내 기억으로는 아빠에게 "왜 할아버지는 저래요?"라고 물었다. 그러면 아빠는 내 나이의 아이들이 이해할 수 있는 분명한 대답을 하지 못하고 그냥 단순하게 "할아버지는 그런 거야"라고만 하셨다.

아빠의 대답은 그 때는 정확한 것이었다. 정말 조부는 그렇게 사셨다. 그러나 이제 나는 왜 그러셨는지를 더 잘 이해할 수 있다. 그분의 이상한 행동은 대공황이라는 위기에 형성된 개인적 가치에서 나온 것이었다.

이와 동일한 방법으로 우리 자신의 개인적 가치들도 형성되고 발전한다. 오늘날 우리가 가지고 있는 가치들도 과거의 경험과 성장 환경에 의해 형성되었다. 만일 우리가 하나님과 영성을 강조하는 교회에서 자라났다면, 그것이 우리의 가치에 영향을 미쳤을 것이다. 물론 우리의 가치들이 그동안 접했던 것과 일치할 수도 있고 그것과는 상반될 수도 있다.

검소한 가정 환경에서 자라면서 물질적 풍요를 누리는 이웃 가정을 접해 본 사람들은 빈곤을 퇴치하고 보다 편안한 삶을 추구하는 것이 개인적 가치가 될 수 있다.

지금 우리가 어떤 형태의 가치를 가지고 있든, 그것들은 과거의 경험에 영향을 받은 것이다.

리더십에 있어서 가치의 역할

앞에서 살펴본 것처럼 개인의 가치는 그것이 어디서 온 것이든지 필연적으로 우리의 행위에 영향을 미친다. 따라서 리더로서 우리는 우리의 독특한 가치들을 분명하게 파악하고 정리하는 것이 필요하다. 그래야만 비로소 우리의 가치들이 우리가 이끄는 단체의 가치와 일치하는지를 알 수 있다. 우리가 지역교회의 목사이든, 파라처치의 리더십이든, 기독교 기업의 경영자이든, 학교의 관리자이든, 교단의 리더이든, 반드시 어느 정도는 우리가 이끄는 단체의 가치들에 대해 모델이 될 것을 요구받는다. 오브리 맬퍼스는 이렇게 말한다.

> 리더의 행동은 그가 중요하다고 믿는 가치들-높은 우선순위-을 분명히 보여주고 강화한다. 모든 조직들은 수많은 가치들을 가지고 있고, 리더의 행위는 그 중 어느 것이 중요한 가치인가를 가리키게 된다. 그렇기 때문에 리더가 그 조직의 가치를 소유하고 기꺼이 그것을 위해 헌신하는 것이 중요하다. 이런 소유 의식이 없다는 것은 리더가 그 조직의 명시된 가치들과는 다른 가치를 가지고 있음을 의미한다. 그 결과는 혼란, 분열, 그리고 조직의 붕괴 가능성 등이 된다.[5]

이것은 클린턴이 대통령으로 재임하던 기간 중 미국이 목격한 것이다. 클린턴 대통령 개인의 가치와 조직(미합중국)의 가치 사이의 불일치는 정치적 혼란과 불안정, 붕괴의 기간을 만들어 냈다. 이미 많은 사람들에게 알려진 바와 같이, 클린턴 대통령이 그의 행위로 보여준 개인의 가치는 미국민 대다수가 정부의 올바른 기능을 위해 중요한 가치라고 믿는 것들과 정면으로 충돌되었다. 예를 들어, 대통령이 특정한 육체적 충동을 만족시키는 것에 높은 가치를 두고 있다는 것은 논

---

5) Aubrey Malphurs, *Values-Driven Leadership: Discovering and Developing Your Core Values for Ministry* (Grand Rapids: Baker, 1996), 110.

2. 삶의 가치를 정립하라

박의 여지가 없이 자명하다. 단 한두 번이 아니라 그의 재임 기간 동안 규칙적으로, 이런 가치는 성실함과 신중함과 같이 미국을 이끌어 가는 데 있어서 중대한 가치들보다 중시되었다.

설상가상으로 대통령이 중시한 자기 개인의 보호와 이미지에 대한 가치는 줄곧 미묘한 기만과 노골적인 거짓으로 이어졌다. 여기서도 우리는 대통령의 개인적 가치가 대부분의 국민들이 근본적인 가치라고 믿는 것들, 즉 정직과 진실과 부합되지 않는 것을 볼 수 있다.

이와 동일한 메카니즘이 어느 조직의 리더에게나 이루어질 수 있다. 그렇기 때문에 개인의 가치를 확인하고 정립하고 포용하는 과정이 건강하고 성공적인 리더십 수행에 절대적으로 필요한 것이다. 이렇게 함으로써 리더는 리더의 가치관과 그가 이끄는 조직의 가치의 충돌로 인해 발생할 수 있는 혼란과 분열, 그리고 심지어 조직의 붕괴 가능성을 최소한으로 줄일 수 있다.

물론 자신의 가치를 파악하고 정리하고 견지하는 과정이 간단한 일로 보일 수 있다. 그러나 리더가 그처럼 집중적인 숙고와 반성과 성찰을 필요로 하는 일은 없다. 이 일이 도전적이고 시간 낭비처럼 보일 수 있지만, 건강하고 성공적이며 장기적인 리더십 수행을 위해서는 절대적으로 필요한 것이다.

대부분의 리더들은 그냥 리더십의 자리에 오르고 싶은 강한 유혹을 받는다. 실제로도 그렇게 하는 사람이 대부분이다. 그러나 성공적인 리더는 자신에게 가장 알맞은 조직의 유형이 어떤 것인지를 잘 알아야만 한다. 그리고 이 일은 자신이 가진 개인적 가치들이 어떤 것인지 확실히 파악될 때 가능하다.

가치의 기초를 확립하는 방법

그렇다면 우리 개인의 가치들을 파악하고 정립하는 노력을 어디서부터 시작해야 그것들을 담대하고 흔들림 없이 견지할 수 있을까? 이 주요한 과정은 우리의 리더십에 견고한 기초가 되는데, 3단계로 구분할 수 있다. 제1단계는 시간을 들여서 실제로 우리의 개인적 가치들이 무엇인지 찾아내는 단계이다. 제2단계에서는 앞서 찾아낸 가치들을 더 정립하고, 제3단계에서는 정립된 가치들을 마음에 분명히 새기고 리더십을 실천하는 것이다.

제1단계 : 가치를 파악한다

우리의 가치를 파악하는 일을 어떻게 하면 될까? 많은 리더들에게 있어서 개인의 가치 영역은 그저 신경을 쓰지 않아도 되는 부분으로 여겨지는 것 같다. 이것에 대한 질문을 받으면 우리는 흔히 "그럼요, 내가 살아가는 기준이 되는 가치가 있죠!"라는 대답을 하게 된다. 그러나 그것을 구체적으로 정의하거나 혹은 명확하게 설명해 보라고 하면 우리는 쩔쩔 맬 수밖에 없다.

우리의 가치를 파악하는 일을 시작하는 데 있어서 최선이면서도 가장 어려운 문제는 현재 우리의 행위를 알아내는 것이다. 만일 우리의 행위가 거의 개인적 가치에 의해서 좌우된다면 우리의 일상적 행위를 살피는 것에서 시작해야 마땅할 것이다. 이 과정을 시작하면서 반드시 기억해야 할 것은 우리가 파악하는 가치들 가운데 일부는 우리 자신이 좋아하지 않을 수도 있고 그럴 개연성도 다분히 있다는 사실이다.

2. 삶의 가치를 정립하라

우리가 발견하게 될 가치들 일부는 우리가 고치고 싶어하는 것일 수도 있다. 그런 것은 괜찮다. 분명한 것은 우리가 덜 바람직한 가치들을 고칠 수 있으려면 먼저 그것들을 분명하게 파악해야 한다는 것이다. 그렇게 함으로써 우리는 지금까지 우리의 행위를 이끌어 온 바람직하지 못한 가치들을 눈감아 버리고 합리화하려는 유혹을 물리칠 수 있다. 그 다음 단계는 당신의 삶과 리더십 실행에 유익하다고 여겨지는 변화를 일으킬 차례이다.

우리는 우리의 행위를 얼마나 정확하게 검토했고 또 그것들이 우리의 가치를 얼마나 반영하거나 드러내고 있는지를 이해했는가? 구체적인 사항들은 사람마다 다르겠지만, 이 과정은 모든 사람이 거의 동일하다. 예를 들어, 만일 당신의 일반적인 행위 중 하나가 강박적 소비라고 한다면, 당신은 어떤 가치가 정기적으로 이런 행위를 하게 만드는지 자문해 보아야 할 것이다. 강박적 소비에서 오는 즉각적 만족이 주는 즐거움을 당신은 소중하게 여길 수 있다. 만일 그렇다면 당신은 쾌락에 높은 가치를 두고 있을 수 있다. 아울러 강박적 소비가 개인의 자유에 대한 가치―당신이 원하는 때에 특정 물건을 구입하는 자유를 누릴 능력―에 이끌리는 것일 수 있다. 아니면 낮은 자기 가치 혹은 빈약한 자아상에서 비롯된 것일 수도 있다. 비싼 물건을 사는 것이 당신 자신에 대해 좋은 감정을 갖게 하는 방법인 것이다.

세 사람이 동일한 행위를 한다고 해도 그 행위의 근원은 세 가지의 각기 다른 가치에서 비롯된 것일 수도 있다. 그러므로 오직 당신 자신만이 어떤 가치가 당신의 행위를 이끌어 내는지 판단할 수 있다. 이런 가치 확인 과정이 유익하고 건설적이 되려면 많은 생각과 고도의 정직, 투명성, 진지함이 있어야 한다. 불행하게도 많은 리더들이 이 과정에 요구되는 시간을 투자해서 자기 성찰을 하려고 하지 않는다.

몇 가지 다른 예를 들어 보겠다. 만일 당신이 자주 하는 행위가 영적 훈련을 규칙적으로 실천하는 것이라면, 그런 훈련의 동력이 되는 가치는 어떤 것인가? 하나님을 귀히 여기고 하나님과 개인적인 관계를 발전시키는 것에 높은 가치를 두기 때문이 아닌가? 아니면 당신의 행위가 개인적인 질서 의식을 유지할 필요에서 비롯되는 것인가? 이것도 아니면 이 두 가지 가치가 결합된 가치에서 나오는 것일 수도 있다. 만일 당신이 규칙적인 운동을 하고 있다면, 운동을 소중히 여기는 가치 혹은 외모를 중시하는 가치에서 비롯된 것일 수 있다.

정리하자면, 제1단계는 당신이 규칙적으로 실천하는 다양한 행위들을 단순히 열거해 보는 것이다. 제1단계의 개인적 탐구 마지막에는 아래에 나온 목록과 같은 것을 만들어야 한다.

나의 기본적 가치들
하나님
개인 건강
가족
경제적 책임
외모
진실
정직
레크리에이션
대인관계

2. 삶의 가치를 정립하라

물론 이것은 모든 것을 다 기록한 목록은 아니지만, 기본적 가치가 무엇인지를 알 수 있게 해준다. 이것이 완성되면 이 가치들을 보다 정교하게 정의하는 제2단계로 넘어가야 한다.

제 2 단계 : 가치들을 정의하고 정립한다

앞 단계에서 만든 목록을 이용하여, 이 기본적인 가치들 각각을 깊이 생각하여 철저한 정의를 내리는 시간이다. 이 단계는 우리가 하나님이나 개인의 건강에 가치를 두고 있다고 할 때 그것이 구체적으로 의미하는 바를 간결하면서도 완벽하게 정의하는 것이다.

정밀한 정의를 내린 다음에는 그 가치에 대해 우리가 어떻게 반응하는지 아니면 어떻게 반응할 것인지를 간단히 적는다.

나의 경우를 예로 들면, 나의 개인적 가치들 가운데 하나에는 "나는 신체적 건강과 체력, 외모에 가치를 둔다"라는 진술이 있다.

그리고 이것에 대한 보다 철저한 정의를 내린 다음 이 특정 가치에 대한 나의 반응을 이렇게 쓰고 있다. 다.

> 나의 몸은 살아 계신 하나님의 성령의 전이며 하나님께서 나에게 성취하기 원하시는 모든 것을 달성하는 유일한 도구이다. 나는 나의 건강, 체력, 외모에 가치를 두기 때문에 나의 먹는 습관에 대해 자제력을 유지할 것이다. 나는 한 주에 최소 5회씩 운동을 할 것이며 체중을 늘 180파운드 이하로 유지할 것이다. 나는 늘 나의 외모에 특별한 관심을 기울일 것이며 내가 할 수 있는 한 최선을 추구함으로써 나의 모습이 하나님이 나를 부르

신 그 사명을 성공적으로 성취하는 데 방해가 되지 않도록 할 것이다.

우리의 가족에 가치를 둔다고 할 때 그것이 의미하는 바는 정확하게 무엇인가? 우리가 우리의 가치들을 명확하게 정리하고 구체적인 정의를 내리며, 그에 대한 반응을 생각하는 것이 매우 중요하다. 그런 다음 우리의 가치들에 대한 정의를 규칙적으로 되짚어 보면, 그것들은 우리의 의식적인 부분들의 일부가 되어 우리의 행동과 의사 결정을 보다 의식적으로 지시하게 된다.

나의 규칙적인 행위들을 검토하면서 나는 많은 시간을 교회와 관련된 활동에 들이고 있음을 발견했다. 나는 설교하고 가르쳤으며, 각종 위원회와 회의를 섬겼다. 또한 레크리에이션을 목적으로 또는 사역을 목적으로 다양한 사람들과 접촉했다. 그래서 나는 교회가 나의 기본적인 가치들 가운데 하나임을 확인하고 이 기본적인 가치를 다음과 같이 정의하였다.

나는 교회에 가치를 두기 때문에, 나는 교회 안에서 섬길 수 있는 건강한 리더들을 발굴하고 개발함으로써 교회의 성장과 교회를 통한 하나님 나라 확장에 기여할 것이다. 교회는 그저 단순한 조직이 아니라 예수 그리스도의 위격과 사역을 중심으로 연합된 공동체이다. 교회는 세상에서 단 하나밖에 없는 가장 중요하고 영향력 있는 세력이다. 사회와 문화는 그리스도 예수의 교회가 성장하고 건강한 정도 만큼 번영한다.

2. 삶의 가치를 정립하라

앞에서도 말했지만, 우리의 목적 전부가 지금 정립한 것처럼 고상하고 긍정적인 것은 아니다. 우리의 가치들 가운데 일부는 지극히 부정적이고 파괴적인 것이 엄연한 사실이다. 예를 들어, 앞에서 내가 언급한 부정적 가치들 가운데 하나는 강박적 소비이다. 이를 정의한 가치는 다음과 같이 될 것이다.

> 나는 다른 사람들이 나를 어떻게 생각하는가를 소중히 여기고, 다른 사람의 인정과 수용에 대해 건강하지 못한 욕구를 지니고 있으므로 내가 필요로 하지 않은 물건을 사는 강박적 행위에 빠진다. 종종 나는 결제일에 다 갚을 수 없을 정도로 카드를 사용하여 이런 구매 행위를 함으로써 불필요한 빚에 휘말리게 된다.

이런 연습을 하는 목적은 우리의 행위를 낳는 가치들을 깊이 생각하는 고통스러운 시간을 억지로라도 가지게 하려는 것이다. 때로 우리는 어느 정도 이런 가치들을 의식하지만 그것을 정립하기 위해 시간을 들이지는 않는다.

동시에 우리는 우리가 파괴적인 행위에 빠지는 것을 의식하지만, 우리를 거기에 빠지게 만드는 가치들을 시간을 들여서 깊이 생각하지는 않는다. 그러므로 이 실습은 우리의 행위들과 그 배후에 있는 가치들을 분명히 알게 해준다. 우리가 성공적인 셀프 리더십을 적극적으로 수행할 수 있기 위해서는 이런 식으로 우리의 가치들을 잘 의식해야 한다.

우리가 정립해야 할 또 다른 가치들은 우리가 가지기 원하지만 갖지 못한 것들이다. 이것은 제3단계로, 여기서는 우리가 확인한 가치들을 살피고 나서, 우리가 원하기는 하지만 아직 우리 삶의 일부가 되지 못한 가치들을 목록에 첨가해야 한다.

우리가 목록에 넣는 가치들 하나하나에 대해 정의를 해두어야 한다. 이것이 완성되고 나면 마지막 단계로 넘어간다.

제 3 단계 : 가치를 포용한다

우리의 가치를 확인하고 포괄적인 기술 형태로 정립한 다음에는 긍정적인 가치들을 포용해야 한다. 단순히 우리의 가치를 확인하고 정의하기만 하고 그것들을 온전히 포용하지 않으면 별로 도움이 되지 않는다.

어떤 것을 포용한다는 것은 그것을 채택하거나 삶과 리더십의 일상적 실천에 포함시키는 것을 의미한다. 우리의 가치들은 우리가 내리는 모든 결정과 행위의 바탕이 되어야 한다. 그렇게 되면 우리는 진정으로 가치 중심적인 삶을 살게 되며, 우리가 이끄는 조직에 가치 중심적인 리더십을 제공하게 된다.

우리가 파악한 가치들이 어떤 방식으로든 이미 우리의 삶의 일부가 되어 있는 것이 사실일지라도, 우리가 의식적으로 그리고 적극적으로 그 가치들을 기준으로 삼거나 그것을 인도하는 원칙으로 삼아서 우리 삶을 이끌어 가는 것은 결코 아니다. 내가 음식을 먹지만, 그렇다고 해서 건강한 삶을 위해 내 몸에 영양을 보충할 목적으로 의식적으로 음식을 먹는 것은 아니다.

또 나는 영적 훈련을 위해 시간을 들일 수 있지만, 내가 왜 그것을 하

2. 삶의 가치를 정립하라

며 그것이 어떻게 해서 나의 셀프 리더십에 기여할 수 있는지를 정확하게 기술할 수 있음을 의미하지는 않는다. 이런 이유 때문에 우리의 가치들을 간단한 글로 정제하여 매일 우리 눈앞에 두고 의식적으로 그것을 이용함으로써 우리 삶에 방향을 제시하게 하는 것이 중요하다.

우리의 부정적인 가치들도 그것을 변화시킬 목적으로 우리 눈앞에 두는 것이 역시 중요하다. 각각의 부정적인 가치들 끝에 그것을 치료하는 행동을 첨가해서 그 부정적인 가치를 긍정적인 것으로 바꾸는 방향으로 나아가게 할 것을 권고한다. 그러면 건설적인 행위들이 나오게 될 것이다.

예를 들어, 강박적인 소비라는 부정적인 가치를 발견했을 경우 다음과 같은 처방적 행위를 첨가할 수 있을 것이다.

> 나는 다른 사람들이 나를 어떻게 생각하는가를 소중히 여기고, 다른 사람의 인정과 수용에 대해 건강하지 못한 욕구를 지니고 있으므로 내가 필요로 하지 않은 물건을 사는 강박적 행위에 빠진다. 종종 나는 결제일에 다 갚을 수 없을 정도로 카드를 사용하여 이런 구매 행위를 함으로써 불필요한 빚에 휘말리게 된다.
> 그러나 나는 하나님께 온전히 인정받고 수용되었으므로 나의 가치와 값어치를 내가 소유하는 물질적인 것으로 판단하려는 유혹에 저항할 필요가 있다. 나는 다른 사람의 인정을 얻으려는 헛된 노력으로 필요하지도 않은 물건을 사지 않을 것이다.

어느 가치 지향적인 리더의 결정

리더가 자신의 마음 깊숙이 간직한 가치들에 의해 움직일 때, 그 가치들은 그가 내리는 의사 결정과 그가 제공하는 리더십에 파고들어 그 조직체와 조직의 행위에 가치를 제공하게 된다.

1995년 12월 11일, 매사추세츠 주 로렌스에 있는 말덴 밀스 텍스타일 공장에 불이 났다. 그 공장에는 종업원이 400명 이상 있었다. 아론 포리스타인이 주인인 그 공장은 설립된 지 90년이 넘었지만 일순간에 쓰레기더미로 변해 버렸다.

종업원들 대다수는 그들의 리더가 취할 수 있는 유일한 행동은 보험금을 탄 후 공장 문을 닫는 것이라고 생각하며 두려움에 빠졌다. 그들은 그 오래된 공장을 새로 짓고 시설을 현대화하는 데는 엄청난 돈이 든다는 것을 알고 있었다.

그러나 모든 사람이 두려워했던 것과는 반대로, 놀랍게도 아론 포리스타인은 공장을 폐쇄하지 않고 재건축하기로 결정했다. 더욱더 놀라운 결정은 고용자들의 급여와 수당-매주 150만 불이나 되는-을 공장이 재가동할 때까지 지급하기로 한 것이었다.

그의 결정은 전국적인 호응을 얻었고 클린턴 대통령까지도 그를 존경하여 연두교서를 발표할 때 개인 손님으로 초빙했다. 그는 자신의 예외적인 행동에 대해 갈채를 받자 "뭘 그런 일을 가지고 그러십니까?"라고 대답했다.

이것은 포리스타인이 자기 깊숙이 간직한 가치들을 기초해서 내릴 수 있는 유일한 결정이었다. 그는 다른 사람들의 생계를 제공하는 리

2. 삶의 가치를 정립하라

더는 좋을 때든지 나쁠 때든지 그렇게 할 책임이 있다고 어려서부터 배워 왔다. 그는 자기의 결정을 설명하면서 고대 유대인 랍비 힐렐의 다음의 말을 인용했다. "도덕이 사라지고 도덕적 책임감이 없는 곳에서 사람이 되기 위해 너의 최선을 다하라."

그의 가치 지향적인 리더십은 커다란 개인적 희생을 무릅쓰고 가치의 결정을 하게 했고, 그 결정은 말덴 밀스 공장의 놀라운 소생을 이루어 내어 우주 시대의 천인 폴라텍 생산의 선두에 서게 했다. 이에 덧붙여서 아론 포리스타인은 다수의 고용인들이 말 그대로 리더를 위해서 목숨을 내어놓는 근로 분위기를 만들어 냈다.

흔들림 없이 자기 깊숙이 간직하고 있는 가치에 의하여 삶을 이끌어 가는 리더들은 가치의 결정을 하여 그들이 하는 모든 일을 크게 향상시키게 한다.

셀프 리더십

셀프 리더십 개발 워크숍

이 장에서 논의된 단계들을 실천하는 데 도움을 주기 위해서 다음 실습을 사용하기 바란다.

◈ 삶의 가치 파악하기

시간을 내어 조용한 곳에 가서 당신이 규칙적으로 하는 행위들을 숙고하기 시작하라. 당신이 가장 많이 참여하고 가장 열심인 일은 어떤 것인가? 또 당신이 규칙적으로 행하는 삶의 일부 가운데서 꼭 긍정적인 것으로만 느껴지지 않는 것은 무엇인지도 생각해 보라. 만일 당신이 상당 기간 동안 일기를 써 오고 있다면 그것을 다시 읽음으로써 생각에 도움을 받을 수 있을 것이다.

당신이 규칙적으로 하는 행위를 추출해 내면서 표 왼편에 기록하기 바란다. 예를 들어, 당신이 규칙적으로 하는 행위 하나가 매일 운동하는 것이라면 왼편의 행위란에 그것을 쓰라.

행위	이 행위를 하게 하는 개인적 가치

2. 삶의 가치를 정립하라

당신이 규칙적으로 하는 행위와 활동들을 추출해 냈으면, 그런 행위와 활동들을 하게 하는 가치들을 찾아내는 것이 중요하다. 여기서도 다시 상당한 정도의 정직과 숙고가 필요하기 때문에 언뜻 보기에는 어리석고 억지 같아 보일 수 있다. 그러나 이것은 이 과정에서 중요한 부분이다. 이 일을 어떻게 하는가를 알려면 제1단계 : 가치를 파악한 다로 돌아가서 그 부분을 다시 읽기 바란다.

다음에는 당신이 쓴 각각의 행위를 하게 하는 유인이 되는 가치를 표의 오른편에 1-5단어의 간결한 글로 기술하라. 예를 들어, 매일 운동하는 것이라면, 가치는 '건강과 외모에 대한 관심'이 될 수 있을 것이다. 행위란에 매일의 영적 훈련을 써 넣었다면 개인적 가치는 '하나님과의 개인적 관계'가 될 수 있을 것이다.

◈ 나의 가치 정립하기

다음으로는 목록으로 작성한 기본적 가치들을 보다 구체적이고 상세하게 정의 내리는 것이다. 당신이 찾아낸 각각의 기본적 가치들에 대해 그것이 의미하는 바를 간결하면서도 포괄적으로 설명하라. 예를 들어, '건강과 외모에 대한 관심'을 당신의 가치 가운데 하나로 찾아냈다면, 이 특정 가치에 대해 보다 철저한 정의를 내리는 것이다. 다음과 같은 내용이 될 수 있을 것이다.

> 나의 몸은 살아 계신 하나님의 성령의 전이며 하나님께서 나에게 성취하기 원하시는 모든 것을 달성하는 유일한 도구이다. 나는 나의 건강, 체력, 외모에 가치를 두기 때문에 나의 먹는 습관에 대해 자제력을 유지할 것이다. 나는 한 주에 최소 5회씩 운

동을 할 것이며 체중을 늘 180파운드 이하로 유지할 것이다. 나는 늘 나의 외모에 특별한 관심을 기울일 것이며 내가 할 수 있는 한 최선을 추구함으로써 나의 모습이 하나님이 나를 부르신 그 사명을 성공적으로 성취하는 데 방해가 되지 않도록 할 것이다.

이런 것을 당신이 목록으로 작성한 가치들 모두에 대해 만들어야 한다. 이렇게 함으로써 당신의 개인적 헌법을 만드는 데 사용할 기초적인 벽돌을 만들게 되는데, 이 개인적 헌법은 당신을 지배하는 가치들을 정리한 것으로, 이를 완성한 후에는 매일 혹은 매주 단위로 시간을 내어 읽어야 한다. 아래에 제시된 공란에 당신의 가치들에 대한 정의를 쓰도록 하라.

가치
정의

가치
정의

가치
정의

2. 삶의 가치를 정립하라

가치
정의

가치
정의

가치
정의

가치
정의

 이렇게 하여 우리의 삶에 대한 가치를 새롭게 이해했다. 다음에는 셀프 리더십에 있어서 두 번째 근본적인 문제인 소명을 자각하는 문제를 살펴보기로 하자.

3 소명 의식을 가지라

　개인적 가치가 우리의 행동과 행위의 대부분을 지배하는 것과 마찬가지로, 강력한 소명 의식은 우리의 행동의 목적과 방향의 상당 부분과 관련이 된다. 19세기 스코틀랜드 역사가이자 수필가인 토머스 카알라일은 "통찰 없는 행동같이 위험한 것은 없다"고 말했다. 그의 말을 좀더 설명해 본다면, 성공적인 리더가 되기 원하는 사람은 반드시 통찰에 의해서 정보를 제공받아야 할 뿐 아니라, 목적 혹은 소명이라는 강력한 내적 의식에 의해 발생된 활동에 끊임없이 참여해야 한다는 말이 될 것이다.

　셀프 리더십의 기술을 성공적으로 마스터하기 위해서는 자신의 행동을 인도하고 나아가 매일의 활동을 일상적인 차원 이상으로 끌어올려, 모든 노력에 내재적 형이상학적 가치를 부여하는 소명 의식과의 강력한 연결을 추구해야 한다.

3. 소명 의식을 가지라

소명과 삶을 연결시킨 어느 CEO

브루스 케네디는 52세로 알래스카 항공사의 모그룹으로 번창하고 있는 알래스카 항공 그룹의 최고 경영자였다. 이 그룹은 케네디가 리더로 있는 12년 동안 매출이 열 배로 성장했다. 그가 회사의 키를 잡을 무렵 그 항공사는 허우적거리며 파산 직전에 이르러 있었다. 그러나 그가 12년 동안 조직의 구조 개혁을 실시함으로 전 세계에서 가장 수익성이 높고 운영이 잘 되는 항공사로 변화되었다. 그런데 그의 성공의 절정의 순간에 그는 매우 충격적인 결정을 내렸다. 그 기업의 최고 위직을 물러나서 캘리포니아에 기반을 두고 있는 항공 선교회인 레드랜즈(the Redlands)의 이사장이 된 것이다. 이 선교회는 선교사들을 오지로 운송해 주는 일을 전문으로 하는 국제적인 기독교 기관이었다. 케네디가 새로 맡은 직책은 급여가 전혀 없는 완전한 자원봉사였다.

브루스 케네디 자신도 즉시 그 결정이 두려운 것이었다고 시인했지만, 그 결정 역시 분명한 내적 소명 의식에서 나온 것이었다. 그는 CEO로 10년을 지낸 뒤 여생을 하나님께서 하기 원하시는 일을 하기 원했다. "만일 내가 하나님을 신뢰하고 나의 생을 그분의 손에 맡긴다고 말했다면-내가 말을 했던 대로 한다면-나는 그것을 나의 삶으로 입증하는 일에 대해 그 어떤 여지도 남겨 두어서는 안 되었습니다"라고 그 리더는 말했다.[1]

하나님께서 자신에게 주신 사명을 온전히 따르기 위해서 그와 그의

---

[1] *San Bernardino Sun.*

아내는 마더 테레사와 함께하는 사역 등 여러 가지 다양한 선교 환경을 실험해 보았다. 그는 자신의 결정을 설명하면서 "한 해에는 세상에 어떤 일이 이루어지고 있는가를 파악하기 위한 노력이 네 번이나 있었습니다. ……나는 적절한 과정을 통해 어떤 구체적인 일을 하라는 (하나님의) 분명한 깨우침을 얻게 될 것이라는 확신을 가지고 있습니다."라고 말했다.

브루스 케네디는 개인적 가치들을 마음 깊숙하게 간직함으로써 자신의 실제 생활을 거기에 맞춘 리더였을 뿐 아니라, 분명한 소명 의식이 삶의 방향을 제시하도록 한 사람이었다.

비록 케네디는 자신의 소명을 실현하기 위해 알래스카 항공 그룹을 떠났지만, 그는 자신의 소명을 사업 세계에서 실천하기 위해 그 회사를 무대로 활용했었다. 그는 이렇게 말한다. "회사에 이익을 남기는 것이 하나님의 뜻이라는 것은 의미가 없다고 생각합니다. 나는 하나님이 사업을 번창하게 하는 일이 아니라 개인들과의 관계에 개입하신다고 생각합니다. 아마도 하나님은 이 사업을 번창케 하심으로써 사람들에게 그분의 길을 가르치는 어떤 일을 하신 것 같습니다." 다국적 기업을 이끌든 아니면 캘커타에서 마더 테레사의 일을 전임으로 돕든, 브루스 케네디는 소명이라는 깊은 내적 의식에서 자신의 삶을 이끌었고, 이것은 그가 하는 모든 일에 목적과 의미를 주었다. 그에게는 그의 삶에 가치와 목적을 주는 것이 지위가 아니었다. 오히려 어디서 무엇을 하든 그의 지위에 목적과 가치를 주는 것은 그의 소명이었다.

3. 소명 의식을 가지라

소명이란 무엇인가?

우리가 인생의 소명 의식을 갖기 위해서는 영어의 대문자 C로 시작하는 Calling(앞으로 "큰 소명"으로 부르겠다-역자 주)과 소문자 c로 시작하는 calling("작은 소명"으로 부르겠다-역자 주)을 잘 구분할 줄 알아야 한다.

목사이자 저자인 벤 패터슨에 의하면 큰 소명은 삶의 천직(vocation)과 관련이 있다.[2] 불행하게도 오늘날처럼 직장에 관심이 쏠려 있는 세상에서는 천직을 직장과 연결시키는 사람들이 많다. 다른 말로 하면, 천직이란 사람들이 인생에서 전문적으로 하는 것 혹은 사람들이 직업 속에서 하는 일이다. 오늘날 사람들은 자신의 천직에 대한 질문을 받으면 주식거래사 혹은 의사라고 대답하는 경우가 많다. 그러나 이것은 이 단어가 지닌 원래의 진정한 의미를 바로 나타내지 못한다. 천직이라는 말은 라틴어 보카레(*vocare*)에서 온 것으로 문자적인 의미는 "부르다"(to call)이다.[3] 원래 어떤 사람의 천직은 그의 생애의 소명(Calling)으로, 이것은 특정한 직장이나 직업적 이력을 초월한다. 라틴어 보카레와 같은 의미를 지닌 신약의 헬라어는 카레오(*kaleo*)로, 이것 역시 "부르다"(to call) 혹은 "소환하다"(to summon)는 의미를 가지고 있다.[4] 갈라디아서에서 바울은 자신의 천직을 바리새인에서 그리스도의 사도로 바꾼 근본적인 변화를 설명하면서 카레오라는 단어

---

2) Ben Patterson, *Serving God: The Grand Essentials of Work and Worship* (Downers Grove, Ill.: InterVarsity, 1994), 54.
3) Richard A. Muller, *Dictionary of Latin and Greek Theological Terms* (Grand Rapids: Baker, 1985), 329.

를 사용한다. 그는 이렇게 말한다. "그러나 내 어머니의 태로부터 나를 택정하시고 은혜로 나를 부르신(카레오) 이가"(갈 1:15). 에베소서 4장에서는 이교도와 세속 문화에 물든 신자들을 격려하면서 그들의 천직이 그리스도인이라고 말한다. 바울은 에베소 사람들에게 "너희가 부르심(카레오)을 입은 부름(카레오)에 합당하게 행하여"(엡 4:1)라고 간청한다. 그리고 몇 문장 뒤에 가서는 다시 사랑하는 동료 신자들에게 "몸이 하나이요 성령이 하나이니 이와 같이 너희가 부르심(카레오)의 한 소망 안에서 부르심(카레오)을 입었느니라"(4절)고 쓴다.

사도 바울이 보기에 그리스도의 이름을 부르는 자들에게는 오직 한 가지 소명만 있었다. 그것은 그리스도에 대한 믿음을 고백하는 모든 사람은 첫째로 그리고 무엇보다도 우선적으로 하나님의 자녀라는 초월적이고 형이상학적 현실이다. 그리스도인 리더는 오직 한 가지 천직, 즉 소명을 가지고 있다. 그것은 동일한 예수 그리스도의 우주적 몸의 지체로서 갖는 것이다. 리더로서 우리 모두는 그 동일한 목적의 수단들이다. 우리는 한 다른 나라의 시민으로 부르심을 받은 것이다(빌 3:20).

사도 베드로의 입장도 그리스도인으로서의 우리의 천직에 대한 사도 바울의 이해와 정확하게 일치한다.

> 오직 너희는 택하신 족속이요 왕 같은 제사장들이요 거룩한

---

4) Abbott-Smith, *Manual Greek Lexicon of the New Testament* (Edinburgh: T. & T. Clark, 1981), 228.

3. 소명 의식을 가지라

나라요 그의 소유된 백성이니 이는 너희를 어두운 데서 불러내어 그의 기이한 빛에 들어가게 하신 자의 아름다운 덕을 선전하게 하려 하심이라(벧전 2:9).

성경 전체를 통틀어서 거듭거듭 확인되는 것은, 하나님의 백성으로서의 우리의 소명이 그 중요성과 목적에 있어서 우리가 참여하게 될 그 어떤 일이나 직장보다 앞선다는 사실이다. 그것은 우리가 속한 특정 사회에서 우리에게 주어진 신분과도 상관이 없다. 그리스도인 리더로서 우리의 소명은 리더십을 수행하는 환경이 어떠하든 상관없이 거룩한 나라요, 왕 같은 제사장이요, 하나님의 소유된 백성이 되는 것이다. 우리의 소명은 하나님의 기이한 빛을 반사하는 자가 되어 다른 사람들에게 그 길을 비추어 주어 그들이 하나님이 주실 그 소명을 듣고 이해하고 따르도록 인도하는 것이다. 이것이 바로 우리 리더십의 핵심이다. 사실 우리가 소명받은 사실을 의미 있게 자각하는 것은, 우리가 참여하는 모든 다른 활동에 정보를 제공하는 항구적 의의와 목적을 지닌 삶을 사는 열쇠이다.

나의 한 의사 친구 래리는 나와 같은 교회에 다니는데 사우스 다코타 의과대학의 소아과 과장이다. 이 학교는 많은 지역의 병원들을 지원하는 대단한 병원이다. 그는 대단한 명성을 지닌 교육가요 의사로 현재 그의 생애 중 최고에 이르고 있다. 그런데 그는 미국 전체에서 가장 좋은 자리에 오를 수 있었지만 현재의 자리에 머물기로 결정했다. 왜 그런 선택을 했을까? 현재의 자리가 그의 진정한 소명을 수행하는 데 있어서 탁월한 발판이 되었기 때문이다. 최근 나는 그의 병원을 방문하면서 그가 일하는 부서도 구경할 수 있었다. 우리가 들어가 본 거의 모든 방마다 그가 위로했던 가족들, 믿음을 소개했던 일, 슬픔에 잠기거나 두려움에 빠진 부모들과 함께 기도했던 기억들로 가득 차 있었다. 그가 나에게 이런 이야기를 하는 것을 들으면서 나는 적잖이 놀랐다. "아니 네가 어떻게 그런 일을? 바로 그들의 입원실에서 그들과 함께 기도를 할 수 있었다고?" 하고 물었다.

래리는 오히려 이상하다는 표정으로 나를 바라보았다. 목사가 그런 어리석은 질문을 하는 데 대해 놀란 것이 분명했다. 그리고 "당연한 일이지"라고 간단하게 대답했다. 래리는 자신의 진정한 소명을 자각하고 있었다. 그는 자신의 환자들의 신체적인 필요를 돌보는 의사일 뿐만 아니라, 훨씬 더 큰 천직으로 부르심을 받은 그리스도의 제자였다. 래리는 의사로서 일하면서 수많은 사람들을 그리스도께로 인도했다. 그는 자신의 일차적 소명이 영혼의 치유자가 되는 것임을 자각했기 때문에 의학과 신앙을 부적절하게 혼합하는 일을 옹호하지 않았다. 의료 행위는 단순히 그가 그 소명을 실행하는 발판이었다. 그 결과 래리는 성공했고 그의 삶과 일을 충분히 즐기는 것 같았다.

우리가 우리의 작은 소명에서 의미와 초월적인 만족을 얻을 수 있는 것은 큰 소명, 즉 진정한 천직 의식을 가질 때이다. 이 책에서는 소문자 c로 시작하는 calling을 부업, 즉 웹스터 사전의 정의대로 "한 사람의 천직에 부가하여 추구되는 부차적인 직장"이라고 하기로 하자. 부업은 관습적, 일상적 고용 상태를 가리킨다. 이상적으로 우리의 부업 혹은 직장은 영적인 성격을 가질 수밖에 없는 진정하고 초월적인 소명에 종속되어 실천되어야 마땅하다. 내 친구 래리가 행한 일이 바로 그

3. 소명 의식을 가지라

런 것이었다. 의사라는 그의 부업은 영혼의 치유자라는 그의 소명에 종속되었던 것이다.

오늘날의 비극은 신자와 불신자를 막론하고 너무 많은 리더들이 자신의 생득권인 천직을 한 그릇의 팥죽에 해당되는 부업을 위해 팔아 버린다는 것이다. 그러고는 왜 자기 인생의 일이 그토록 천박하고 평범하고, 위대함이 없는지 궁금해 한다. 우리의 문화는 우리의 일이나 직업에서 진정한 소명을 찾고 있다. 그러나 우리의 진정한 소명이 우리의 일상적인 일을 승화시켜 천직을 실현하는 무대가 되도록 해야 한다. 우리의 패러다임을 이처럼 변화시키기 전까지는 다른 사람이나 기관을 인도하는 것은 고사하고 우리의 삶도 의미 있게 이끌어 갈 수가 없다. 셀프 리더십의 기술을 마스터하기 위해서는 이처럼 소명을 자각하고 이것이 우리의 모든 행동을 이끌어 가는 힘이 되게 하여 직장과 일상 생활 전체가 소명과 연결되게 해야 한다. 브루스 케네디도 이와 같이 소명을 자각했기 때문에 높은 소득이 있는 부속적인 직장을 버리고 다른 직장을 통해 그의 리더십을 실천할 수 있었다. 그는 자신의 은사와 경험, 지식을 바탕으로 많은 직업을 향유할 수 있었지만, 모든 직업은 그의 한 가지 참 소명을 실현하는 것이 되어야 한다고 믿었던 것이다.

한 가지 소명

수많은 리더들이 일생에 걸쳐 수많은 직장을 가질 수 있는 것이 현실이다. 그리고 세상에는 탁월한 리더십을 필요로 하는 조직체들과 대의들이 많아 우리의 리더십을 수행할 수 있는 좋은 무대를 제공한다. 그러나 우리가 반드시 깨달아야 할 것은 우리가 하는 모든 일은 우리의 진정한 소명을 실현하는 데 기여해야 한다는 것이다. 나무를 보느라고 숲을 보지 못해서는 안 된다!

나의 생각으로는 우리가 우리의 소명을 분명히 확신하고 받아들이기 전에는, 우리의 리더십을 가장 잘 수행할 수 있는 직업이나 환경이 무엇인가에 대해 지혜로운 판단을 할 수 없다.

수많은 리더들이 진정으로 성공적인 리더십을 발휘하지 못하면서도 결사적으로 그 자리나 기관에 붙어 있으려 하는 한 가지 이유는 내적인 소명 의식이 없기 때문이다. 그런 사람들은 자신이 가진 직책이 삶의 의미와 목적을 줄 수 있다고 생각한다. 그러나 정반대다. 진정한 소명을 알 때, 우리는 우리가 하는 일과는 상관없이 의미 있고 목적 있는 리더십을 발휘할 수 있다.

장막 만드는 자, 사도 바울과 소명

사도 바울은 사회적으로 부러움의 대상이 되는 직업을 가지고 있으면서 오랫동안 의미와 목적을 찾은 끝에 마침내 인생의 참된 소명을 발견한 리더이다. 바울은 그리스도의 제자로서 그의 참 소명을 발견하고 나서 비록 미천한 장막 만드는 자(텐트 메이커)로 살면서도 초월적인 삶의 목적을 찾을 수 있었다. 얼마나 모순적인가! 바리새인 중에 바리새인이요, 많은 교육을 받고 사회적으로 성공한 종교 리더인 다소 사람 사울이 비참하고 파괴적인 삶을 살았다. 그러나 이곳 저곳을 순

3. 소명 의식을 가지라

회하며 장막 만드는 일을 하는 자로서 그는 목적 있는 삶을 살았고 이 세상을 더 좋게 변화시키는 리더십을 발휘했다. 이 자영업자에게 어떤 방식으로든 영향을 받지 않은 사람이 오늘날 한 사람이라도 있을까? 사실, 바울은 자신의 소명을 분명하게 이해하고 또 자신이 나아가고 있는 미래를 알고 있었기 때문에, 다음과 같은 말을 확신 있게 할 수 있었다.

> 내가 궁핍하므로 말하는 것이 아니라 어떠한 형편에든지 내가 자족하기를 배웠노니 내가 비천에 처할 줄도 알고 풍부에 처할 줄도 알아 모든 일에 배부르며 배고픔과 풍부와 궁핍에도 일체의 비결을 배웠노라(빌 4:11-12).

사도 바울처럼 우리도 우리 삶의 소명을 발견할 때 의미 있고 초월적인 리더십을 수행할 수 있게 된다. 그리고 이런 리더십은 우리의 직업과 상관없이 세상을 변화시키는 영향력을 가질 수 있다. 이와 같이 우리의 소명을 발견하는 것이 셀프 리더십의 핵심 요소이다.

직업은 수단이다

이 연구를 하면서 나는, 소명을 발견하여 진정한 성취감을 얻는 도구의 역할을 해주겠다고 선전하는 책들을 많이 읽었다. 그러나 불행하게도 내가 읽은 책들 가운데 어느 것도 그 고상한 약속을 실행하지 못하고 있었다. 실제로 이 책들은 독자들이 자신에게 가장 적합한 직업, 즉 부업을 발견하도록 고안된 것들이었다. 그러면서 직업을 발견하기만 하면 삶의 조각들이 모두 제자리를 찾아 갈 것이라고 전제하고 있었다. 다시 말해서 이런 책들의 저자들은 우리가 이 세상에 존재하는 목적은 우리의 은사를 가장 잘 사용하고 우리의 내적 자아를 표현할 수 있게 하는 바른 일자리 혹은 직업을 찾는 일과 관련된다고 선전하고 있었다.

그러나 안타까운 사실은 완벽한 직업 혹은 부업을 찾았으면서도 자신의 존재에 대한 초월적인 목적 혹은 이유를 끊임없이 찾는 사람들이 수없이 많다는 것이다. 그들은 퓰리처 상을 수상한 작가, 오스카 상을 탄 배우, 부유한 재력가, 놀라운 창의력을 지닌 건축가일 수도 있다. 그러나 이들 중 다수가 "이것이 전부냐?"라고 외치며 방황하는 삶을 계속했다. 그러나 모순적으로, 호구지책으로 일하는 벽돌공, 학교 교사, 가정 주부, 심지어 하수도 청소부들 중에는 자신이 처한 위치와 직업과는 상관없이 깊은 목적 의식을 발견한 사람들이 있다.

그렇다고 해서 우리의 직업이나 부직의 중요성이나 가치를 폄하하려는 의도로 이 이야기를 하는 것이 아니다. 이와는 반대로 직업은 우리의 진정한 소명의 근원과 존재의 이유가 되기를 기대하기보다는, 인생의 진정한 소명을 실천하는 도구로 이해되고 사용될 때 더할 나위 없이 중요하고 귀중하다. 우리는 우리의 소명을 성공적으로 수행할 수 있게 하는 직업, 즉 부업은 수없이 많을 수 있다는 사실을 깨달아야 한다. 그렇지만 우리의 소명과 직장 사이를 특별히 잘 연결해 주는 좋은 직업이 있는 것도 사실이다. 그러므로 올바른 부업을 찾는 것이 중요하다. 우리가 어느 직장에서든지 우리의 소명을 찾고 초월적인 목적을 발견할 수 있는 것은 사실이지만, 일부 직장은 하나님 나라의 사역에

3. 소명 의식을 가지라

더욱 많이 기여할 수 있다는 것 역시 사실이다.

바른 직업을 찾는 단서

그러면 어떤 직업이 우리의 소명을 가장 잘 실천할 발판을 제공할 수 있을지를 어떻게 아는가? 당신에게 적합한 직업을 찾기 위한 일련의 단서들을 제시하겠다. 가장 적합한 직업을 찾을 때는 과거의 경험, 현재의 환경, 가능한 기회들, 개인의 은사, 성령의 자극, 개인의 열정, 개인적인 상담 등을 고려해야 한다. 여기에 포함시키지 않은 단서들이 많이 있지만 우선 이것들부터 고려하면 좋을 것이다.

과거의 경험

신학대학원 시절에 어느 분야를 전공해야 할지 고민하던 기억이 난다. 그래서 약 2년 동안 나는 상담, 교육, 교회 목회, 선교사 등을 놓고 오락가락 했었다. 한번은 채플 시간에 위클리프 성경 번역 선교회를 소개하는 비디오를 보고 나서 남미의 정글 속에 들어가 성경 번역 선교사가 되어야겠다고 확신했었다. 분명히 그것은 중요하고 귀중한 일이었다. 그래서 나의 교수님 한 분과 상담을 했는데 그분은 나와 내 아내를 알고 있었기에 내가 그런 길에 관심을 갖는 것을 이상하게 여기신 것 같다. 그분은 내 생각을 분명히 하려는 의도로 일련의 질문을 하셨다.

"샘, 해외에 나가 본 일이 있어요?"

나는 "아니오"라고 대답했다.

"미국 내에서 단기 선교를 해본 일이 있어요?" "아니오."

"외국어를 할 줄 아나요?" "못합니다. 그렇지만 배울 수 있겠지요."
"아내는 선교를 해보거나 해외에 나가 본 일이 있어요?"
"아니오"라고 머뭇거리면서 나는 이야기가 어디로 흘러가고 있는지를 알아채기 시작했다.
"샘, 당신의 아내는 정글에서 캠프 생활을 할 수 있나요?"
이 말에 나는 내 아내가 평생 한 번도 캠핑을 해본 일이 없음을 시인할 수밖에 없었다. 마지막으로 교수님은 한 가지 질문을 하셨다.
"무엇을 근거로 남미의 깊은 정글 속에서 성경 번역자가 되라고 하나님이 부르신다고 생각하나요?"
나는 이에 대해 대답할 말이 별로 없었고 지금까지 그것이 어리석게 느껴진다.

교수님이 나에게 가르쳐 주시려고 한 것은 그것이 나의 이전 경험에 근거할 때, 다시 말해서 이전의 경험이 없다고 볼 때 성경 번역자의 소명을 추구할 이유가 없다는 것이었다. 그렇다고 내가 성공적인 성경 번역자가 될 수 없을 것이라는 말은 아니다. 그러나 그것은 상대적으로 그 근래에 그것에 관해 상당한 경험을 했음을 의미한다.

동시에 사역의 경우, 사전 경험이 없는데도 사역을 하고 싶은 깊은 소망을 하나님이 내게 종종 주셨다. 이런 경우, 우리의 깊은 소망은 하나님이 주신 것으로서, 하나님이 이미 우리에게 은사를 주신 분야의 사역을 하도록 이끌어 가시려는 것이다. 이 때 이 사역에 필요한 은사는 우리 안에 잠재하고 있고, 또 하나님이 불지핀 소망은 우리가 나아가기 원하는 새로운 방향에 대한 단서가 된다.

흔히 과거의 경험은 우리에게 가장 좋은 발판을 제공할 직업을 찾

3. 소명 의식을 가지라

을 수 있는 단서가 된다. 그렇지만 우리가 사전에 경험해 보지 못한 길이라고 해서 추구할 수 없다는 것은 아니다. 다만 일부 직업과 직접적인 관련이 없을 경우, 그것을 추구할 때 좀더 많은 시간이 필요할 수 있다.

예를 들어, 당신이 수학을 잘해 본 일이 없고 회계 경험도 거의 없을 경우, 공인회계사가 되는 것은 가장 현실적인 진로 선택이 아니라는 단서가 될 수 있다. 또 당신이 글 쓰는 것을 항상 어려워하고 여기 저기 편지를 써 본 경험밖에 없을 경우, 이 경험은 당신이 택할 직업에 대한 단서가 될 수 있다.

요약하자면, 우리의 과거의 경험 혹은 과거의 경험 부족은, 우리가 참된 소명을 실현할 발판을 제공할 직업을 찾는 일에 있어서 중요한 단서를 제공할 수 있다.

현재의 환경

내 친구 중에 대단한 재능을 지닌 노련한 리더 한 사람이 있다. 그는 다양한 분야에서 성공적인 변혁적 리더십을 발휘했고 그것을 무척 즐긴다. 그는 경영 분야의 최고 경영자로서 기업의 구조 조정을 하고 조직의 변화를 일으킨 경험이 수없이 많다. 그는 톱10에 드는 대학교에서 경영 커뮤니케이션을 전공한 박사학위 소지자다. 그러나 지금 그는 현재의 직업에 극히 만족하지 못하고 있다. 그는 지역 사회의 인정을 받는 대학교에서 중책을 맡고 있지만 그것은 우선 그의 전공 분야 밖의 일이다. 그는 기업 고객들에게 컨설턴트로서 일하는 것 외에는 어느 일도 즐기지 않는다. 그의 자녀는 대학을 마쳤다. 그의 개인 재산 상태는 건전하고 잘 관리되고 있다. 그의 아내는 자기 사업을 시작하려 하는 남편의 소망을 지지한다. 그런데 현재 직장에서 어떤 일이 일어나서 새로운 직업의 길을 가는 것이 적기인 것처럼 보인다.

오랫동안 꿈으로만 남아 있었고, 때가 적절하지 못한 것처럼 보였다. 게다가 이 젊은 가족에게는 실패의 위험이 지나치게 부담이 되었다. 그러나 현재의 환경은 완전히 바뀌었다. 이것은 나의 친구가 그리스도의 제자로서 그의 소명을 실천할 수 있는 다른 직장이 있을 수 있다는 단서일 수 있다. 우리에게 가장 잘 맞는 직업을 찾으려 할 때 결코 놓쳐서는 안 될 것이 있는데 그것은 우리의 현재 환경을 철저하게 검토하는 일이다.

가능한 기회들

그러나 우리에게 방향을 제시해 주는 또 하나의 단서가 있는데 그것은 우리가 삶의 지평에서 보게 되는 가능한 기회들이라는 것이다. 기회가 다가와 있으면 우리는 현재의 자리와 위치를 고수하거나 새로운 방향으로 나아갈 것이다. 우리가 어떤 결정을 내리든 상관없이 주어진 기회를 지혜롭게 평가하고 다루면 우리가 나아갈 바른 방향을 위한 소중한 단서를 얻을 수 있다.

기회가 다가왔을 때는 현재의 환경은 물론 과거의 경험에 비추어 그것을 분석하는 것이 중요하다. 새로운 기회는 이전의 경험들을 이용하고 그것들을 바탕으로 행동하게 할 수 있을 것인가? 이것은 현재 나의 환경에 대한 해답인가? 현재의 환경은 순전한 마음으로 점검하고 있는 이 기회를 활용하도록 허용하는가?

3. 소명 의식을 가지라

종종 우리는 우리가 원하는 것을 하고 싶은 나머지, 기회를 만들어 내거나 실제로는 닫혀 있는 문을 억지로 열려고 한다. 그렇기 때문에 우리에게 실제로 가능한 기회들을 검토하는 것이 중요하다. 정치적 자리에 출마할 수 있는 기회는 성공이 가능한 진정한 기회인가 아니면 우리가 만들려고 애쓰는 기회로 성공 가능성이 거의 희박한 것인가? 우리가 개업을 하거나 새로운 직장을 구할 수 있는 합법적인 기회가 있는가 아니면 무모하고 무책임한 일일 뿐인가? 새 교회에서 온 문의가 진정한 기회인가, 아니면 우리가 애써 찾아온 것이고 개인적으로 이것 저것을 결합하여 만든 것인가? 이런 질문들은 가능한 기회들이 합법적인지를 알아보기 위한 것들이다.

종종, 불쑥 혹은 전혀 기대하지 않았는데 찾아온 기회들은 우리의 세심한 조사가 필요한 기회일 수 있다. 어떤 기회가 진정 좋은 기회로 발견될 경우, 그것은 하나님께서 무대 뒤에 역사하셔서 우리에게도 더 좋고 하나님께도 유용한 방향으로 우리를 이끌어 가시는 것일 수 있다. 단순히 우리 삶에 불쑥 찾아온 기회든, 또는 상당 기간 동안 우리 삶의 지평에 있어 온 기회든, 모든 기회는 하나님이 우리를 원하시는 곳으로 이끌어 가실 수 있는 또 하나의 단서로 간주되어야 한다.

개인의 은사

우리의 진정한 소명을 직업적 성취와 연결 지을 수 있는 또 하나의 단서가 있는데 그것은 개인의 은사이다. 나는 이 범주에 우리의 영적 은사와 자연적 은사를 포함시켜 말하려고 한다.

물론 여기서 영적 은사를 자세하게 논의하고 그것을 발견하는 검사를 하는 것은 적절하지 않다. 그러나 우리가 우리의 은사를 보다 잘 알고 그것에 맞추어 행동할수록, 은사는 우리의 소명을 실천할 좋은 발판을 제공할 직업을 찾는 단서가 될 수 있다.

이것은 우리의 자연적 은사에 있어서도 마찬가지다. 우리의 자연적 은사를 더 잘 알수록 우리는 하나님께 영광을 더 많이 돌리는 직업을 찾을 수 있을 것이다. 영적 은사와 자연적 은사에 대해 알고 싶으면 이에 대한 자료들을 참조하기 바란다.

성령의 자극

인생의 중대한 기로에서 하나님은 거의 예외 없이 의미 있는 지침과 안내를 제공해 주신다. 특별히 직업과 관련하여 우리가 무엇을 할 것인가를 결정하는 일 등 인생의 중요한 의사 결정에 있어서는 더욱 그렇다.

이런 단서를 얻는 가장 중요한 요인은 하나님의 성령께서 자극을 주시고 안내를 제공하시는가의 여부가 아니라, 우리가 그 자극을 분별하려 하고 또 그럴 능력이 있는가 하는 문제이다. 너무도 자주 우리는 성령의 인도하심을 감지하지 못한다. 그것은 우리가 내릴 결정에 대해서 이미 마음을 정하고 있기 때문이거나, 아니면 우리가 지나치게 광적이고 스트레스에 눌려 있어서 조용히 멈추어 성령의 고요한 음성을 들을 수 없기 때문이다.

신자들은 성령의 자극과 지시를 확신하고 분별하는 일을 잘 하지 못한다고 생각할 수도 있지만, 내가 확신하기로는 이 일이야말로 우리가 열심히 매달려야 할 일이다. 우리가 진지하게 하나님의 인도하심을 알

3. 소명 의식을 가지라

려 하고, 또 하나님께 순종하고 영광 돌리려는 마음 자세를 가지고 있을 때, 하나님은 반드시 우리에게 말씀하시고 방향을 가르쳐 주시므로 염려할 필요가 없다.

직업과 관련하여 중요한 결정을 할 때마다, 그리고 삶을 바꾸는 결정을 할 때마다 나는 하나님께서 내게 주시는 지시를 마음속 깊은 곳에서 발견할 수 있었다. 물론 그런 지시가 나의 삶에 미칠 변화를 두려워하여 때로는 잘 이해하지 못한 경우도 있었다. 때로는 내가 감지한 것이 마음에 들지 않기 때문에 하나님과 협상하고 하나님을 내가 원하는 방향으로 설득하느라고 시간을 보낸 적도 있다. 또 때로는 하나님이 나의 삶에서 하시는 일에 대한 나의 반응이 어떠해야 하는지를 금방 알았으면서도 그 문제에 대해 쓸데없이 여러 가지 생각을 뒤죽박죽 섞음으로써 즉각적인 반응을 늦추기도 했다. 그러나 어쨌든 이런 혼란스러운 시기에 내가 성령의 안내를 흐리는 어떤 일을 했을지라도, 내가 온전히 정직하기만 하다면, 언제든지 본질적으로 내가 해야 할 일에 대한 분명한 이해가 가능하다.

그러나 물론 하나님의 자극은 때로 내적 충동의 양상을 분명하게 띠지만, 성령의 자극이 내적인 뜨거움이나 세미한 내적 감각으로만 오는 것이 아니라는 사실을 아는 것이 중요하다. 하나님은 인도와 확신을 위해 여기에 제시된 다른 단서들도 이용하신다.

개인의 열정

그리스도의 제자로서 우리의 소명을 실현할 수 있는 적합한 직업을 찾는 데 도움을 주는 또 하나의 단서는 우리 개인의 열정이다. 나는 하하나님께서는 매우 특별하고 구체적인 이유 때문에 우리 각 사람에게 독특한 열정을 주셨다고 굳게 확신한다. 우리 개인의 열정을 교육과 직업과 함께 나란히 놓고 본다면, 하나님이 우리를 가장 효과적으로 사용하실 수 있는 특정 직업을 찾을 가능성이 가장 높다.

우리 개인의 열정에는 우리의 뜨거운 애정의 대상이 되는 문제와 주제, 행위, 기관 등이 포함된다. 우리가 어떤 것에 대해 강렬하고, 정력적이며, 거의 압도적인 관심을 가지고 있다면 그것이 바로 우리의 열정의 대상일 수 있다.

만일 바울의 열정이 무엇이었느냐고 물으면, 성경을 잘 아는 사람들은 대부분 예수 그리스도의 복음을 이방인들에게 전하려는 그의 깊고도 정열적인 관심을 이야기할 것이다. 그 다음으로는 교회를 확장하고 교회의 영적 순결과 건강을 확고히 하려는 그의 열정을 꼽을 것이다. 이런 것들이 바울의 삶을 몰아간 열정들이었다. 반면에 솔로몬의 열정을 찾으라고 한다면, 우리는 건축, 여성, 부 등 전혀 다른 항목들을 제시할 것이며, 여기에 자신의 삶에 대한 초월적인 의미를 찾는 것이 포함될 것이다.

만일 우리가 소명을 실천할 수 있는 최선의 기회를 제공하는 직장을 찾아서 최고의 성취감과 목적 의식을 가지기 원한다면, 우리의 열정이 어디에 있는지 끊임없이 질문해 보아야 한다. 우리의 영적, 직업적 여정에서 우리의 열정은 변하거나 최소한 정리되어 더 구체적으로 될 개연성이 크다. 21세 때에 우리의 열정의 대상이었던 것이 55세 때는 열정의 대상이 아닐 수도 있다. 목회 초기, 나는 개인 상담에 매우 열정적이었다. 그러나 15년이 흐른 후에는 개인 상담에 더 이상 열정을 가

3. 소명 의식을 가지라

지지 않게 되었다. 그 대신 목회 초기 개인 상담에 열정을 불러일으켰던 그 근본적인 문제가 확대되어 회중 전체에 대해 그와 같은 열정을 느끼게 되었다.

우리는 직업 선택의 문제에 이르면 종종 돈과 특권, 권력에 비중을 두어 열정은 팽개쳐 버린다. 그리하여 그 길에서 돈, 특권, 권력을 얻지만 그것이 우리가 타협한 열정을 보상해 주는 길이 아님을 머지않아 발견하게 된다.

개인적인 상담

올바른 직업을 찾는 데 있어서 반드시 민감하게 다루어야 할 분야가 있는데 그것은 우리보다 경험이 더 많은 성숙한 사람들의 지혜로운 상담이다. 우리가 그들의 메시지를 들을 준비만 되어 있다면 하나님은 지혜로운 상담자들을 통해 말씀하실 수 있으시고 또 그렇게 하실 것이다. 우리가 의사 결정 과정에서 지혜로운 상담을 찾을 경우, 거기서 우리가 얻는 응집된 지혜가 다른 단서들을 통해 우리에게 말하는 것들을 확증함을 아주 종종 발견하게 된다.

그렇지만 중요한 것은 한두 사람의 상담자에게 지나치게 의존하지 말아야 한다는 것이다. 종종 우리는 우리가 원하는 대답을 해줄 사람들만을 찾아가는 경향이 있다. 우리가 존중하는 많은 사람들을 찾아가 할 수 있는 한 객관적으로 우리의 상황을 이야기한 다음 그들의 지혜를 우리에게 나누어 줄 수 있게 하는 것이 좋다. 나의 경험으로 미루어 볼 때 만장일치의 상담이 나오지는 않겠지만, 어떤 방향을 제시해 주는 분명한 주제가 드러나게 된다.

단서들을 결합한다

이러한 단서들을 모두 결합하면 어떻게 될까? 구체적인 사항들은 사람에 따라 각기 다르겠지만, 일반적인 길은 거의 비슷할 것이 분명하다.

모세의 삶을 살펴보면, 이 모든 단서들이 하나님이 그를 불러 하라고 하신 일을 분명하게 해주는 쪽으로 모아지고 있음을 볼 수 있다(출애굽기 2-4장을 보라). 바로의 궁정에서 보낸 소년기와 살인자로 수배를 당하여 서둘러 애굽에서 탈출한 성인 시절은 미디안 광야에서 목자의 직업을 갖는 것으로 이어진다. 거기서 그는 장인 이드로의 양떼를 치면서 40년을 보낸다. 그러다가 어느 날 아무런 예고도 없이 모세는 하나님으로부터 그의 진정한 소명을 더 잘 실천하기 위하여 현재의 직업을 바꾸라는 도전을 받는 것처럼 보인다. 하나님께서 모세에게 요구하신 것은 작은 변화가 아니었다.

이 익숙한 이야기를 잘 살펴보면, 흥미롭게도 우리는 앞에서 제시한 일곱 가지의 단서들이 어떻게 하여 하나님이 모세에게 원하시는 것을 확증하도록 모아지는지 알 수 있다.

모세의 과거의 경험은 애굽 문화에 익숙하다. 그것은 그의 새로운 직업에 필요한 것이다. 또 모세는 높은 차원에서 애굽의 정치를 이해하고 있었고 그때까지도 몇몇 사람들을 알고 있었을 것이다. 그는 애굽에서 교육을 받았고 그래서 애굽인의 마음 상태를 이해했다. 그의 과거 경험 중 많은 것들은 하나님께서 그에게 요구하신 새로운 직업을 수행하는 데 큰 자산이 되었다.

3. 소명 의식을 가지라

이 기회가 제시된 시간, 모세의 현재 환경 역시 구체적인 방향을 가리키고 있는 것처럼 보인다. 모세의 동족인 유대인들은 여전히 속박 가운데서 노역을 강요당하고 있었던 것이다. 그들은 구원자를 위해 부르짖고 있었다―이스라엘 민족의 해방자 역할을 할 사람이 나타나야 할 시간이 무르익어 있었다. 게다가 하나님께서 도와주시고 또 성공하게 하시겠다는 약속은 그리 흔치 않은 기회였다.

모세의 은사는 하나님께서 염두에 두고 계신 그 일을 이해할 수 있게 했다. 첫째, 모세는 좋은 교육을 받았다. 사실 그는 그 당시 생존한 유대인들 가운데서 가장 많은 교육을 받은 사람이었다. 둘째, 모세는 거친 사막 환경 속에서 생존하는 능력을 은사로 가지고 있었다. 이 은사는 지난 40년 동안 드러난 것이었다. 이것은 이 해방의 임무를 부여받은 사람에게 결코 작지 않은 자격 요건이었다. 오랜 노예 생활 후에, 이 분야에서 모세의 기술을 능가할 사람이 애굽의 포로들 가운데 있을 가능성은 거의 없었다.

모세가 하나님의 자극을 놓칠 수는 없었을 것이다. 하나님은 불타는 가시덤불 모양으로 모세에게 나타나셔서 이 기회를 전달하셨다. 비록 모세는 자신이 받고 있는 그 부르심에 대해 그리 신이 나지는 않았지만, 그가 그 가시덤불을 설명하거나 거기에 나타나신 분이 하나님이라는 사실을 부정하기는 불가능했다.

모세가 광야에서 양을 치게 된 주된 이유 가운데 하나는 우선 유대 민족을 애굽의 노예살이에서 해방시키려는 열정 때문이었다. 그래서 유대인들이 학대당하는 것을 볼 때 그의 열정은 불타 올랐고 학대자를 죽이기까지 했다. 동족 해방을 위한 그의 열정은 광야 생활 40년 동안에 멀리 사라졌으나 하나님은 그 열정을 되살리는 데는 많은 노력이 필요하지 않음을 알고 계셨다.

마침내 모세는 개인적인 상담 형식으로 확인을 받았다. 이 놀라운 기회에 대하여 듣자 모세의 장인 이드로는 주저하지 않고 그를 축복해 주었다(4:18). 그렇게 할 경우 모세의 장인 이드로가 잃을 것이 가장 많았지만, 그럼에도 불구하고 그는 모세가 하나님의 이 구체적인 부르심을 따르도록 격려했다.

모세의 생애에서 우리는 이 모든 단서들이 어떻게 한결같이 모세를 인도하여 목자에서 하나님의 대변인이요 리더가 되게 하는가를 알 수 있다.

불타는 가시덤불을 기대하지 말라

앞에서 이미 말했지만 우리의 부업이 고상하든 천하든 그와는 상관없이 그것을 통하여 참된 소명을 실천할 수 있다. 그렇지만 거듭거듭 셀프 리더십을 더 잘 실천해 나가다 보면, 시간이 흐름에 따라 하나님 나라를 확장시키고 우리의 성취감을 높이는 방향으로 우리의 소명을 실천할 수 있는 어떤 부업을 찾아야 한다는 내적 긴급성을 감지하게 된다.

분명히 모세는 양떼의 목자와 리더로서보다는 하나님의 백성의 목자와 리더로서 하나님의 계획을 수행해 나가는 일에 더 큰 기여를 했다. 그렇다고 해서 단순히 목자가 되는 것이 중요하지 않다는 말은 아니다. 목자가 되는 것도 매우 중요하다! 모세는 목자로서 40년을 지낸 후에야 비로소 새롭고 보다 도전적인 부업에 뛰어들 준비가 되었다. 우

3. 소명 의식을 가지라

리는 이 과정에서 인내하지 않으면 안 된다. 그리고 그 준비 과정이 앞으로 있을 부르심을 성공적으로 수행하는 데 필수적임을 깨달아야 한다. 때가 되면 하나님은 우리를 위해 준비하신 새로운 지평으로 우리를 인도할 단서들을 주시기 시작하실 것이다.

브라이언 프로피트(Brian Proffit)는 불타는 가시덤불을 본 적이 없다. 그렇지만 하나님은 모세를 부르셨던 것과 같은 확신으로 그의 직업을 바꾸게 부르셨다.

브라이언은 그리스도인이었으나 영적인 문제보다는 물질에 더 많은 관심을 가지고 있었다. 현시대의 문화에 물들어 있는 많은 그리스도인들처럼 브라이언도 그의 부업을 통하여 그의 생의 초월적인 의미와 목적을 찾으려고 무진 애를 썼다. 만일 어떤 사람이 자신의 부업에서 목적과 의미를 찾을 수 있었다면 브라이언도 분명 그것을 찾았을 것이다. 거대 기업 IBM의 시스템 엔지니어이자 소프트웨어 디자이너인 그는 그의 직업 게임에 있어서 정상에 있었다. 그의 전문성과 성공 덕분에, 그는 컴퓨터 산업의 일류 매거진의 편집자와 컬럼니스트라는 멋진 자리는 물론 저명한 *PC Week* 지의 실험실장의 자리에 올랐다. 또한 그는 프리젠테이션 능력도 탁월하여 한번 프리젠테이션을 하면 수만 명이 모여들 정도로 명성을 얻었다.

그러나 브라이언은 자신이 비참함과 좌절의 바다에 표류하고 있다는 느낌을 갖게 되었다. 그의 삶에는 내적인 평안이나 목적 의식이 없었던 것이다. 그는 "나는 수십만 불의 봉급을 받고 사장의 직함을 가지고 있었지만 비참했다"고 말한다. 마침내 그와 그의 아내는 평안과 목적을 찾기 위해 삶을 단순하게 하기로 결정했다. 그들은 한 교회를 발견했고, 거기서 그들은 편안함을 느끼고 하나님 중심으로 삶을 건축하기 시작했다. 그리고 머지않아 한때 중요하게 여기던 것들이 아주 사소한 것으로 보이기 시작했다.

바로 그 때, 다니던 교회 목사님이 베델 신학대학원에서 새로 제공하는 인터넷 신학교 입학을 권유했다. 그것은 브라이언이 매우 만족하게 여기는 환경이었다. 그는 언어 및 문자 커뮤니케이션에 큰 은사를 가지고 있고 또 영적 성장과 하나님의 말씀 전파에 대한 열정이 대단했으므로 그의 교회 목사님은 적기가 온 것으로 생각하였다. 조금씩 브라이언은 단서들이 나타나는 것을 보기 시작했다. 그는 친구들과 아는 사람들로부터 확인과 격려를 받았고, 그런 상담을 바탕으로 브라이언 부부는 중년기에 새로운 직업으로의 여정을 시작했다.

마침내 브라이언 부부는 플로리다에 있는 집을 떠나 베델로 가서 공부하고 목회를 추구하기로 하였다. 브라이언은 IBM사의 경영자로서도 그리스도인의 소명을 잘 실천할 수 있었지만, 하나님은 어떤 이유에서든 브라이언이 다른 직업을 가지면 그의 소명을 더 효과적으로 수행할 것이라고 판단하셨다. 새로운 방향으로 나아가는 데는 불타는 가시덤불도, 금으로 새겨진 선언문도 없었다. 그러나 브라이언은 단서들을 따름으로써 그의 소명을 완전히 새로운 길과 연결 지을 수 있었다. 그리하여 소명이 새로운 직업과 연결됨으로 그리스도의 이름을 섬길 수 있는 더욱더 효과적인 발판을 얻게 되었다.

3. 소명 의식을 가지라

셀프 리더십 개발 워크숍

당신의 소명을 실천할 수 있는 가장 좋은 직업을 찾기 위하여 다음 연습 활동을 순서대로 따라해 보기 바란다.

◈ 부업을 살펴본다

시간을 내어 그리스도의 제자로서 당신의 초월적인 소명 혹은 천직과, 당신의 가치들과 소명을 실천할 수 있는 가장 좋은 발판이 될 부업을 살펴보라.

1. 59-64페이지에 제시된 논의들을 바탕으로, 당신의 능력을 다 동원하여 당신의 초월적인 소명이 무엇인지 정리하라.

나의 소명 혹은 천직

2. 다음에는 당신의 초월적인 소명과, 앞장의 워크숍에서 파악한 당신의 가치들을 기준으로 현재의 직업을 평가하라. (현재의 직업을 평가할 때는 직함이나 위치를 근거로 하지 말고 현 위치에서 당신이 하고 있는 일의 핵심을 살펴야 한다.)

나의 현재 직업

3. 현재의 직업을 이해한 다음에는 그것이 당신의 가치들과 소명을 실천하는 발판으로서 얼마나 효과적인 도움을 주는지 평가하라. 각각의 가치들에 점수를 매긴 다음, 그 숫자들을 모두 합하고 평균을 내라. 평균치가 당신의 평점이다. 평점이 5점 이하이면 당신의 가치들과 소명을 실천하기에 적합한 직업을 찾는 것이 유익할 것이다.

나의 소명 :	
나의 가치들	현재의 직업이 나의 가치들과 소명을 실현하는 데 효과적인 발판으로 기여하는 정도
가치 1	방해함　　　　　방해도 도움도 안 됨　　　　　도움이 됨 1　2　3　4　5　6　7　8　9　10
가치 2	1　2　3　4　5　6　7　8　9　10
가치 3	1　2　3　4　5　6　7　8　9　10
가치 4	1　2　3　4　5　6　7　8　9　10
가치 5	1　2　3　4　5　6　7　8　9　10
가치 6	1　2　3　4　5　6　7　8　9　10

총계 : ▢
평균 : ▢

4. 다른 직업이 당신의 소명을 실천할 수 있는 발판으로 더 효과적일 것 같다는 깊고도 지속적인 생각이 있으면(그리고 그것이 당신의 가치들과도 일치하면), 시간을 들여서 최선의 직업에 이르는 일

3. 소명 의식을 가지라

곱 가지 단서를 깊이 살펴보라. 하나님께서 이제까지 당신의 삶에서 행하고 계시는 일들에 관해 적절한 정보들을 정리해 보라. (바른 직업을 찾는 단서 부분을 다시 읽어 보라.)

	하나님께서 이 부분에 대해 어떤 일을 해오고 계시는가
과거의 경험	
현재의 환경	
가능한 기회들	
개인의 은사	
성령의 자극	
개인의 열정	
개인적인 상담	

5. 만일 아무런 장애(돈, 교육, 지리적 여건 등)가 없다면 당신은 자신을 위해 어떤 자리나 직업을 가질 것 같은가? 당신이 생각하는 이상적인 직업의 요소들을 아래 공란에 쓰라.

나의 이상적인 직업

6. 당신의 이상적인 직업이 현실이 되게 하기 위해 당신은 어떤 일을 할 수 있겠는가? (예를 들어, 교육을 더 받거나, 네트워킹을 하거나, 기회를 찾는 일 등)

나의 이상적인 직업을 현실화하려면
1. _____
2. _____
3. _____
4. _____
5. _____
6. _____
7. _____

4. 삶의 목표를 세우라

4
삶의 목표를 세우라

　1982년 아내와 나는 힘들면서도 신나는 신학대학원 생활에 적응하려고 애쓰면서, 또 한편으로는 첫아이의 출생을 고대하는 가운데 아주 이상한 일을 하였다. 한 채플 시간에 객관적인 목표의 중요성을 들은 것이다. 그 날 집으로 와서 나는 아내 수에게 "우리, 뭔가 목표를 세워야겠어"라고 말했다.

　그 당시 우리는 단 두 가지 주요한 목표를 가지고 있었는데 그것은 신학교 첫해를 무사히 보내는 것과 첫째 아이를 건강하게 낳는 것이었다. 솔직히 그 때 우리의 짐은 이미 우리가 감당하기에 벅찰 정도여서 좀더 추가하여 과외의 일을 하거나 새로운 목표 또는 뜨거운 목표를 갖는 것이 불가능한 상태였다. 그렇지만 아내와 함께 앉아서 갓 결혼한 부부로서 하나님이 우리에게 원하시는 인생의 목표가 무엇인지 기도하며 생각해 보는 것이 절실하다고 느꼈다.

거의 20년이 지난 오늘날까지 나는 그날 아내와 함께 망가진 식탁에 앉아 있던 때의 감격을 기억할 수 있다. 당시 우리 부부의 월간 총수입은 800달러였다! 아파트의 월세가 350달러인데, 한 달 한 달 겨우 월세를 지급해 나가는 처지였다. 우리가 사용하는 차는 녹슨 오렌지색 1974년형 토요타였는데, 그것은 한 신학생이 추운 아이오와에서 타다가 가지고 온 것으로 천 달러에 사서 일 년 동안 월부로 값을 지불하고 있었다. 게다가 우리 집에서 사용하는 가구는 모두 가족들에게서 얻은 것이거나 중고품을 사들인 것뿐이었다. 간단히 말해서 우리는 갓 신학교라는 끝없는 터널에 들어온 부부로서 터널의 끝에 가도 별로 나아질 가능성이 거의 희박한 상태였다. 신학대학원 1학년은 교회에서도 사례를 잘 받을 수 없는 것이 현실이었기에 우리는 매끼 먹을 음식과 월세를 낼 수 있는 사역처를 구하기를 희망했다.

현재 있는 곳에서 시작하라

신학대학원 시작 시절 우리의 상태와 전망을 이야기하는 이유는 우리가 식탁에 앉아서 미래의 목표에 대해 논의를 시작할 때 우리의 마음과 환경이 어떠했는지를 알려 주기 위함이다. 우리는 어떤 뜻밖의 일이나 기적적인 일이 일어나 우리의 인생길을 바꾸어 주기를 기대할 수밖에 없는 상황이었다. 그러나 우리를 신학교로 인도하신 분이 분명 하나님이시라면 그렇게 하신 이유가 있었을 것이며, 따라서 하나님이 어떤 기회를 주시든 그것을 받을 준비를 해야 했다. 이런 생각으로 우리는 서로 대화하며 그것을 쓰기 시작했다.

4. 삶의 목표를 세우라

우리는 아래와 비슷한 표를 그려 우리의 목표를 정리하기 시작했다.

	1년 후	5년 후	10년 이후
영적인 면			
지적인 면			
신체적인 면			
대인관계적인 면			
전공적인 면			
경제적인 면			

우리는 1년, 5년, 10년 이후로 나누어 삶의 여러 측면들(영적, 지적, 신체적, 대인관계적, 전공적, 경제적)을 살펴보았다. 그런 다음 아주 단순한 질문을 했다.

"앞으로 1년, 5년, 10년 이후에 우리는 각 영역에 있어서 어디에 있기를 원하는가?"

처음에는 우리 부부의 입장에서 이 질문을 했고, 다음에는 개인의 입장에서 그렇게 했다.

이렇게 하여 여러 차례의 토의 끝에 이 표를 완성한 다음, 냉장고에 붙여 두었다. 나는 냉장고에 붙어 있던 그 종이를 수년 동안 수없이 보았다. 솔직히 말해서 우리는 우리가 써서 붙여 놓은 그 목표들에 대해 대화하는 시간을 많이 가지지 못했다. 우리는 그 목표들을 달성하는 방법에 대한 토의를 하지 못했다. 다만 아내와 나는 냉장고 문을 열 때와 식탁에 앉아 있을 때마다 그것을 보고 간단히 읽곤 했다.

놀라운 일이 일어나다!

거의 20년 후, 목표 설정 연습을 했던 일을 되돌아보면서 아내와 나는 그 때 세웠던 계획들 가운데 많은 부분이 이루어진 것을 발견하고 감격해 했다. 어떻게 된 일인지 설명할 수는 없지만, 1982년 우리가 세웠던 목표들이 거의 다 이루어져 있었다.

신학대학원 1학년 때 우리가 낙관적으로 세운 목표들에는 다음과 같은 것들이 있었다.

한 지역 교회의 사역자가 된다(영적: 1년 후)
일부 가족들이 그리스도께로 돌아오도록 한다(영적: 10년 이후)
우리 가족을 완성한다(대인관계: 5-10년 후)
신학대학원을 졸업한다(전공: 5년 후)
담임 목사가 된다(전공: 5-10년 후)
박사 학위를 딴다(지적: 10년 이후)
건강하고 행복하며 성장하는 결혼생활을 한다(대인관계 및 영적: 1, 5, 10년 이후)
"책 읽는" 가족이 된다(대인관계 및 지적: 5-10년 후)
내 집을 장만한다(경제적: 10년 이후)
최소한 한 권 이상의 책을 저술, 출판한다(전공 및 지적, 경제적: 10년 이후)

4. 삶의 목표를 세우라

자녀들이 모두 그리스도를 영접한다(영적: 10년 이후)

이상의 것들은 우리가 함께 세운 목표들 가운데 일부로서 각각의 목표들은 더 상세하게 정리되어 있었다. 오늘날 위에 열거한 목표들은 하나도 남김 없이 실현되었다! 이런 목표를 세울 때 우리가 전공, 경제 등에서 어떤 상태에 있었는지를 기억하는 것이 중요하다. 그 당시 우리는 박사 과정을 마치기는 고사하고 시작할 돈이나 기회를 얻을 것이라고는 도무지 생각조차 할 수 없는 형편이었다. 그러나 박사 과정을 마쳤다. 그 당시 책을 저술하는 것은 거의 환상에 가까운 일이었다. 그러나 지금 내가 쓰고 있는 이 책은 나의 두 번째 책이다. 우리 가족의 도움을 전혀 받지 않고도 우리는 1987년에 새 집을 샀다. 이것은 목표 설정 실습을 한 지 5년 후였다. 우리 아이들 넷 다 그리스도를 영접하여 믿음 안에서 자라고 있다—그 중 둘은 십대다. 또 모든 아이들이 다 대단한 독서광으로 자신의 연령보다 높은 독서 능력을 갖추고 있다. 막내 아들 새미는 지금 3학년인데 독서 능력으로는 6학년이다.

이런 결과를 말하는 이유는 자랑하려는 것이 아니라, 목표가 갖는 거의 신비에 가까운 능력을 보여주려는 것이다. 하나님께서 기도하면서 우리의 미래를 생각한 그 시간을 사용하셔서 우리를 그분이 예비하신 길로 인도하신 것이라고 나는 확신한다. 이 결과들 가운데 어느 것도 우리가 다른 사람들과 다르거나 특별히 재능이 많아서 이루어진 것이 아니다. 우리 가족들과 친구들은 그것을 잘 안다. 분명 그것은 순전히 하나님의 자비와 은혜의 결과다. 나아가 나는 그것들이 우리의 인생을 위해 세운 구체적인 목표들을 명확하게 정리하고 규칙적으로 되뇌임으로써 생기는 비전과 능력, 동기에 대한 한 증거라고 확신한다.

왜 목표를 세우는가?

목표를 세우는 이유는 많다. 어떤 목표는 순전히 자기 보존이나, 물질, 혹은 자기 강화를 위한 것이다. 많은 목표 설정 전문가들은 세계는 취하는 자들의 것이라고 이야기한다. 우리가 단순히 우승을 목표로 하고 적당히 스윙하기만 하면, 우리는 결국 그랜드 슬램을 달성하게 된다는 것이다. 목표를 세우면 인생 길에서 앞장을 서게 된다고들 말한다. 목표는 과녁을 맞히도록 도와준다. 사실 일부 목표 설정 옹호론자들과 그들이 추진하는 워크숍에서는 삶을 변화시키는 전략적이고 건설적인 목표 설정보다는 거의 마술에 가까운 것을 내세운다. 만일 당신이 원하는 것을 마음에 그리고 그것에 오랫동안 초점을 맞추면 그것이 현실로 된다고 그들은 말한다.

바로 이것이 내가 목표 지향적인 다단계 판매 세계에 나도 몰래 빠져들었을 때 목표 설정에 대해 처음 들었던 말이다. 다단계 판매를 나에게 가르치던 사람은 만일 내가 "꿈을 만드는" 테이프를 충분히 많이 듣고, 또 내가 갈망하는 차와 집과 보트의 그림을 눈앞에 붙여 놓으면, 내가 무엇을 믿든 그것을 이루도록 "프로그램"된다고 확신시켜 주었다.

내가 셀프 리더십의 기본적인 측면으로 제안하는 유형의 목표 설정은 그런 것이 아니다. 나는 목표 설정은 우리의 삶을 이끌어 나갈 수 있는 주요한 한 가지 길이라고 믿는다. "이끌어 나간다"는 것은 단기적이고 물질적인 것을 획득한다는 의미가 아니다. 그것은 우리가 원하는 차나 집을 위하여 저축을 하는 것과는 다르다. 또한 "이끌어 나간

4. 삶의 목표를 세우라

다"는 것은 궁극적으로 우리가 우리 삶의 주인이라는 것을 의미하는 것도 결코 아니다. 내가 말하는 목표 설정은 당신이 미래의 어느 때에 성취하기 원하는 어떤 특정한 직업적인 위치에 당신의 시선을 고정시키는 것도 아니다.

내가 인생의 목표라고 부르는 것을 세우는 주된 이유 중 하나는 우리 삶의 방향을 가지려는 것이다. 앞에서 우리 인생의 가치들과 소명으로 정립했던 것과 일치하는 방향 말이다. 우리가 우리의 가치들을 충분히 잘 이해하여 글로 표현할 수 있고 또 우리 인생의 소명이 무엇인지 이해하고 나면, 그 다음에는 목표 설정을 이용하여 우리의 삶이 우리가 진술한 가치들과 소명을 실천하는 방향으로 끊임없이 나아가도록 해야 한다.

신학대학원 초기 아내와 내가 세웠던 목표를 되돌아보면서, 우리는 우리가 세웠던 목표들이 모두 다, 지금 우리가 인생의 목표가 될 가치가 있다고 생각하는 것들과 일치하는 것은 아님을 발견한다. 우리가 세운 목표들 가운데는 순전히 개인적이고 물질적인 성격의 목표, 예를 들어 집을 장만한다는 등의 목표가 있었다. 그렇다고 그런 목표를 세워서는 안 된다는 말은 아니다. 다만 셀프 리더십을 말하면서 그런 유형의 목표를 옹호하지는 않는다는 것이다.

인생의 목표란 무엇인가?

가장 간단히 말해서 목표는 우리 자신을 위해 세우는 전략과 같은 것이다. 목표는 우리가 아직 맞히지 못하고 있는 과녁과 같은 것이다.

우리는 우리가 그리던 그 장소에 아직 이르지 못하였다. 그러므로 목표는 현재 우리의 상태와는 다른 미래의 상태이다. 그러기에 현재 우리의 상태와 우리가 세운 목표-그것은 우리가 바라는 미래의 상태이다-사이의 간격은 미묘하고 장애가 있으며 인간의 땅이 아닌 것이다. 우리의 목적지에 도달하기 위해서 우리는 기술적으로 그리고 지속적으로 인생을 항해해야 한다.

어떤 유형의 것이든 목표를 세울 때, 그 목표는 어떤 종류의 항해든 반드시 이루어져야 할 것을 전제로 한다. 나는 목표에 대한 이런 기본적인 이해를 바탕으로 조작적 정의를 내리려고 한다.

셀프 리더십 면에서 볼 때, 인생의 목표는 현재 상태와 계획적으로 갈등이 되는 것으로 그것으로 인해 일생에 걸친 항해를 하게 된다. 목표를 세울 때 우리는 전략적으로 현재 상태, 즉 현재 우리 삶의 상태를 새롭고 보다 바람직한 곳으로 움직이기 위하여 계획을 세운다.

본질적인 면에서, 인생의 목표와 다른 유형의 목표 사이의 차이점은 그 목표 뒤에 있는 의도와 이유에 있다. 목표의 진술 방식은 눈에 띄게 차이가 나지 않는다. 차이가 나는 것은 목표를 세우는 이유인 것이다.

인간의 목표들 가운데 가장 보편적인 것, 예를 들어 체중을 줄이는 것을 사용하여 인생의 목표를 가치 있게 만드는 것이 무엇인지 생각해 보자. 만일 체중을 줄이려는 주된 목표가 고등학교 졸업 20년 후에 동창들과 만날 때 멋지게 보이려는 것이라면, 그것은 인생의 목표가 될 수 없다. 그러나 체중을 줄이려는 그 동일한 목표가 보다 건강한 신체를 만들어 우리의 소명을 좀더 효과적으로 실천하고 우리의 가치들을 더 잘 나타내려는 것이라면, 인생의 목표가 될 가치가 있다.

아마 당신은 이것이 단순한 말장난에 불과하다고 생각할 수도 있을 것이다. 그러나 이것은 그런 것이 아니다. 이것은 아주 중요한 결과를 낳는다. 지금 말했던 체중 줄이는 목표를 예로 들어 보자. 동창들과의 모임이 끝나면 어떻게 되겠는가? 목표는 어떻게 되는가? 조명 불빛이 꺼지고 밴드의 연주가 끝나면서 동창회가 끝남과 동시에 목적도 달성되고 추구하던 목적지에 도달하게 된다. 목표를 달성한 것이다. 이것이 나쁠 것은 없다. 그러나 이것은 아주 근시안적이고 피상적임을 인정해야 할 것이다. 이제 이 사람은 흥미를 잃고 체중을 줄이기 위한 절제와 훈련을 중단할 가능성이 매우 높다. 목표가 달성되었기 때문이다. 만일 줄인 체중을 그대로 유지하려면 또 다른 이유를 찾아내야 한다.

체중을 줄이려는 목표가 장기적인 건강 유지라고 한다면, 그리하여 인생의 소명을 실천하고 가치를 실현하려는 것이라면, 목표는 수개월의 기간 이상을 요구할 것이요 원하는 체중 달성 이후로도 노력이 계속될 것이다. 만일 목표가 달성되면 이런 성질의 목표는 다른 사람에게 잘 보이기 위해 체중을 줄이려는 목표보다 더 장기간에 걸쳐 우리 삶에 더 큰 영향을 줄 것이다.

SMART 목표가 아니다

지금 이야기하는 것은 성공적인 목표 설정에서 말했던 것과는 정반대되는 것이다.

우리 대부분은 SMART 목표라고 하는 것을 세우는 기술을 배웠을 것이다. SMART 목표란 구체적이고(Specific), 측정 가능하고(Measurable), 달성 가능하고(Attainable), 현실적이고(Realistic), 구체적인 시간 계획이 있는(Time frame) 목표의 첫 글자를 딴 것이다. 이것은 대단히 훌륭한 목표 설정 도구로서 내가 목표를 세울 때 흔히 사용하는 것이다. 그러나 일생에 걸친 셀프 리더십과 성장을 추구하는 데 도움이 되는 목표를 세우려고 할 때 SMART 목표만으로는 충분하지 못하다.

사실 우리는 인간적인 입장에서 볼 때 현실적이지 못한 목표들을 필요로 한다. 사도 바울은 빌립보서 3:12에서 인생의 목표를 제시한 것으로 보인다. "내가 이미 얻었다 함도 아니요 온전히 이루었다 함도 아니라 오직 내가 그리스도 예수께 잡힌 바 된 그것을 잡으려고 좇아가노라." 이것은 분명히 바울이 열망하며 달려갔던 목표이다. 사실상 그가 자신의 삶에서 행한 모든 것은 이 숭고한 목표를 향해 나아가기 위한 목적으로 이루어진 것이다—이것은 분명히 SMART 목표는 아니었다.

그렇지만 내가 확신하는 바로는, 바울로 하여금 그 큰 고난과 역경을 견디고 많은 업적을 남기도록 동기를 부여한 것은 바로 이 장대한 인생 목표이다. 복음의 기쁜 소식을 세상 끝까지 전하려는 그의 목표는 엄격하게 인간적인 관점에서 보면 결코 구체적이고, 현실적이고, 달성 가능한 목표가 아니다. 마찬가지로 아브라함이 큰 민족을 이룰 것을 믿고 하나님의 음성을 좇아서 알지 못하는 땅으로 간 것도 분명히 현실적인 목표가 될 수 없다. SMART 목표에 따르면 결코 구체적이지도 측정 가능하지도 않은 것이다. 여호수아가 사실상 전투 경험이 전무한 방랑인 집단을 이끌고 세상의 초강대 세력들을 정복하겠다고 하는 목표 역시 아무리 해도 현실적이지 못하다. 그럼에도 불구하고 이것은 의심의 여지 없이 가치 있는 목표이다.

4. 삶의 목표를 세우라

셀프 리더십을 실천하려고 할 때 우리는 우리의 인생을 위해 목표 혹은 방향을 설정하는 일에 있어서 환원주의자적인 사고를 해서는 안 된다. 우리의 인생을 영원한 관점에서 바라보고 또 우리의 인생은 단순하고 단기적인 목표로 이끌어 가기에는 너무도 방대하다는 점을 인식하는 것이 매우 중요하다. 물론 단기적인 SMART 목표가 셀프 리더십에 효과적이지 않다는 말은 아니다. 다만 그런 목표는 우리의 삶을 효과적으로 이끌기 위한 작은 목표로 여겨져야 한다. 단기적인 목표에 대해서는 후에 이야기할 것이다.

인생의 목표 정하기

인생의 목표를 개발하려고 할 때 사용할 수 있는 지침들은 많이 있다. 이 지침들은 일련의 질문들로 이루어진 것으로 우리가 제기하는 목표 혹은 행동의 과정들이 인생의 목표로 적합한지를 판단하기 위해 자문해 보아야 하는 것들이다.

질문 1 : 이 목표는 나의 가치들 가운데 어떤 것을 가장 잘 구현할 것이며, 나로 하여금 나의 삶에서 그것을 실천하게 할 것인가?

질문 2 : 이 목표나 행동 과정은 어떤 구체적인 방법으로 나의 인생의 소명을 실천하게 도와주는가?

질문 3 : 이 목표는 내가 하나님 나라를 이 땅에 확장하는 데 보다 효과적으로 기여하는가?

질문 4 : 이 목표가 세워지지 않으면 어떤 면에서 나의 인생의 소명이 침체되고 나의 가치들이 훼손되거나 무시당하는가?

질문 5 : 이 목표는 그리스도 자신의 목표가 되기에 합당한가? 이 목표는 예수님이 세상에 계실 때 채택하셨을 만한 목표인가?

질문 6 : 이 목표를 추구하면 내가 그리스도를 닮아가는 것에 진전이 있고 또 내가 하나님이 원하시는 사람이 되어가겠는가?

우리의 행동과 행위의 바탕에 있는 의도와 동기들이 그것들의 목적과 의미를 부여하며, 따라서 인생의 목표가 될 가치가 있는가를 결정해 준다.

인생의 목표의 몇 가지 예

그러면 인생의 목표는 정확하게 어떤 것일까? 내 말의 의미를 쉽게 이해하도록 하기 위해서 나의 인생의 목표들 몇 가지를 제시해 두었다. 우선 말해 둘 것은, 인생의 목표를 정할 때 반드시 따라야만 하는 특정 공식은 없다는 것을 알기 바란다. 단 한 가지 규칙은 앞에서 제시한 인생의 목표를 위한 6가지 지침을 만족해야 한다는 것이다.

샘의 인생 목표

- 나는 나의 노력을 배가할 수 있는 영적 리더들을 양육하고 무장시키는 일에 늘 참여함으로써 지상에 있는 교회가 계속 성장하고 확장되도록 기여할 것이다.
- 나는 나의 삶을 아내와 함께 나누어 아내의 독특한 은사와 능력, 흥미를 키워 주기 위해 아내 수에게 질적인 시간을 바칠 것이다.
- 나는 하나님의 도우심을 입어 내가 만나는 모든 사람들을 내가 대

4. 삶의 목표를 세우라

접받기 원하는 대로 대접하고 나의 모든 능력을 다함으로써 그들이 진정한 가치를 지닌 개인으로 소중히 여김을 받고 있을 뿐 아니라 사랑받고 있다는 느낌을 가지게 할 것이다.

- 나는 하나님의 영광을 위해 나의 소명을 실천하는 데 필요한 건강과 내 나이에 맞는 최상의 신체적 상태를 유지하기 위한 노력으로, 나의 식사 습관에 대해 자제력을 유지하고 일주일에 5일씩 운동을 할 것이다.

이런 목표들은 내가 정립한 가치들에서 직접 유래한 것이며, 내가 인식한 바 나의 인생의 소명과도 일치한다. 위에 열거한 목표들은 모두 목표 설정의 6가지 지침들에 적합한 것이다.

내가 열거한 인생의 목표들 각각에는 SMART 목표에서 옹호하는 요소들 대부분이 빠져 있다. 이 목표들은 지나치게 방대하여 그런 규제 조건들에는 잘 맞지 않는다. 그렇지만 이런 목표들이 실현되기 위해서는 일련의 단기적인 단계들이 있어야 한다. 바로 이러한 목표 설정의 과정에서 SMART 목표와 같은 기법을 사용해야 한다.

또 한 가지 중요한 것은 인생의 목표가 해마다 바뀌어서는 안 된다는 것이다. 인생의 목표는 우리가 인생을 이끌어 갈 목적지를 가리켜 준다. 그렇기 때문에 인생의 목표를 거듭해서 다시 세우지 않아도 된다. 물론 우리가 성장하고 성숙하여 우리의 소명을 더 잘 이해하게 되거나 하나님이 우리를 이끄시는 방향을 더 잘 파악함에 따라 새로운 인생의 목표를 첨가할 수는 있다. 그러나 이 경우의 목표는 기존의 목표를 대치하는 것이 아니라 기존의 목표에 첨가되는 것이다.

요약하자면, 가치 있는 인생의 목표는 실제로 우리의 인생을 이끌어

나가는 궁극적 방향을 반영하는 의도와 목적의 진술이다. 그것은 단순히 어떤 과업이나 단기적인 결과를 나타내는 것이 아니라 일생에 걸친 포부로서, 이것이 없으면 우리 인생은 방향을 상실하게 된다.

하나님 나라에 맞는 목표

미국 역사상 가장 위대한 업적들 가운데 하나는 1803년 메리위더 루이스와 윌리엄 클라크가 미주리 강 서안에 있는 거친 황야를 관통한 획기적인 여행이다. 루이스와 클라크는 태평양으로 흘러 가는 모든 지류들을 탐사하겠다는 목표를 가지고 이 기념비적인 과업을 목표로 삼았다. 이것은 일생의 목표가 되기에 충분한 것이었다.

1803-1806년 사이, 이 두 탐험가가 이끄는 여행은 거의 모든 사람들이 불가능하다고 여길-지금도 마찬가지일 것이다-일들을 이루어 냈다. 그러나 루이스와 클라크는 온갖 역경과 고난, 희생을 감내하고 항진을 거듭하여 태평양까지 항해하여 돌아옴으로써, 청소년기에 있는 미국이 루이지애나 구입지라고 알려진 무한한 자원의 보고에 정착하고, 작물을 재배하고 수확을 거두는 데 필요한 발견과 지식을 안겨 주었다.

루이스와 클라크는 귀환할 때 국제적인 영웅으로 환영을 받았다. 당연히 그럴 만한 일이었다. 그러나 그 목표가 아무리 위대하고 보상이 거대하다 해도 루이스와 같은 사람의 내적 갈망을 채워 줄 수는 없었다. 루이스의 내면 세계는 그가 정복한 황야로 채울 수 없을 정도로 넓었던 것이다. 그 역사적 탐험을 마친 수년 후인 1809년, 루이스는

4. 삶의 목표를 세우라

자신의 인생에서 추구할 가치가 있는 것이 남아 있지 않음을 느끼고 자주 포기와 우울증에 빠졌다. 그는 일생 동안 종종, 당시에는 우울이라고 부르던 것과 씨름을 했지만, 그의 잦은 모험과 정력적인 목표 추구가 그를 권태와 낙담이라는 악령으로부터 구해 주지 못했다. 오히려 그 위태로운 탐험이 끝난 후, 새로 탐사할 땅이 더 이상 없게 되자, 그는 자신의 좌절감을 이기기 위해서 폭음과 마약을 시작했다. 그리하여 1809년 10월 11일, 마침내 그 위대한 탐험가는 자신의 일생에 더 이상 할 일이 남아 있지 않다고 생각하고는 오늘날 테네시로 알려진 나치즈 트레이스 트레일에 있는 어느 오지의 여인숙에서 자살하고 말았다.

루이스에게는 하나의 거대한 인생의 목표가 자신의 인생에 비해 너무 작았다. 그는 헤라클레스적인 업적을 뛰어넘는 어떤 의미 있는 것, 즉 자신의 일생을 투자할 수 있는 어떤 것을 생각할 수가 없었다. 그래서 그는 비극적으로 인생을 끝내고 말았던 것이다.

그리스도인 리더인 우리들은 하나님과, 하나님이 우리에게 주신 소명에 비해 너무 작은 목표를 세우지 않도록 해야 한다. 우리 일생을 걸 만한 가치가 있는 목표는 하나님 나라의 크기에 걸맞는 목표로, 이 세상에 사는 동안 완전하게 달성될 수 없는 것이다. 우리는 우리 평생을 바쳐야 하는 최선을 요구하는 목표를 세우기 위해 시간과 노력을 투자해야 한다. 일생의 목표는 하나님의 크기에 걸맞는 목표가 되어야 한다.

셀프 리더십

셀프 리더십 개발 워크숍

다음에 나오는 연습 활동은 당신의 가치들과 소명을 합성하여 가치 있는 인생의 목표를 만들도록 인도하는 지침이다. 이 연습이 끝나면 당신은 하나의 문서를 만들게 될 것인데, 이것은 당신이 의미 있는 셀프 리더십을 실천하려고 하는 노력을 효과적으로 도와주어, 결과적으로 당신의 삶을 하나님의 영광을 위해 투자하는 일을 극대화할 것이다.

다시 한번 더 제3장의 워크숍에 나오는 이상적인 천직과 함께 당신의 가치들을 검토한 다음에, 시간을 들여 당신의 삶의 목표를 써 보라. 95-96페이지에 나온 6가지 지침을 이용하여 당신의 인생의 목표를 쓰라. 그것을 101페이지에 있는 표 안에 써 넣으라.

시작하기 전에 다음의 질문들을 생각해 보면 도움이 될 것이다. 이것들은 당신이 아직 구체적으로 표현하지는 않았지만 인생의 목표에 포함되어야 할 목표들을 드러내 줄 것이다.

- 내가 실천하기 위해 더 많이 헌신해야 할 인생의 가치가 있는가?
- 나의 소명을 보다 지속적이고 효과적으로 성취할 수 있는 방법은 없는가?
- 더 좋은 발판이 될 새로운 부업을 찾아 종사하기 위해서 내가 나아가야 할 방향이나 취해야 할 행동이 있는가?

당신의 인생의 목표를 쓴 다음에는, 당신의 가치들과 소명을 실천하는 데 중요한 순서대로 대충 순서를 매겨 보라. 인생의 목표의 우선순

4. 삶의 목표를 세우라

위를 결정하는 데 사용할 수 있는 한 가지 방법은 목록의 첫 번째 것과 두 번째 것을 비교하는 것이다. 잠시 시간을 내어 이 두 가지를 생각해 보고 어느 것이 당신의 가치와 소명을 실천하는 데 더 중요한지를 결정하라. 만일 두 가지 목표 중 한 가지만 성취할 수 있을 경우, 어느 것이 당신의 가치와 소명을 실현하는 데 가장 좋겠는가? 일단 결정을 한 후에는 덜 중요한 것에 표시를 하고, 선택된 목표를 다음의 목표와 비교한다. 그리하여 마지막 목표까지 비교한다. 이렇게 하여 마지막까지 남는 목표가 앞에서 진술한 가치들과 소명에 비추어 볼 때 가장 중요한 목표이다. 다음에는 나머지 목표들을 놓고 다시 이 과정을 반복함으로써 각각의 목표들에 우선순위를 매긴다.

순위	인생의 목표
1	
2	
3	
4	
5	
6	

5
삶의 동기화 수준을 측정하라

삶의 가치를 정립하고 수용하고, 소명을 어느 정도 인식하며, 인생의 방향을 이끌어 갈 가치 있는 목표를 세웠다면, 이제는 그 가치들을 실천하고 부름받은 삶의 형태로 인생의 목표를 실현하는 데 필요한 셀프 리더십에 참여하기 위해 정직하게 당신의 동기화 수준을 측정할 때이다. 단순히 당신의 가치들을 발견하고 소명을 이해한다고 해서 당신의 리더십의 잠재력이 하나님의 영광을 위해 저절로 실현되는 것은 아니다. 그 이상의 것이 있어야 한다.

그 이상의 것

마크 웰만은 등산 기술이 탁월하다. 사실 그는 수많은 난코스를 정복한 대단한 등산가이다. 그는 장비와 테크닉에 있어서도 일가견을 가

5. 삶의 동기화 수준을 측정하라

지고 있다. 힘든 등산에 필요한 신체적 적합성에 대한 많은 이해가 있기 때문에 그는 그런 일을 위해 자신의 몸을 어떻게 훈련해야 할 줄도 안다. 암벽 등반이나 산악 등반에 관한 한 마크 웰만만큼의 지혜와 이해를 갖춘 사람이 별로 없다. 그러나 그에게 큰 부담이 있는데 그것은 대마비병 환자라는 것이다. 그의 다리는 엉덩이 아래 부분부터 잘 움직이지 않는다. 이것은 생명을 걸고 암벽 등반을 할 때 심각한 장애물이다.

그렇지만 알다시피 세계 최고의 지식과 전문성이 마크를 어느 산이나 이름난 암벽 위로 올려 주지는 않는다. 마크가 성공적으로 산을 오르기 위해서는 그 이상의 무엇이 필요했다.

1991년 여름, 마크는 요세미티 국립공원에 있는 2,200피트의 암벽 하프 돔을 오르는 데 성공한 최초의 대마비병 환자가 되었다. 이 바위산은 신체적으로 최적의 조건을 갖춘 유능한 등산가도 등정하기 힘든 조건이었다.

마크의 지식이 필수적이기는 하지만, 그것이 등산할 수 있는 능력을 주는 것은 아니다. 그런 위압적인 도전에 직면하여 성공적으로 등산을 완료하기 위해서는 개인적인 동기화 수준이 특별히 뛰어나야 한다. 그런 동기화가 되어 있지 않았다면, 제아무리 지식이 많은 마크라 할지라도 요세미티 공원의 그 유명한 바위산 밑 그늘에 앉아서 대마비병 환자가 그런 등정을 할 수 있을까 하고 생각만 했을 것이다. 그러나 마크 웰만에게는 동기화가 다른 사람들은 꿈만 꾸고 있을 것을 할 수 있게 만드는 '그 이상의 무엇'이었다.

아는 것이 힘?

많은 사람들은 아는 것(지식)이 힘이라고 말한다. 이런 말을 할 때 전제하는 것은 가장 많은 양의 정보와 지식을 독점하는 사람이 가장 힘있는 사람이 된다는 것이다. 다시 말해서, 어떤 사람이 지식과 정보를 획득하게 되면 거기에 부응하여 개인적인 힘과 영향력이 따라온다는 것이다.

그러나 사실은, 적용되지 않은 지식은 전혀 힘이 아니다. 사실 그 반대가 사실인 것이다. 한 사람이 많은 지식과 정보를 소유하면서도 무슨 이유에서든 그것을 실천하지 못하거나 거부하면 할수록, 그것이 주는 것은 힘보다는 연약함과 무기력함이다. 우리가 잘 알다시피 무엇을 아는 것과 그 아는 것을 행하는 것은 전혀 다른 것이다. 우리가 진실이라고 아는 것을 담대하게 행하고 우리가 가진 지식을 삶에 적용하려 하면 여러 면에서 저항에 부딪힌다. 수없이 많은 장애물들 가운데 특히 편안함과 안이함의 욕구는 물론 지연, 두려움, 기만, 동기화 부족 등이 우리가 아는 것을 일관성 있게 삶에 실천하지 못하도록 저항한다.

오늘날 미국인들은 사상 유례 없이 흡연이 건강에 미치는 위험에 대한 정보를 많이 얻고 있다. 게다가 거의 모든 사람들이 자신의 친척이나 친구가 흡연이라는 나쁜 습관으로 인해 받은 나쁜 영향을 목격하고 흡연의 위험에 관한 지식을 가지고 있다. 그러나 흡연의 위해에 대한 지식과 금연 습관 사이에는 직접적인 상관 관계가 없는 것으로 나타나고 있다. 나아가 이 분야에 대한 정보의 홍수가 새로 생기는 흡연

5. 삶의 동기화 수준을 측정하라

자들을 만류하지 못하고 있다. 이 경우를 통해서 나는 지식만으로는 힘이 될 수 없다는 데 동의할 것으로 확신한다.

 이와 비슷하게, 정보와 지식만으로는—비록 그 지식을 소유한 사람이 대단한 지능과 영향력을 가진 리더라고 할지라도—그것을 실제에 적용할 수 있는 힘과 능력을 얻을 수 없음을 우리 모두 목격했다.

 클린턴 대통령은 1995년에서 1997년 사이에 백악관 인턴인 모니카 르윈스키 양과 무모한 정사를 나누었다. 그 때 그는 그런 바보 같은 짓을 하지 못하도록 할 만한 지식을 가지고 있었다. 클린턴은 그가 개입할 수도 있는 그릇된 행위를 독립적으로 수사하는 검사가 있다는 사실도 잘 알고 있었다. 또 그는 파울라 코빈 존스가 그를 성희롱 혐의로 고소하였고 그에 대한 심리가 진행중임도 알고 있었다. 나아가 그는 그의 정적들이 그의 대통령직 수행을 공격하는 캠페인을 벌이고 있는 것도 잘 알고 있었다. 그러나 이 모든 정보와 지식에도 불구하고 그 대통령은 자신의 지식을 실천에 옮길 수 없었다. 그 결과 그는 자신이 아는 것을 적용하지 못한 데 대한 값비싼 대가를 자신과 가족, 친구들, 심지어 국가가 치르게 되었다.

 그러나 이 불운한 대통령을 성급하게 단죄하거나, 수많은 부정적인 정보에도 불구하고 흡연을 계속하는 무지한 사람들을 비난하기에 앞서 우리가 시인해야 할 것이 있는데, 그것은 우리 역시 정도는 다르지만 그와 동일한 잘못을 저지르고 있다는 사실이다. 거의 모든 경우 우리는 우리가 해야 할 일을 알고 있다. 우리는 필요한 정보들을 속속들이 알고 있다. 그럼에도 우리는 우리의 지식이 그에 합당한 행동을 하게 만드는 데 실패한다. 체중을 줄여야 하는데 줄이지 못한다든가,

콜레스테롤 과다인데도 저지방 식이요법을 하지 못한다든가, 건강에 좋은 줄 알면서도 운동을 하지 않는 등의 일은 지식을 적용하기가 얼마나 어려운가를 보여준다.

동기화가 문제다

성공적인 셀프 리더십을 실천하기 위해서는 지식만으로는 충분하지 못하다. 지식을 실천으로 옮겨 줄 중요한 무엇이 필요한 것이다. 그 중요한 무엇이 바로 동기화라고 알려진 개념이다. 수많은 리더들과 장래 리더가 될 사람들에게 있어서 동기화 문제는 셀프 리더십을 성공적으로 실천하는 데 빠진 고리와 같다. 우리가 알고 있는 것을 성공적으로 그리고 일관성 있게 적용하는 문제는 동기화의 수준에 달려 있다.

우리가 성공적인 셀프 리더십을 위해 자기 훈련을 시작할 때 중요한 것은 이 과정에서 동기화가 하는 역할에 대한 이해이다. 마땅히 해야 할 일을 하지 않은 것을 합리화하면서 또는 해서는 안 될 일을 하고는 그것을 핑계하면서 한두 번씩은 "마음은 원이로되 육신이 약하도다"라고 말한 적이 있을 것이다. 우리가 이 성경 말씀을 얼마나 경솔하게 인용했든 간에 이것은 성공적인 셀프 리더십의 중요성을 정확하게 나타내 준다. 이것은 동기화의 문제와 중요성을 말하는 것이다.

우리가 우리의 인생의 가치들을 확인하고 정립하며 또 인생의 참된 소명을 자각하는 일은 칭찬받을 만한 일이다. 그러나 우리의 일상 생활이 그 가치들과 일치하고 소명을 실현하도록 하지 못하는 한 그 일

5. 삶의 동기화 수준을 측정하라

은 많은 열매를 맺을 수 없다. 우리의 가치 및 소명, 성공적인 셀프 리더십 실천 사이에 빠져 있는 고리가 바로 동기화의 수준이다. 우리가 깊은 소명 의식에서 나오는 가치 지향적인 삶을 살기 위해서는 반드시 변화가 있어야 한다. 그 변화를 위한 동기화는 얼마나 되어 있는가? 이것은 중대한 질문이다. 그러나 우리는 이에 대답하기는커녕, 질문할 시간도 가지지 않는다.

그러면 동기화란 정확하게 무엇을 말하며, 어떻게 측정할 수 있는가? 동기화란 마치 젤로와 같은 것으로, 그것을 정의하는 숟가락에 담는 순간 쏟아져 내린다. 간단히 말해서 동기화란 "행동을 하도록 자극을 주거나 몰아가는 어떤 내적인 상태이다. 동기화는 행위의 에너지 공급자이다."[1]

동기화를 정의하기는 아주 간단해 보이지만, 동기화의 "방법"을 설명하고 이해하려고 할 때는 어려워진다. 어떤 행동을 하게 하거나 아니면 다른 행동을 삼가도록 내적으로 자극을 주거나 몰아가는 원인은 무엇인가? 동기화의 "방법"을 찾다 보면 우리는 서너 가지 메커니즘이 작용하고 있음을 발견하게 된다. 그것은 우리의 기본적 필요, 생리적 충동, 의지적 소원, 중요한 신념들 등이다.

기본적 필요

특정 분야에서 행동을 취하도록 우리 안에서 작용하는 첫 번째 메커니즘은 인간으로서 우리의 기본적인 필요와 관련이 있다. 우리의 가장

---

[1] Arthur Reber, *Dictionary of Psychology* (New York: Penguin Books, 1995), 472.

셀프 리더십

기본적인 욕구 가운데 하나는 숨쉴 공기에 대한 필요이다. 우리는 공기가 있어야 한다. 공기가 없으면 우리는 죽는다. 그 결과 어떤 이유로든 산소를 얻지 못하면, 이 기본적 필요는 산소를 얻기 위한 행동을 취하도록 우리를 몰아간다. 실제로 우리는 우리의 필요가 채워지도록 필요한 일은 무엇이든지 하도록 강요받거나, 동기화된다. 역으로, 우리가 편하게 호흡을 하여 산소에 대한 우리 몸의 필요가 적절히 채워지면, 우리는 산소를 찾으려는 동기화가 되지 않는다. 채워진 필요는 동기화 요인이 되지 않는다.

1987년 봄, 부활절 일주일 전 어느 날 밤에, 나는 호흡을 할 수 없어서 잠에서 깼다. 내 가슴은 마치 5백 파운드의 압력을 받는 것처럼 느껴졌다. 그날 밤 내가 침대에서 일어났을 때, 내 머리 속에서 생각나는 것은 오로지 내 허파에 공기를 채워 넣어야 된다는 것뿐이었다. 나는 필요한 산소를 얻기 위해 심호흡하고 가슴을 벌려 보았지만 산소를 얻을 수 없었다. 그래서 나는 욕실로 달려가 뜨거운 물을 욕조에 틀어 놓고 두꺼운 타월을 머리에 감은 다음 얼굴을 증기 속에 들이밀었다. 그러나 그것도 도움이 되지 않았다. 마지막으로 나는 아내를 깨웠다. 그러자 아내는 나를 데리고 애너하임 힐스 병원 응급실로 달려갔다. 그곳에 있는 의사들은 내 호흡을 안정시키기 위해 여덟 시간 이상을 애를 썼다. 그 긴급한 상황이 끝나고 확인된 것은 나의 폐가 바이러스에 심하게 감염되어 기도를 자극하여 호흡을 방해한 것이었다.

내가 호흡을 하지 못해 고생하던 그 무서운 시간 동안 나는 정말로 다른 것은 생각할 수 없었다. 나는 공기를 얻는 것 외에는 어느 것에도 동기화되지 않았다. 먹는 것에도 동기화되지 않았다. 샤워를 하거나

5. 삶의 동기화 수준을 측정하라

아름답게 보이는 것에도 동기화되지 않았다. 어느 누구에게 영향을 주겠다는 생각도 하지 않았다. 내가 관심을 기울인 것은 온통 산소에 대한 필요를 채우는 것이었다.

당신도 알겠지만, 우리 삶의 특정 영역에 있어서 동기화의 수준을 측정할 수 있는 한 가지 방법은 현재의 필요 수준을 파악하는 것이다. 예를 들어, 당신이 체중을 줄이기 위해 노력하고 있을 경우 그렇게 할 필요를 얼마나 절실하게 느끼는가? 충족된 필요는 동기유발자가 아님을 기억하라. 그러므로 당신이 체중 5파운드를 줄이는 데 필요한 행동을 위해 동기화하려고 노력할 경우, 필요의 정도에 근거해 볼 때 그 일은 상당히 어려운 일이 될 것이다. 그러나 5파운드를 줄여야 할 필요는 아마도 많은 행동을 하도록 동기화할 정도로 심각한 것은 아닐 것이다. 반면에 의사가 당신에게 40파운드를 줄이지 않으면 생명에 위험이 있을 것이라고 말했다고 하자. 이 경우 필요 요인이 증가하여 적절한 행동을 취하도록 동기화하는 일이 상당히 쉬울 것이다. 이와 같이 기본적인 필요는 우리 안에서 행동을 하도록 동기화하는 강력한 메커니즘이 될 수 있다.

목표를 달성하는 동기화가 무엇인가를 알아보기 위해서는 음식과 물과 같은 가장 기본적인 신체적 필요뿐만 아니라 기본적인 신체적 안전의 필요도 생각해 보아야 한다. 더불어, 현재 경험하고 있어서 계속 우리의 생각을 사로잡고 있는 절실한 필요도 여기서 고려해 보아야 한다. 예를 들어, 중요한 사람과의 관계상의 문제 또는 심각한 취업 문제 역시 기본적인 필요로 간주되어야 한다. 경제적 위기나 심각한 신체적 질병 역시 기본적인 필요로 간주되어야 할 종류의 문제들이다.

생리적 충동

동기화의 또 다른 근원은 신경학적 혹은 생화학적 충동의 형태로 다가온다. 이 원초적인 생리적 충동은 잠이나 고통 회피, 쾌락 경험, 섹스 등과 같은 것을 포함한다. 이런 충동이 작용할 경우 우리는 이것을 충족시키기 위한 행동을 하기 위해 강력하게 동기화될 수 있다. 졸음이 올 때 우리는 잠잘 곳을 찾으려는 동기화가 되기 시작한다. 잠에 대한 충동이 더 강해지면, 잠에 대한 필요를 채우려는 노력이 더 활발해진다. 그러나 일단 잠을 푹 자고 나면 우리 몸이 잠이 필요하다고 신호를 다시 보낼 때까지는 잠에 대한 동기화가 강력하게 이루어지지 않는다.

강력한 동기화의 근원이 되는 또 다른 충동은 고통을 피하고 즐거움을 누리려는 충동이다. 우리는 신체적인 고통이든 감정적인 고통이든 고통스러운 경험을 피하려는 동기화가 강하게 이루어져 있다. 많은 사람들이 정기적으로 운동하려는 동기화가 강하지 않은 이유가 바로 여기에 있다. 그들은 운동을 신체적, 감정적인 고통으로 여기는 것이다. 대부분의 사람들은 어느 정도 운동을 원하지만, 실제로 운동을 실천할 정도로 충분히 동기화되어 있지 않다. 그것은 운동이 건강의 즐거움과 강한 체력, 새로운 힘을 주는 즐거움으로 인식되기보다는 피곤함과 근육통이라는 고통으로 이해되기 때문이다. 따라서 고통을 피하려는 충동이 운동을 하지 않으려는 동기화로 연결된다.

우리의 생리적 충동은 우리의 신체적, 정서적 존재를 편안하고 건강하게 유지하는 데 필수적인 충동이다. 우리가 어떤 분야에 행동을 취할 준비가 되어 있는지 평가하기 시작할 때는, 우리의 생리적 충동에

5. 삶의 동기화 수준을 측정하라

의해 제공되는 동기화의 수준을 반드시 측정해야 한다.

의지적 소원

우리가 행동의 동기화의 메커니즘으로 소원을 생각할 때는 지성(마음)의 영역으로 들어가게 되고, 인간 의지의 활동은 인간의 기본적 필요나 생리적 충동과 대비될 수 있다. 우리의 소원은 생리적인 기능이라기보다는 의지의 기능이다. 우리의 기본적인 필요들이 거의 다 충족되고 충동이 만족되었을 때에, 우리는 우리가 원하는 다른 것들이나 우리가 참여하고 싶은 다른 활동들을 생각하기 시작한다.

우리는 성공이나, 개인적인 가치 의식, 물질적 소유, 교육, 사회적 지위, 권력, 영적 의미, 존재에 대한 초월적인 의미, 용서받은 느낌 등 수없이 많은 감정과 사물, 활동들을 소원한다. 우리의 소원은 음식, 물, 잠과 같은 인간의 기본적인 필요들이나 충동들처럼 우리의 생리적 상태에 의해 지배받지 않는다. 하지만 무엇이 우리에게 동기를 주는가를 판단하려고 할 때는 매우 중요한 동기화 요인으로 신중하게 고려해야 한다.

18세기의 신학자이자 부흥사인 조나단 에드워즈는 그의 고전적 작품 자유와 의지(*Freedom and Will*)에서 이렇게 말했다. 인간의 의지와 소원은 "서로 상충된다고 말할 수 있을 만큼 완전히 다른 것이 아니다. 어느 경우에든 인간은 자신의 소원과 반대되는 것을 하려고 하지 않으며 또한 자신의 의지와 상반되는 것을 소원하지 않는다."[2] 다시 말

---

2) Quoted in R. C. Sproul, *Willing to Believe: The Controversy Over Free Will* (자유 의지와 믿음-생명의 말씀사 역간), 155.

해서 에드워즈에 의하면 우리 인간은 항상 우리의 소원대로 행동한다. 나아가 특정 소원이 우리 안에서 행동을 위한 강력한 추진력을 만들어 내는가의 여부를 결정하는 요인에는 그 특정 순간에 그 소원의 강도가 포함된다. 만일 우리가 어떤 일에 대해 상대적으로 낮은 소원을 가지고 있으면, 그 행동에 박차를 가할 가능성이 낮아진다.

어떤 특정한 순간에 우리는 다양한 소원들을 가지게 된다. 그렇지만 일반적으로 우리로 하여금 행동을 하도록 동기화하는 것은 가장 강렬한 소원이다. 부르심받은 삶의 형태로 우리의 가치들을 실천하려는 우리의 동기를 측정하기 위해서는 필연적으로 우리의 소원의 강도를 정직하게 측정해야만 한다.

중요한 신념들

우리의 동기화 수준을 측정하려고 할 때 반드시 고려해야 할 메커니즘은 우리의 신념이다. 인간 마음 깊숙이 간직하고 있는 신념은 앞에서 말한 동기화 기제들을 능가하여 영향을 미칠 수 있다.

어떤 신념이 충분히 강할 경우, 어느 정도 인간의 기본적 필요와 생리적 충동, 의지적 소원과 상반되는 행동을 취하도록 동기화할 수 있다. 우리의 신념은 그 신념에 맞게 살고 행동하려는 강렬한 소원과 결합하여 가장 강력한 동기화의 요인이 될 수 있다. 바로 이런 이유 때문에 삶의 가치들이나 신념을 확인하고 정립하는 일이 셀프 리더십을 성공적으로 실천하는 데 필수적이다.

우리의 신체적 굶주림을 만족시키려는 충동은—거의 모든 사람이 동의하리라 생각한다—아주 강력한 동기화 요인이다. 그러나 우리 자

5. 삶의 동기화 수준을 측정하라

신의 굶주림과 자녀의 굶주림 사이에서 하나를 택해야 하는 상황에 처할 경우, 마음속 깊이 간직하고 있는 신념, 즉 우리 자녀는 보호와 보살핌을 받아야 하며 또한 아이들의 행복을 위한 책임이 우리에게 있다는 신념은 우리 자신의 필요를 무시하고 자녀의 필요를 채워 주도록 동기화할 가능성이 아주 크다.

역사를 통해 보면 자신의 육체적 고통과 고난을 기꺼이 감수하며 목숨까지 포기한 순교자들이 수없이 많다. 이것은 그들 마음속 깊이 간직한 신념이 신체를 보존하려는 자연스러운 충동을 극복하도록 동기화했기 때문이다.

미국의 선조들도 굶주리고 목마르며, 잠을 자지 못하는 고통 등 극단적인 불편을 오랜 기간 동안 기꺼이 감내했다. 이것은 모두 개인적 자유와 민주 공화국의 원리에 대한 신념 때문이었다.

진리, 자유, 하나님, 공평, 영생, 생명의 거룩함, 용서, 희생 등과 같은 명제와 원리들에 대한 신념은 강력한 동기화 요인이 될 수 있다. 우리의 신념은 우리가 그 실체를 인식하든 못하든 언제든지 존재하는 형이상학적 실체에 근거한다는 점에서 우리의 소원과는 구분된다는 사실을 명심해야 한다. 그러나 우리의 소원은 환경에 따라 변화된다.

어떤 행동이나 목표 또는 의사 결정에 직면할 때 동기화의 수준은 이 네 가지 메커니즘의 결합—기본적 필요, 생리적 충동, 의지적 소원, 중요한 신념들—에 의해 결정된다. 그러나 새로운 목표나 행동의 과정을 생각할 때 동기화의 수준을 어떻게 판단할 수 있을까? 이 네 가지 메커니즘을 계량화하여 미리 성공 가능성을 예측해 볼 수는 없을까?

동기화 수준 측정 방법

동기화처럼 추상적인 것을 계량화하려는 시도는 솔직히 주관적인 일이라고 하지 않을 수 없다. 그렇지만 우리가 어느 분야에 얼마나 동기화되어 있는가를 확인할 수 있는 것이 있다면 매우 유익할 것이다. 조잡한 도구이기는 하지만 필자는 특정 상황에서 우리의 동기화 요인(MF: Motivation Factor)이 무엇인지를 계량화하기 위한 수단으로 동기화 요인표(MFG: Motivational Factor Grid)를 개발했다. 이 동기화 요인은 그 상황에서 행동을 위해 필요한 추진력이 어느 정도 만들어질 것인지를 측정하도록 도와준다.

MFG는 특정 행동을 하려고 할 때 우리의 동기화 요인을 확인함으로써 실행 과정에서 성공 가능성을 점검하는 데 사용될 수 있다. 물론 MFG는 네 가지 동기화 메커니즘들(MM: Motivating Mechanisms)이 작용하는 방법을 잘 이해하고, 특정 시기에 그것들이 우리 삶에 작용하는 정도를 정직하게 평가할 수 있을 때에 거기에 맞추어 정확하고 유익할 수 있다.

MFG를 사용하기 위해서 우선 "목표 혹은 원하는 행동" 난에 고려 중인 행동을 적어 넣는다. 그 다음에는 각각의 MM 난에 당신이 평가한 목표 혹은 행동에 그 MM이 어느 정도의 요인이 되는지를 표시하라. 그리고 맨 오른편 칸에는 이 숫자를 기록한다. 아래의 동기화 요인 점수 난에 이 숫자들의 합을 적어 넣는데 그 범위는 4에서 20까지가 될 것이다. 다음에는 작성한 MF를 이용하여 표의 밑부분에 있는 칸에 그것이 행동에 필요한 추진력을 얼마나 만들어 낼 수 있는지를 표시

5. 삶의 동기화 수준을 측정하라

한다. 물론, 당신의 MF가 높을수록 그 일을 시작했을 때에 성공할 가능성이 높다. 이 MFG를 시작하기 전에 107-113페이지에 있는 동기화 메커니즘들을 다시 한번 읽는 것이 좋을 것이다.

동기화 요인표(MFG)

목표 혹은 원하는 행동 :						
동기화 메커니즘(MM)	고려중인 행동에 있어서 각 메커니즘의 영향 정도					
	전혀 없다	약간 있다	조금 있다	상당히 있다	아주 많다	점수
기본적 필요	1	2	3	4	5	
생리적 충동	1	2	3	4	5	
의지적 소원	1	2	3	4	5	
중요한 신념들	1	2	3	4	5	

동기화 요인 점수(MF)

MF가 행동을 추진할 가능성		
4	5-11	12-20
하	중	상

모세의 동기화 정도 측정

다시 모세의 삶을 예를 들어 생각해 보기로 하자. 동기화 요인표를 사용하면 모세가 어떻게 동기화되었으며, 그것이 애굽에서 종살이하는 동포를 구해내라는 하나님의 부르심에 어떻게 반응하도록 하였는지를 알 수 있을 것이다.

성경에 나온 모세의 생애에 근거해서, 그가 행동에 필요한 추진력을 줄 만한 합리적인 동기화 요인을 가지고 있었는지를 살펴보자. 우선 동기화 메커니즘들과 그것들이 모세의 상황에 작용하게 된 방법을 간단히 살펴보자.

기본적 필요	2

모세와 애굽에서 그가 경험한 것들을 근거해 볼 때, 그는 기본적 필요 영역에서는 약 2정도의 점수를 주어야 할 것 같다. 우리는 모세가 범인으로서 애굽에서 도망치게 한 그 정서적으로 고통스럽고 또 해결되지 않은 사건을 해결해야 하는 필요를 모세의 기본적 필요라고 볼 수 있을 것이다. 물론 하나님의 초청이 모세에게 감화력이 있었다고 할 수 있을 것이다. 그것은 모세가 가진 평생의 상처요, 삶을 바꾸어 놓은 과거를 정서적으로 해결하고 마감할 것이기 때문이다.

이 외에도 자기 동족이 그 잔혹한 노예 생활에서 해방되는 것을 보는 것이 모세의 깊은 필요일 것이라고 주장할 수 있을 것이다. 모세가 이 도전을 받을 때 이런 문제들이 제기되었을 가능성이 있지만, 그 상

5. 삶의 동기화 수준을 측정하라

황에서 그것이 강하게 작용했다고 보기는 어려울 것이다. 이런 점들을 고려하여 나는 기본적인 필요가 그의 의사 결정에 약간의 요인만 되었다고 인정하고 이 동기화 메커니즘에 대해 2점을 주었다.

생리적 충동 영역에서 모세는 행동을 취하지 않으려는 쪽으로 강하게 동기화되어 있었다고 볼 수 있다. 그런 행동은 그에게 육체적 불편과 고통을 주고 나아가 생명을 잃을 가능성까지 있기 때문이다. 이 점을 염두에 두면 모세가 애굽으로 가는 일에 동기화될 이유가 별로 많지 않다. 오히려 미디안 광야에 머물 이유가 더 클 것이다. 그래서 이 동기화 메커니즘에는 1점을 준다.

생리적 충동	1

의지적 소원 영역에서 우리는 행동을 취하는 데 필요한 추진력을 산출할 수 있는 동기화 메커니즘을 쉽게 발견할 수 있다. 모세가 젊은 시절 실패한 경험에 비추어 볼 때 그는 성공에 대한 소원을 가지고 있었을 것이라고 추리할 수 있다. 그는 전에처럼 하고 싶지 않았을 것이라는 것이다. 그런 임무는 모세에게 목표와 소명 의식을 제공할 수 있었다.

이스라엘 민족을 해방시키는 하나님의 도구로서 애굽에 가는 일은 성공할 경우 그에게 상당한 자기 가치를 새롭게 부여할 수 있다. 그 임무를 받아들이는 것은 또한 모세에게 개인적인 영적 의미를 줄 수 있다고 보면, 즉 모세 자신이 하나님의 택하신 백성들을 해방시키는 일에 하나님께 사용된다고 보면, 모세의 소원이 그에게 강한 영향을 미쳤다고 보는 것이 타당할 것이다. 그래서 이 동기화 메커니즘에는 5점을 주기로 한다.

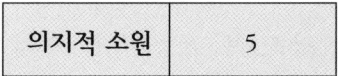
| 의지적 소원 | 5 |

중요한 신념들의 메커니즘은 이 결정을 내리는 행동을 하도록 가장 큰 추진력을 주었을 것이다. 하나님과 하나님이 택하신 백성, 순종의 중요성, 그 임무에 대한 하나님의 지원 능력, 동포들이 부당하게 종살이를 하고 있다는 그의 믿음 등을 비롯한 다른 중요한 신념들은 그가 마음 깊이 간직하고 있는 것들로서, 이것에는 5점을 주어도 충분할 것이다.

| 중요한 신념들 | 5 |

이렇게 하면 모세는 동기화 요인 점수가 13점이 되어, 앞서 말한 척도에 의하면 행동을 취할 추진력이 아주 크다. 우리가 다 알 듯이 모세는 행동을 취했고 성공을 거두었다.

이와 같은 동기화 메커니즘 평가를 바로의 삶에 적용할 경우, 즉 그가 이스라엘 백성을 보내 주어야 할지를 결정해 보면 아주 흥미롭다. 그에게 줄 점수는 기본적 필요 1점, 생리적 충동 1점, 의지적 소원 1점, 중요한 신념들 1점이 된다. 그러면 바로의 동기화 요인 점수는 4점이 되어 행동을 취할 추진력이 매우 낮고 이것은 그가 초기에 취한 행동과 일치한다. 그러다가 재앙을 경험하자 그의 기본적 필요와 생리적 충동에 의한 동기화 메커니즘이 증가되어 결국 이스라엘 백성을 보내 주게 된다.

5. 삶의 동기화 수준을 측정하라

동기화 요인표가 과학적이거나 틀림없는 것이라고 할 수는 없지만, 큰 모험이나 새로운 행동을 앞두고 그것을 해야 할지를 결정하려고 할 때, 우리의 동기화 수준을 측정하는 객관적인 방법을 제공할 수는 있을 것이다.

동기화가 이루어지지 않을 경우

당신이 반드시 해야 마땅한 행동을 앞두고 있는데, 그 행동을 취할 동기화가 이루어지지 않은 것처럼 보일 때는 어떻게 해야 하는가? 그 낮은 동기화 수준을 끌어올려 성공하게 하는 방법은 없을까? 동기화 수준을 증진시킬 수 있는 두 가지 방법을 소개하려고 한다. 이것은 당면한 행동이 당신의 기본적 필요와 생리적 충동, 의지적 소원, 중요한 신념들 등과 어떻게 결부되는가를 보다 분명하게 혹은 전혀 새로운 방법으로 바라보게 함으로써 당신의 동기화 요인 점수를 높여 줄 것이다.

첫 번째 방법 – "만일……한다면"

어떤 임무를 맡게 될 때나 혹은 새로운 길을 가려 할 때 당신의 동기화 수준을 높여 줄 수 있는 첫 번째 방법은 "만일……한다면? 만약 내가 이 일을 하지 않는다면 어떻게 될까?"라는 질문을 해보는 것이다.

일단 이런 질문을 한 다음에는 질문에 대한 실질적인 답을 얻기 위해 집중적으로 생각하는 것이 중요하다. 이 과정에서 지나치게 극화하지 않도록 주의해야 한다. 또한 그 일을 하지 않았을 경우 발생할 수 있는 결과를 극소화하는 인지상정적인 성향에 빠지지 않도록 해야 한다.

예를 들어, 당신이 체중 감량 프로그램을 생각하는데 그렇게 할 마음(동기)이 생기지 않아 고민할 경우, 종이를 한 장 꺼내어 "만일 내가 체중 감량을 실시하지 않을 경우 어떻게 되는가?"라는 질문을 종이 위쪽에 쓴다. 그리고 현재 그대로 할 경우 생길 수 있는 결과들을 생각해 본다. 다음에는 이대로 지낼 경우 지금부터 1, 2년 사이에 내게 닥칠 결과들을 일일이 열거한다. 아마 다음과 같이 될 수 있을 것이다.

만일 내가 체중 감량을 하지 않는다면 어떻게 될까?

만일 내가 체중을 줄이기 위해 필요한 행동을 하지 않는다면 다음과 같은 일이 나에게 일어날 것이다.

1. 건강이 나빠진다.
2. 자존감이 낮아진다.
3. 나의 가족과 내가 지도하는 사람들에게 본이 되지 않는다.
4. 정서적, 신체적으로 느낌이 좋지 않게 될 것이다.
5. 더 비만해질 것이다―아무것도 하지 않으면 체중이 계속 불어날 것이다.
6. 체중이 불어난 후에는 더욱 빼기 어려워질 것이다.
7. 내 외모에 대해 좋아하지 않게 될 것이다.
8. 내가 좋아하는 옷을 입지 못하게 될 것이다.
9. 내가 할 수 있는 활동들의 범위가 좁아질 것이다.

5. 삶의 동기화 수준을 측정하라

10. 대중 앞에서 말할 때 나를 의식하는 일이 많아질 것이다.
11. 리더로서 영향력이 작아질 것이다.
12. 수명 단축-체중 증가는 기대 수명 단축으로 이어짐.
13. 내 몸에 보이지 않는 군살 덩어리가 많아질 것이다.

이런 예를 작성해 본 것은 우리 대부분이 할 수 있는 것이기 때문이다. 그렇지만 우리가 동기 유발이 되지 않아 괴로워하는 분야가 있다면 어느 부분이든지 이런 연습을 해보면 될 것이다. 우리가 필요한 행동을 취하도록 동기화되지 않는 이유 중 하나는 그 행동을 하지 않았을 경우 일어날 일을 시간을 내어 생각해 보지 않기 때문이다. 우리의 일차적인 생리적 충동 하나가 고통을 피하려는 것임을 기억해야 한다. 만일 우리가 필요한 행동을 하지 않을 때 생기는 고통스러운 결과를 알기만 한다면, 우리의 동기화 수준을 증가시키는 데 크게 도움이 될 것이다.

아마 이런 질문이 생길 것이다.

"왜 부정적인 것에 초점을 맞춥니까? 체중을 줄일 때 생기는 긍정적인 것에 초점을 맞추는 것이 좋지 않습니까? 그것이 더 강력한 동기화 요인이 되지 않을까요?"

몇몇 사람들에게는 그럴 수도 있을 것이다. 그러나 우리가 성취하기 희망하는 미래의 상태에 초점을 맞춤으로써 우리는 그 목표들이 우리가 달성할 수 없는 것임을 알고는 낙심하고 절망할 수 있다. 냉장고나 목욕탕 거울에 이상적인 몸매 사진을 붙여 놓으면, 당신은 당신이 원하는 변화의 신체적, 심미적 측면에 집중하게 될 뿐만 아니라 달성할 수 없는 목표를 설정하게 될 가능성이 높게 된다. 그런 다음에는 대부분의 사람들이 좌절하여 노력을 포기해 버린다. 인간은 쾌락을 얻는 것보다는 고통을 피하는 일에 훨씬 더 잘 동기화된다. 그래서 당신이 지속적으로 행동을 취하고 싶은 영역에 실패할 경우 생길 고통을 하루에 여러 차례씩 점검해 보는 것이 더 효과적이다.

이와 같은 연습을 개인적인 금전 관리, 결혼 생활의 갈등 해소, 공부 문제, 새로운 모험 시작, 직장 변경, 새로운 영역의 리더십이 되는 일, 가정에 더 많은 시간을 들이는 일, 규칙적으로 영적 훈련을 하는 일, 바쁜 일정 중에서 규칙적으로 운동을 하는 일 등에 대해서도 적용하면 동기화 수준을 높일 수 있다.

두 번째 방법 — 흔들 의자 테스트

두 번째 방법은 아주 간단하면서도 심오한 의미가 있는 것이다. 당신이 특정 분야에 행동을 취하는 문제로 고민하고 있다면 흔들 의자 테스트를 해보기 바란다. 당신은 이제 활동하기에는 늦은 황혼기를 맞은 89세의 나이라고 상상한다. 만일 동기화 문제로 그 행동을 하지 않았을 경우 어떻게 생각하게 되겠는지 상상해 보라.

삐걱거리는 부부 관계를 개선하는 일이나 늘 생각하던 책 쓰는 일, 또는 새로운 분야의 리더십이 되는 일을 시도조차 하지 않았다면 인생의 말년에 그것을 회고하면서 어떻게 생각하겠는가? 건강을 관리하는 일을 하지 않았기 때문에 건강 문제로 세월을 허비한 것을 알게 되면 어떻게 될 것 같은가? 금전 관리에 필요한 행동을 취하지 않았기 때

5. 삶의 동기화 수준을 측정하라

문에 노년을 국가나 가까운 사람에게 의지해야 한다면 어떻게 하겠는가? 이것은 우리가 인생의 중요한 영역에서 필요한 행동을 취하지 않음으로써 생길 고통스러운 결과를 맞지 않으려면 반드시 생각해야 할 질문들이다.

성공적인 셀프 리더십을 실천하는 데 절대적으로 중요한 사항 하나가 바로 우리 삶의 중요한 영역에서 행동을 취하는 데 필요한 동기를 찾는 것이다. 그저 무엇이 옳고 무엇을 해야 하는가를 아는 것만으로는 충분하지 않다. 성공적인 리더를 다른 사람들과 구별 짓는 것이 있는데, 그것은 바로 긍정적인 변화를 일으키는 데 필요한 동기화 방법을 마스터하고, 또한 다른 사람들은 다만 꿈만 꾸는 것을 과감히 도전하는 자질이다. 셀프 리더십에 있어서는 아는 것이 힘이 아니라는 사실을 반드시 이해해야 한다. 행동이 힘이다. 성경은 우리가 선을 행할 줄 알고도 행치 아니하면 죄라고 분명하게 말한다(약 4:17). 성공적인 리더들은 언제나 자신을 동기화하여 행동하게 하는 법을 아는 사람이다.

산을 정복하는 동기화

1996년 5월, 댈러스 병리학자 벡 웨더스는 사람들이 별로 하지 않은 일을 하려고 시도했다. 즉 세상에서 가장 높은 산을 측정해 보려고 한 것이다. 벡은 신비하고 위험한 에베레스트 산에 도전하려는 세계적인 산악인인 스콧 피셔가 이끄는 팀의 일원이었다. 그 시도는 열 사람의 사망으로 끝나고 말았는데, 죽은 사람 가운데는 세상에서 가장 유명하고 노련한 등산가인 스콧 피셔도 포함되었다.

만일 벡 웨더스가 온갖 역경을 이기고 살아 남지 않았다면 희생자 수는 열한 명이 될 뻔 했었다. 5월 그날, 그 산은 열 명의 생명을 앗아가고 벡의 생명도 빼앗으려고 하였다.

일찍이 설맹으로 인해 수술을 하는 바람에 같은 팀의 다른 사람과 떨어져 있던 벡은 27,000피트 고도에서 시야를 가리는 눈 폭풍을 만나 길을 잃었다. 27,000피트는 경험 많은 산악인들에게는 "죽음의 지대"로 알려진 고도였다. 그곳은 깜깜한 어둠 속에서 희미한 달빛을 의지하여 폭풍을 무릅쓰고 좁은 틈새를 통해 지나가야 하는 험난한 곳이었다. 바람은 시속 160킬로 이상의 강풍으로 수은주를 영하 170도(화씨) 이하로 떨어뜨렸다. 벡 웨더스가 길을 잃은 곳은 산기슭으로 거의 앞을 볼 수 없는 상태였고 강풍과 추위를 견디게 해줄 어떤 장비도 없는 상태였다. 그는 안전한 캠프를 찾아 더듬거리며 결사적으로 나아가 마침내 엉겨 있는 몇 명의 산악인들을 찾았다. 그 모진 씨름을 하는 동안 그의 장갑은 한짝이 달아나 버렸고 몸은 얼고 지쳐서 다른 사람들과 함께 눈 속에 드러누웠다.

장갑이 벗겨진 채 얼어붙은 그의 팔은 90도로 꺾여져 굳었고 드러난 살갗은 동상으로 검게 되어 있었다. 호흡은 거의 끊어져서 사망 직전에 이르렀음이 분명했다. 그렇지만 벡에게는 약간의 생명이 붙어 있었다. 그의 몸의 거의 모든 부분이 포기를 종용했지만, 한 부분이 살아남기 위해 계속 움직였다. 몸은 빠른 속도로 쌓여 가는 눈 무덤 가운데 누워 있고 신체의 각 부분은 문자 그대로 굳게 얼어붙었지만 벡은 동작을 위한 동기를 계속 불어넣었다. 그는 마음속으로 아내와 자녀들의

5. 삶의 동기화 수준을 측정하라

얼굴을 떠올렸다. 앞으로 있을 딸의 결혼식 장면과 손을 잡고 입장할 아버지가 없으면 어떻게 될까 하고 생각했다. 손자를 안아 볼 수 없고 손자들도 자신을 알지 못하게 될 것을 생각했다. 아내에 대해서는 자기가 없으면 아내가 앞으로 어떻게 될 것인가를 생각했다. 거의 모든 사람들이 불가능하다고 여기는 상황에서 그는 계속해서 움직이지 않으면 어떤 결과가 올 것인가를 생각하면서, 눈더미 속에서 빠져 나왔다. 간신히 몸의 균형을 유지하면서 걷기 시작했다. 마치 이집트의 미이라처럼 두 팔을 뻗은 채 그의 팀의 캠프가 있다고 생각되는 곳으로 움직이고 또 움직였다. 마침내 그는 캠프 안으로 들어서면서 쓰러졌고 놀란 동료들은 꽁꽁 얼어붙은 그를 살리기 위해 결사적인 노력을 했다. 그들은 위험을 무릅쓰고 모든 힘을 다해 산 아래 구조 헬기가 있는 곳으로 그를 옮겼다.

댈러스에 있는 벡의 아내는 이미 그가 죽은 것으로 알고 있었다.

마침내 영원히 끝나지 않을 것 같은 시간이 지나고 벡은 한 헬기 조종사의 영웅적인 행위에 의해 에베레스트 산을 탈출하게 되었다. 그것은 헬기가 사람을 구조한 고도의 기록을 갱신한 사건이었다. 벡의 생명은 건졌지만, 팔과 코, 발가락, 손은 구조되지 못했다.

오늘날 벡은 에베레스트의 위험뿐만 아니라, 더 중요하게는 동기화의 중요성을 끊임없이 알려 주는 몸과 함께 살아가고 있다. 매일 잘려 나간 손들과 뒤틀려 낯선 모습을 보면서, 그는 동기화를 통해 불가능하게 보이는 것을 극복할 수 있음을 상기한다.

우리는 히말라야 산의 그 무서운 위협 없이도 동기화하여 하나님의 영광을 위해 살 수 있게 되기를 희망한다.

셀프 리더십

셀프 리더십 개발 워크숍

다음은 앞에서 이미 정리한 가치들과 소명을 실천하기 위한 동기화 수준을 측정하는 데 도움을 주는 연습 활동들이다. 그리고 필요할 경우 동기화 수준을 높이기 위해서 당신이 발견한 것들을 기초로 하여 "만일……한다면"과 흔들 의자 테스트를 할 수 있는 난도 마련되어 있다.

1. 아래에 있는 동기화 요인표를 사용하여 당신의 인생 목표를 적고 각각의 목표에 대한 동기화 수준을 평가하라. 필요하면 114-115페이지를 복습하라.
2. 당신의 인생의 목표를 제4장에 제시한 대로 중요도 순서로 배열해 보라. 그것을 127페이지 하단에 있는 표에 써 넣으라. 그 다음에는 각자의 목표에 대해 동기화 요인 점수를 쓰고 동기화 요인 점수의 상, 중, 하를 판단하라(4이하는 하, 5-11은 중, 12-20은 상이다).

목표 혹은 원하는 행동 :						
동기화 메커니즘(MM)	고려중인 행동에 있어서 각 메커니즘의 영향 정도					
	전혀 없다	약간 있다	조금 있다	상당히 있다	아주 많다	점수
기본적 필요	1	2	3	4	5	
생리적 충동	1	2	3	4	5	
의지적 소원	1	2	3	4	5	
중요한 신념들	1	2	3	4	5	

동기화 요인 점수(MF)

5. 삶의 동기화 수준을 측정하라

목표 혹은 원하는 행동 :						
동기화 메커니즘(MM)	고려중인 행동에 있어서 각 메커니즘의 영향 정도					
	전혀 없다	약간 있다	조금 있다	상당히 있다	아주 많다	점수
기본적 필요	1	2	3	4	5	
생리적 충동	1	2	3	4	5	
의지적 소원	1	2	3	4	5	
중요한 신념들	1	2	3	4	5	

동기화 요인 점수(MF) ☐

인생의 목표	동기화 요인 점수 (1-20)	행동을 위한 추진력 (해당란에 동그라미)		
목표1 :		하	중	상
목표2 :		하	중	상
목표3 :		하	중	상
목표4 :		하	중	상
목표5 :		하	중	상
목표6 :		하	중	상
목표7 :		하	중	상

셀프 리더십

3. 행동을 위한 추진력이 8이하인 목표에 대해서는 "만일……한다면" 또는 흔들 의자 테스트를 실시하여 현재의 동기화 수준을 높이라.

인생의 목표	만일……한다면 만일 내가 이 목표를 달성하지 못한다면 어떻게 될까?	흔들 의자 테스트 만일 내가 이 목표를 이루기 위한 시도를 하지 않는다면 내 인생 말기에 어떻게 생각하게 될까?

인생의 목표	만일……한다면 만일 내가 이 목표를 달성하지 못한다면 어떻게 될까?	흔들 의자 테스트 만일 내가 이 목표를 이루기 위한 시도를 하지 않는다면 내 인생 말기에 어떻게 생각하게 될까?

5. 삶의 동기화 수준을 측정하라

4. 행동을 위한 추진력이 9이상인 목표에 대해서는 앞으로 3개월 이내에 당신이 취할 수 있는 행동 2가지를 쓰라. 아래의 예를 참고하라.

인생의 목표	행동
인생 목표1 : 신체적 건강을 유지한다	1. 일주에 5일 이상 아침 6시에 기상하여 45분 이상 운동을 한다. 2. 칼로리의 양을 줄이고 식욕을 자극하는 음식을 눈에 보이지 않도록 한다.

인생의 목표	행동

인생의 목표	행동

인생의 목표	행동

셀프 리더십

나의 신조

이제 지금까지 공부한 것을 바탕으로 하여 나의 주된 가치와 신조 진술문을 만드는 시간을 가져 보자. 우선 개인적 신조의 예를 통해 도움을 받도록 하자.

내 인생의 소명
내 인생의 소명은 하나님의 은혜와 능력으로 하나님이 나를 창조하시고 구원하신 목적을 온전히 이루기 위해 끊임없이 노력하는 것이다(빌 3:12-14). 나는 내가 태어나기도 전에 내가 행하도록 하나님께서 예비해 두신 선한 일들을 성취함으로써 하나님의 나라를 확장하도록 내게 은혜로 주신 은사들을 극대화하기 위해 최선을 다할 것이다(엡 2:10).

나의 신조

나의 기본적 가치들	
하나님	●**핵심 가치 진술문** 나는 하나님과 성장하며 친밀함이 증가하는 대화관계를 유지할 것이다. ●**정의** 내가 지지하는 한 가지 가장 중요한 가치는 살아 계시고 사랑 많으시며 인격적이신 주권자 하나님에 대한 인격적인 믿음을 유지하는 것이다. 이 하나님은 나와 교제하기 원하신다. 나는 하나님과 나의 관계를 의식하고 이것을 다른 모든 가치와 우선순위 혹은 목표보다 위에 둘 것이다. 나는 나와 하나님과의 관계를 훼손하는 모든 영향력과 활동을 피할 것이다.
가족	●**핵심 가치 진술문** 나는 그리스도께서 교회를 사랑하시듯이 나의 아내를 사랑한다. ●**정의** 나는 나의 아내와 질적인 시간을 함께 보냄으로써 나의 삶을 그녀와 함께 나눌 것이며 그녀의 은사와 능력, 흥미를 키워 줄 것이다. 나는 아내가 할 수 있는 한 최대로 성공적이며, 성취적이고, 생산적인 사람이 되기를 소원한다. 나는 그녀의 소원을 나의 소원보다 중시할 것이다.
개인 건강	●**핵심 가치 진술문** 나는 나의 건강과 체력, 외모를 유지한다. ●**정의** 내 몸은 살아 계신 하나님의 성령의 전이며, 하나님이 나에게 성취하라고 하신 모든 일을 이루기 위한 유일한 도구이다. 그러므로 나는 먹는 습관에 있어서 자제력을 유지할 것이다. 나는 일주에 최소한 다섯 번씩 운동을 할 것이며 체중을 항상 180파운드 이하로 유지할 것이다. 나는 나의 모습에 특별한 관심을 기울일 것이며 할 수 있는 한 가장 최선의 모습을 유지하게 할 것이다.

내 인생의 목표들

- 나는 나의 노력을 배가할 수 있는 영적 리더들을 양육하고 무장시키는 일에 늘 참여함으로써 지상에 있는 교회가 계속 성장하고 확장되도록 기여할 것이다.
- 나는 나의 삶을 아내와 함께 나누어 아내의 독특한 은사와 능력, 흥미를 키워 주기 위해 아내 수에게 질적인 시간을 바칠 것이다.
- 나는 하나님의 도우심을 입어 내가 만나는 모든 사람들을 내가 대접받기 원하는 대로 대접하고 나의 모든 능력을 다함으로써 그들이 진정한 가치를 지닌 개인으로 소중히 여김을 받고 있을 뿐 아니라 사랑받고 있다는 느낌을 가지게 할 것이다.
- 나는 하나님의 영광을 위해 나의 소명을 실천하는 데 필요한 건강과 내 나이에 맞는 최상의 신체적 상태를 유지하기 위한 노력으로, 나의 식사 습관에 대해 자제력을 유지하고 일주일에 5일씩 운동을 할 것이다.

다음의 빈칸에는 당신 자신의 개인적 신조를 만들어 보기 바란다. 제3장에서 작성했던 당신의 소명을 쓰는 것이다.

내 인생의 소명:

나의 신조

다음 빈칸에는 제2장에서 작성했던 당신의 가치들과 그 정의를 쓰라. 각각의 가치들에 대해 핵심적인 가치 진술문을 작성하라.

나의 기본적 가치들	
	• 핵심 가치 진술문 • 정의
	• 핵심 가치 진술문 • 정의
	• 핵심 가치 진술문 • 정의
	• 핵심 가치 진술문 • 정의
	• 핵심 가치 진술문 • 정의

제4장에서 작성한 당신의 인생의 목표들을 써 보라.

내 인생의 목표들:

-
-
-
-

II

셀프 리더십의 실천

6 영적 셀프 리더십

개인의 영혼 관리

1998년초 클린턴 대통령은 전국 종교 리더 초청 조찬기도회에서 아주 날카로운 것 같지만 어리석은 말을 했다. 클린턴은 그 시간을 자신의 영적인 고백을 할 기회로 사용하여 "제가 범죄했습니다. 이 외에 달리 할 수 있는 말이 없습니다"라고 시인했다. 그의 고백은 모니카 르윈스키와의 그릇된 관계와 이로 인한 여론의 소용돌이와 관련된 것이었다.

자유 세계에서 가장 힘 있는 사람이 이 종교 리더 집단 앞에서 초라하게 서 있었다. 그는 비행에 대한 최근의 비난 때문에 창백한 얼굴을 한 채 고개를 떨구고 있었는데, 이것은 마치 그가 한 리더라기보다는 쿠키를 훔치다가 현장에서 손목을 붙들린 어린아이와 같은 모습이었다. 이것은 국민의 투표에 의해 선출된 리더에게 있어서 변명의 여지가 없는 영적인 순간이었다.

미국민의 다수는 대통령의 영적인 상태와 도덕적 정직성 및 순결성에 대해 우려를 표시했다. 이에 대한 반응으로 이런 고백이 나온 것이었다. 즉, 대통령 개인의 영적 생활을 국민에게 보여줌으로써 리더로서 그에 대한 국민적 신뢰를 회복하려는 것이었다. 이 중요한 시기에 무너지는 그의 리더십의 기초를 지지하기 위해 선택된 것이 바로 그의 영성이었던 것이다.

이제 리더십은 영성이다

오늘날과 같은 문화에서는 영성과 리더십을 동시에 언급하는 것이 어리석거나 비상식적인 일이 아니다. 심지어 전혀 비종교적인 일이나 정치적 상황에서도 리더십의 수행은 영적인 것으로 이야기되는 일이 점점 더 빈번해지고 있다. 사실 현재의 흐름은 어느 분야의 리더십이든지 그 리더십을 영적인 활동으로 이야기하는 경향이다.

이 장을 쓰면서 나는 서점에 가 리더십/경영 코너에 대한 즉흥적인 조사를 실시해 보았다. 빼곡한 서가를 뒤지자 몇 분도 되지 않아 리더십의 영적인 측면에 대한 탐구와 논의를 다룬 책들이 쏟아졌다. 흥미로운 것은 이 책들 가운데 소위 기독교 출판사에서 나온 것은 하나도 없었다는 것이다. 책의 제목은 대충 영혼으로 인도하기, 일터에서의 영혼의 분발, 영과 일 사이의 관계, 간부 사원의 심장: 다윗 왕의 생애에서 배우는 리더십 교훈, 경영의 영혼 등이었다. 이 책들은 거의 모두 다 최근

두 달 내에 출판된 것들이었다. 이것은 리더십과 영성 사이의 관계가 근래에 이르러 더욱더 인식되고 있음을 보여주는 단적인 증거라고 할 수 있다.

나는 이처럼 리더십과 관련하여 영성에 강조를 두는 이유 중 일부는 소위 탐욕의 시대라고 알려진 1980년대에 도덕적, 윤리적 리더십이 부재했던 데에서 온 결과라고 본다. 또 다른 원인은 정계, 재계, 종교계의 고위 리더십들의 실패에 있다. 이런 것을 바탕으로 나는 리더들에게 개인적 영성을 검토하고 고백하도록 하는 현재의 관심은, 어느 분야이든지 성공적인 리더십은 반드시 그 사람의 기술이 아니라 내적인 삶에서 나와야 한다는 사실에 대한 반응이라고 믿는다. 리더십은 단순히 어떤 기술과 테크닉을 수행하는 것이 아니다. 리더십은 그것이 어느 분야에서 실시되든지 상관없이 집단의 선을 위해 긍정적인 영향을 미치기 위한 노력으로 개인의 가치와 신념들을 공적으로 드러내고 적용하는 것이다. 그러므로 리더십은 영적인 활동으로 정의하는 것이 마땅하며, 한 개인의 내적인 삶-우리가 영혼, 영이라고 부르는 것-을 공적으로 실천하는 것이다.

리더십 실패는 영적 실패다

근본적으로 리더십은 영적인 활동이라는 사실에서 볼 때, 리더십의 실패는 어떤 것이든지 결국 영적인 문제라고 주장하고 싶다. 그 실패가 성적인 부도덕의 문제이든, 아니면 비윤리적인 상거래 문제, 범죄행위 등 리더십의 실패로 귀결되는 문제이든 그 핵심에는 이런 저런

6. 영적 셀프 리더십

종류의 영적인 병을 인식하고 진단하고 처리하지 못하는 리더의 무능력이 자리하고 있다.

그러므로 셀프 리더십을 실천하는 현장의 하나가 반드시 리더의 영적인 삶이 되어야 한다. 이것을 나는 개인의 영혼 관리라고 부르겠다. 리더십 수행에 그 무엇보다도 큰 영향을 미치는 것이-그것이 긍정적이든 부정적이든 상관없다-바로 리더의 내적인 생활이다.

먼 곳에서 예를 찾을 필요도 없다. 클린턴의 실패는 판단력의 결핍, 무모한 사적 행위, 성적 무분별함, 그리고 결국은 문제의 핵심을 축소화하고 무시하려는 수없이 많은 우회적 표현들로 설명된다. 심지어 대통령이 자신의 문제 행위 해결을 도울 "영적 자문"을 찾았을 때에도 매체들은 그의 실패를 영적으로 보기를 꺼려했다. 그렇지만 클린턴 대통령이 리더로서 실패한 일은 자신도 시인한 것처럼 근원적으로 영적인 문제를 다루지 못한 데서 온 것임이 분명하다.

여기서 내가 말하는 "영적"이라는 것은 "종교적"이라는 것과 동의어임을 밝혀 둔다. 종교는 우리 인간이 영혼의 문제를 다루기 위한 것이다. 다시 말해서 종교는 인간이 자신의 영적인 문제들을 가꾸고 해결하기 위한 수단인 것이다. 클린턴은 자신의 영적인 필요들을 종교적인 헌신이나 행위라는 수단을 통해서 해결해야 했다. 그러나 그는 그의 영적인 필요들을 부정한 성적 행위를 통해 해소하는 길을 택했다.

이처럼 오늘날 수많은 영적 리더들이 크고 작은 실패를 경험하는데, 그 실패의 주원인은 자신의 영적 생활 분야에서 성공적인 셀프 리더십 실천하기를 소홀히 한 직접적인 결과다.

심리학자 데이비드 벤너는 그의 책, 영혼 보살피기에서 자신의 내적 생활을 세심하게 살피는 일은 다른 사람들에게 리더십을 제공하기 위한 필수적인 전제 조건이라고 말한다.[1] 나는 그의 평가에 동의한다. 우리의 리더십의 진정한 질과 성격은 궁극적으로 우리의 내적 생활의 상태에 따라 결정된다. 그리고 우리의 내적 생활은 우리가 자신의 영혼을 보살피는 일에 어느 정도 심혈을 기울이는가에 의해 좌우된다.

불행하게도 규칙적으로 자신의 영혼을 보살피지 않는 영적 리더들과 목회자들이 무척 많다. 이런 안일함은 심각한 영적 무관심, 권태, 열정 부족, 초기 사막의 교부들이 나태라고 했던 죄악의 전조가 될 수 있다. 그리고 이것은 리더의 중요한 실패로 이어질 수 있다.

나태는 무관심이 왕으로 지배하는 영적인 생활이다. 그래서 찰스 스윈돌은 "우리는 열정에 대해서조차 죄를 지어서는 안 된다"라고 했다. 항해에 도움이 되는 잔바람 하나 없는 적도의 무풍지대에서 정신을 혼미하게 하는 열기 속에서 표류하는 것처럼, 나태는 우리의 열정적인 삶을 삼켜 버려 우리는 공허한 영혼으로 리더십을 수행하게 된다. 어반 홀름즈(Urban T. Holmes III)는 자신의 영적 상태가 죽어 가는 영혼의 부스러기에 의해 지탱되던 때를 나태의 체험이라고 부른다.[2] 이 영적인 죄악은 효율적인 영적 셀프 리더십을 실천하는 일에 장기간 실패한 직접적인 결과일 수 있다. 나태함은, 그리고 인생을 망치는 실패의 가능성의 대부분은 영혼을 보살피는 영혼 관리를 소홀히 한 결과로 나타난 영적 잡초밭 상태에서 태어나고 성장한다.

---

1) David Benner, *Care of Souls* (Grand Rapids: Baker, 1999), 33.
2) Job and Shawchuck, *A Guide to Prayer for Ministers and Other Servants*, 64.

6. 영적 셀프 리더십

성경과 영혼 관리

성경에는 그리스도를 따르는 사람들에게 자신의 내적 생활의 발전과 성장, 그리고 리더십을 위해 가능한 최선의 관심을 기울이라는 말씀이 많다. 이처럼 영혼을 보살피는 것을 영혼 관리라고 한다. 사실 이 주제에 대해서는 한 권의 책을 써도 충분하지 못할 것이다. 그러므로 여기서는 다만 주목해야 할 몇몇 성경 구절을 소개하는 것으로 마치겠다.

시편 119:1-6에서 시편 기자는 개인의 영혼 관리의 중요성에 대해 분명히 강조하면서 이것은 하나님의 말씀을 온전히 접함으로써 이루어진다고 말한다.

> 행위 완전하여 여호와의 법에 행하는 자가 복이 있음이여 여호와의 증거를 지키고 전심으로 여호와를 구하는 자가 복이 있도다 실로 저희는 불의를 행치 아니하고 주의 도를 행하는도다 주께서 주의 법도로 명하사 우리로 근실히 지키게 하셨나이다 내 길을 굳이 정하사 주의 율례를 지키게 하소서 내가 주의 모든 계명에 주의할 때에는 부끄럽지 아니하리이다.

그런 다음 9절과 11절에서는 영혼 관리의 결과로 나타나는 개인적 순결과 순전함의 중요성을 언급한다.

> 청년이 무엇으로 그 행실을 깨끗하게 하리이까 주의 말씀을 따라 삼갈 것이니이다……내가 주께 범죄치 아니하려 하여 주의

셀프 리더십

말씀을 내 마음에 두었나이다.

여기서 분명한 것은 거룩한 말씀을 자주 접함으로써 오는 내적 순결과 순전함, 건강이 개인의 영혼 관리의 핵심 요소들이며 여기에 최선의 관심을 기울여야 한다는 것이 이 시편이 말하는 바이다.

나아가 우리는, 인간의 모습으로 오신 예수님 자신도 리더십으로서 부과되는 바쁜 일정 속에서 벗어나 규칙적으로 내적인 회복과 갱신, 양육을 위한 시간을 갖는 것이 자신과 하나님의 뜻 사이의 분명한 관계를 유지하는 것 못지 않게 중요하다고 여기셨다는 것을 알 수 있다. 우리는 이것이 복음서 전체를 통하여 예수님에 의해 반복되는 것을 볼 수 있다.

또한 예수님은 자신의 내적 생활과 진정한 영성 실천을 소홀히 하는 리더들을 향하여 가장 모진 책망과 심판을 하셨다. 이것은 그들의 리더십에 안에서부터 영향을 미치는 것들이기 때문이다.

마태복음 23장에 보면 예수님은 겉으로만 경건한 바리새인들이 외적인 모습만 강조하는 천박한 영성을 추구하는 것을 아시고 그 유명한 저주를 하셨다.

> 화 있을진저 외식하는 서기관들과 바리새인들이여 잔과 대접의 겉은 깨끗이 하되 그 안에는 탐욕과 방탕으로 가득하게 하는도다 소경된 바리새인아 너는 먼저 안을 깨끗이 하라 그리하면 겉도 깨끗하리라 화 있을진저 외식하는 서기관들과 바리새인들이여 회칠한 무덤 같으니 겉으로는 아름답게 보이나 그 안에는 죽은 사람의 뼈와 모든 더러운 것이 가득하도다 이와 같이 너희도 겉으로는 사람에게 옳게 보이되 안으로는 외식과 불법이 가

6. 영적 셀프 리더십

득하도다(마 23:25-28).

제1장에서 본 바와 같이 바울은 디모데에게 규칙적인 영혼 관리를 할 것을 권고하면서 이렇게 말했다.

> 이 모든 일에 전심 전력하여 너의 진보를 모든 사람에게 나타나게 하라 네가 네 자신과 가르침을 삼가 이 일을 계속하라 이것을 행함으로 네 자신과 네게 듣는 자를 구원하리라(딤전 4: 15-16).

바울은 이 젊은 리더가 개인의 영적 관리와 영적 훈련에 집중할 것을 원했던 것이다.

성경을 대충만 훑어보아도 우리는 개인들이, 특히 리더들이 자신의 삶과 리더십이라는 이 중요한 영역에 주의를 기울이는 일의 필요성을 강조하고 있음을 알 수 있다.

규칙적인 영적 훈련의 실천

앞에서 살펴본 바와 같이 만일 리더십 실천이 근본적으로 영적인 성격의 것이라면, 우리 리더들이 우리의 영혼을 잘 보살핌으로써 성공적인 리더가 되는 데 도움을 받을 수 있는 방법은 어떤 것들이 있을까? 우리의 리더십의 원천처럼 보이는 이 분야에서 어떻게 하면 셀프 리더십을 실천할 수 있을까?

개인의 영혼 관리를 효과적으로 실천하기 위해서는 반드시 주의해야 할 요소들이 몇 가지 있다고 생각한다. 다음에 제시하는 것들은 훈련에 필요한 것들을 다 제시한 것은 아니다. 그렇지만 관심을 가진 리더들이 영혼 관리를 시작하는 데는 충분한 자원이 될 것이다.

우선 리더들이 먼저 시작해야 할 일은 영적 훈련을 위해 일정한 시간을 떼어내는 것이다. 연습과 훈련이라는 말을 쉽게 지나쳐서는 안 된다. 연습과 훈련은 영혼 관리를 평생 실천하게 할 뿐 아니라 이 영적 훈련 과정에 깊이 들어가게 하는 비밀을 알려 주는 열쇠다.

나는 전혀 이상하고 영적이지 않은 방법으로 이 사실을 깨닫게 되었다. 한때 나는 골프에 흠뻑 빠졌었다. 갓 안수를 받은 목사였던 나는 골프를 배우는 것이 지역에서 목회를 성공적으로 하기 위한 필수 조건이라고 생각했다.

나는 골프라는 사역을 위한 은사를 보다 잘 연습하기 위해서 내가 섬기는 교회의 길 건너편에 있는 작은 골프숍에서 레슨을 받기 시작했다. 그런데 내 성격에는 약간 강박적인 면이 있는지라 나는 이 어려운 스포츠를 배워 마스터하기 위해서 모든 것을 바쳐 헌신했다. 나는 고집스럽게 2년 동안 레슨을 받았고, 그 동안도 집에서는 네트를 치고 연습하고 또 동네의 골프 연습장에서도 연습을 했다. 내가 골프를 마스터하기 위해 헌신하는 모습은 마치 아주 긴급한 영적인 일을 하는 것 같았다.

그러나 실망스럽게도(아내에게는 기쁜 일이었다) 나는 이 알 듯 모를 듯한 이 미묘한 스포츠를 끝내 정복하지 못하고 말았다. 스윙하는 자세는 언제나 어색하고 서툴러 보였다. 특히 레슨 받은 대로 하려면 그랬다.

6. 영적 셀프 리더십

　나를 좌절시킨 주된 원인은 골프 클럽을 마치 자신의 신체의 일부인 양 휘두를 수 있는 동료들과 함께 골프를 친 데 있었다. 나는 그들이 편안하고 자연스럽게 스윙하는 것을 보면서 나에게는 유연성과 편안함이 없음을 자각할 수밖에 없었다. 그것은 나의 친구들이 골프를 치면서 즐거움을 갖게 하는 것이었다.

　마침내 나는 골프를 잘 치는 친구들은 대부분 오랫동안 골프를 친 사람들이라는 것을 알게 되었다. 그들은 어렸을 때부터 골프를 치기 시작하여 온갖 상황을 다 경험하면서 기술을 연마해 온 결과 골프에 노련한 사람이 된 것이었다. 그런데 나는 뒤늦게 골프를 배우기 시작해 놓고서는 친구들이 오랜 세월에 걸쳐 습득한 그 노련한 수준을 기대했다. 그래서 좌절했고 곧 포기해 버렸다. 나는 골프 스윙이 자연스러워져서 게임을 즐길 수 있을 만큼 될 정도로 오랫동안 훈련과 연습을 하려고 하지 않았던 것이다.

　골프 게임에 있어서 훈련과 연습은 이 스포츠를 즐기는 수준에 이르기 위해 절대적으로 필요한 요소로, 이것은 오랫동안 골프를 칠 수 있게 해준다.

　개인의 영혼 관리를 위한 영적 훈련도 골프와 매우 유사하다. 이것은 성경적으로도 뒷받침이 된다. 평생 동안 영혼 관리를 즐겁게 하기 위해서는 반드시 훈련과 연습이 필요한 것이다.

　오늘날 리더십들은 마치 기도, 성경 읽기를 비롯한 여러 훈련 영역들이라는 영적 골프 클럽을 내팽개쳐 버린 모습을 하고 있다. 즉 영혼 관리를 시작했다가 서너 달이 지나서 아무 열매도 없고 즐거움도 없자 그냥 포기해 버린 것이다. 골프가 자연스럽게 되어 즐길 수 있을 정도로 오랫동안 끈기 있게 연습하지 못하고 포기한 어리석은 사람처럼, 수많은 영적 리더들도 영적 훈련을 즐길 수 있는 단계까지 이르지 못하고 도중에 포기해 버린다.

연습이라는 말을 흔히 쓰면서도 우리는 그것이 영적인 부분에서 어떤 의미를 갖는지는 이해하지 못한다. 그리하여 우리는 쉽게 어떤 일을 하거나 어떤 활동에 참가하는 것을 연습이라고 생각한다. 그러나 엄밀히 말해서 연습(practice)이라는 말은 어떤 일을 습관적으로 하거나 수행하는 것을 의미한다. 어떤 일을 반복적으로 하여 그것이 습관이 된다는 의미를 내포한다. 또한 어떤 것을 연습한다는 것은 어떤 활동을 하기를 그것이 완벽하게 되어 제2의 성품이 되게 하는 것을 의미한다.

그래서 영어에서는 의사가 의술을 펼치는 일을 할 때, 그리고 변호사가 변호 활동을 할 때 이 단어(practice)를 사용한다. 그러므로 그들은 자신이 하는 일을 모르고 하지 않는다. 오히려 그들은 자신을 훈련하여 그 행위를 배우고 반복적으로 행함으로써 의술과 변호 활동을 탁월하게 수행할 수 있는 수준에 이른다. 그래서 그들은 그 분야에 전문가이다.

골프의 스윙, 사격, 배트를 휘둘러 빠른 속도로 날아오는 공을 치는 야구, 낚싯줄을 던져 물고기를 낚는 일 등과 같은 활동들은 충분히 연습을 해야 비로소 그것을 즐길 수 있다. 그렇다면 이와 동일한 것이 이 장에서 논의하고 있는 영적 훈련에도 적용된다. 이 기본적인 원리를 이해하지 못하면 영혼 관리의 핵심 요소인 영적 훈련에서 좌절을 겪게 된다.

히브리서 기자는 영적 성장과 즐거움을 주는 영혼 관리를 잘하기 위해서는 연습이 중요하다는 점을 알고서 "단단한 식물은 장성한 자의 것이니 저희는 지각을 사용하므로 연단을 받아(연습을 하여) 선악을 분변하는 자들이니라"(히 5:14)고 했다. 베드로도 "그러므로 형제들아 더욱 힘써 너희 부르심과 택하심을 굳게 하라 너희가 이것을 행한즉(연습한즉) 언제든지 실족지 아니하리라"(벧후 1:10)고 비슷한 말을 했다.

빌립보서 4장에서 바울은 모든 상황에서 만족하는 법을 "배웠다"고 말함으로써 이와 같은 원리를 암시하는 것같이 보인다. 그가 배워야만 했다는 사실은 저절로 되는 것이 아님을 암시한다. 분명히 바울이 이 영적 원리를 실천하기 위해서는 상당한 연습과 훈련을 거쳐야 했을 것이다. 만일 바울이 이 중요한 원리를 배우지 않았다면 수차례 어려움을 만난 다음에는 자신의 인생 목표와 소명 추구하기를 포기했을 것이라고 추측해도 무리 없을 것이다.

그러므로 개인의 영혼 관리를 잘하기 위해서는 이 원리가 우리에게도 적용된다. 이 원리가 우리의 영적 생활과 리더십의 자연스러운 측면이 되기를 원한다면 우리는 이를 포기해서는 안 된다. 어떤 기술을 습득해야 하는 운동 선수처럼 우리는 늘 연습을 계속하여 마침내 그것을 마스터함으로 그것이 마치 샤워를 하거나 이를 닦고 아침에 옷을 입는 것처럼 자연스러운 것이 되어야 한다.

효과적인 영혼 관리의 분야

연습과 훈련의 중요성을 올바로 인식했다면, 이제 어떤 원리를 연습해야 할 것인지가 문제가 된다. 물론 탐구하고 연습해야 할 부분이 많이 있겠지만 여기서는 적절한 영혼 관리의 기초가 되는 것들만 제시하기로 하겠다.

성경 읽기

성경 읽기는 다른 모든 훈련의 기초가 되어야 하는 토대이다. 영적 리더들이 규칙적으로 성경을 접하여 하나님의 말씀이 성령에 의해 사용되어 우리를 빚고 다듬고 변화시키고 교육시키고 지적하여 마침내 예수 그리스도의 형상으로 변화시키도록 하는 것은 필수적인 일이다.

영적 성장과 발전의 일차적인 수단은 우리 마음을 새롭게 하는 것이다. 로마서 12:2에서 사도 바울은 우리의 마음을 새롭게 함으로써 하나님께서 우리를 변화시키실 수 있다고 설명한다. 선한 것이든 악한 것이든 모든 행동은 마음에서 시작된다. 우리의 삶과 지도 방식을 변화시키기 위해서는 반드시 마음이 먼저 변화되어야 한다. 그리고 이런 유형의 변화를 위한 일차적인 수단은 영감된 하나님의 말씀이다. 우리가 구체적인 목적을 가지고 의지적으로 이 말씀을 접할 때 성령께서 말씀을 탁월하게 사용하여 우리를 변화시키신다.

지식 습득과 공부를 위해서 성경을 읽는 것도 중요하지만, 내가 영혼 관리를 위해서 주장하는 성경 읽기는 그런 것이 아니다. 영혼 관리를 위한 성경 읽기는 우리의 내적 자아가 변화될 것을 주목적으로 하여 성경을 읽는 것이다. 이는 하나님의 마음을 경험하는 성경 읽기이다.

영혼 관리를 위해 이루어지는 성경 읽기는 천천히 기대를 가지고 반

6. 영적 셀프 리더십

복적으로 읽는 것이다. 이것은 교부들이 렉티오 디비나(lectio divina)라고 불렀던 것으로, 읽고 있는 성경의 진리와 원리들을 세심하게 소화시키는 읽기이다. 이렇게 성경을 읽을 때는 성령께서 우리에게 하시는 말씀을 들을 수 있다. 또 말씀이 진실로 우리 안에 "살아 움직이게" 된다. 그래서 바울은 골로새서 3:16에서 "그리스도의 말씀이 너희 속에 풍성히 거하여"라고 했다.

하나님이 우리에게 하시는 말씀을 우리가 듣고 또 그분이 우리에게 주시는 원리와 진리를 받을 수 있는 능력을 증진시키기 위해서는 우리가 보통 때 흔히 사용하는 성경과는 다른 번역본을 읽는 것이 좋다고 생각한다. 최신에 번역된 성경이나 풀어쓰기로 된 번역본이 좋다고 본다.

이처럼 성경을 바꾸어 읽으면 우리가 읽는 성경 본문에서 설교나 강의 자료를 찾는 성향에서 벗어날 수 있다. 나는 설교나 강의 준비할 때 사용하는 성경을 읽을 때면 그 성경 말씀을 어떻게 설교 본문으로 사용할까라고 살피는 성향이 있다. 목회를 시작한 지 15년이나 되었지만 거의 본능적으로 그렇게 한다. 거의 무의식적으로 본문의 개요를 파악하기 시작하기 때문에 영혼 관리에는 도움이 되지 않는 것이다.

물론 사람마다 다르기 때문에 나에게는 도움이 되는 것이 독자에게는 그렇지 않을 수도 있다. 그렇지만 이런 방법으로 당신의 성경 읽기에 신선함을 얻기 위한 시도를 해보지 않았다면 꼭 한 번 해보기를 권고한다.

당신이 어떤 번역본을 읽든 반드시 조용한 곳에서 혼자 읽도록 해야 한다. 이 말은 방해를 받거나 주의가 산만해지는 일 없이 생각과 묵상을 할 수 있는 환경이어야 한다는 것을 의미한다. 텔레비전을 켜 놓았거나 주변에 사람들이 있는 상황에서는 이런 성경 읽기를 효과적으로 할 수 없다. 그것은 마치 텔레비전을 보면서 애인과 진지한 대화를 하려는 것과 비슷하다. 많은 사람들이 이렇게 시도해 보지만, 결과는 거의 한결같이 빈약한 커뮤니케이션과 만족스럽지 못한 관계이다. 하나님과 우리와의 관계도 마찬가지다. 효과적인 영혼 관리는 주의를 집중한 성경 읽기에서 시작된다.

기도

성경 읽기와 깊은 관계가 있는 것이 기도다. 오늘날 옥탄가 높은 영적 리더들은 기도를 종종 "비생산적인" 활동으로 본다. 이런 면에서 볼 때 기도는 벌받는 것이라는 불행한 생각이 나에게도 있어 왔다. 수많은 사람들에게 있어서 기도는 장시간 말없이 무릎 꿇고 앉아서 대부분의 시간을 졸음과 씨름하거나 이에 대한 죄책감을 느끼는 것으로 여겨진다. 하나님과의 친밀하고 활력 넘치는 대화와는 관계가 없는 것이다.

교회에서 성장한 사람들에게 기도는 다양한 이미지와 형태들로 자리하고 있는데, 그 중에 대부분은 신나는 것이 아니다. 그래서 기도를 우리의 지속적으로 하는 영적 훈련이 되게 하고 싶은 우리의 소원에 도움이 되지 못한다.

나도 교회에서 자라났기 때문에 기도가 의미 있고 효과적이 되도록 열심히 기도하는 전투에 익숙하다. 그러나 이처럼 기도를 전투라고 할지라도, 이 전투는 걸어 볼 만하고 이길 만한 가치가 있는 것이다. 우리가 리더십을 실천하는 데 있어서 바른 길을 가게 하고, 나아가 영혼 관

6. 영적 셀프 리더십

리를 잘할 수 있게 하는 데 있어서 지속적인 기도만큼 효과적인 것은 별로 없다.

또한 성경을 읽으면서 기도할 때, 기도 시간이 가장 효과적이라는 것도 경험을 통해 발견했다. 앞에서 말한 것처럼 효과적으로 성경을 읽으면 기도가 저절로 이루어지는 것 같았다. 어떤 장르의 성경이든 성경의 일정 부분을 약 40분 동안 읽고 나면 성령께서 내 마음을 움직이셔서 아주 자연스럽게 그리고 내가 어떤 계획을 가지고 진행하지 않아도 기도하게 되었다.

성경을 읽음으로써 하게 되는 기도는 필연적으로 자백과 중보, 찬양, 경배, 감사 등 내가 스스로 애를 써서 짜내지 않아도 다양하게 표현하게 만든다. 이런 시간의 대부분은 형식이 없다. 그래서 자백에서 감사로 이어지기도 하고, 중보에서 찬양으로, 다시 자백으로 자연스럽게 흘러간다. 소위 ACTS(찬양, 자백, 감사, 간구) 기도 등 특정 기도의 형식에 익숙한 사람들은 상당한 시간이 흘러야 이런 방식의 기도에 익숙해질 것이다.

하지만 성령님만큼 기도를 잘하도록 이끌어 주실 분이 없다. 사도 바울은 로마서 8:26-27에서 우리가 무엇을 위해서 어떻게 기도해야 할지 성령님이 우리를 도와주신다고 말한다. 사실 우리는 우리가 어떻게 기도해야 할지를 모른다. 정직하여 이 사실을 인정하는 사람들은 우리의 최선의 노력도 종종 헛된 것임을 알 것이다. 이것은 오랜 세월 동안 그리스도를 따랐던 사람들도 마찬가지다. 우리가 아는 것보다 더 쉽고 더 좋은 길이 있다.

우리 하나님 아버지께 말씀 드리고 말씀을 들으며 함께 시간을 보내는 것이 우리를 비참하게 만들어서는 안 된다! 기도는 영적인 고문을 위해 있는 것이 아니다. 또한 성자들과 영적으로 약한 사람들을 구별하기 위해 있는 것도 아니다. 내가 믿기로 하나님이 의도하신 기도는 우리의 생명줄이 되는 것이다. 기도는 마치 숨쉬는 것처럼 우리 안에서 거의 저절로 일어나는 것이어야 한다.

나의 여덟 살짜리 아들 새미는 다른 세 자녀들과 마찬가지로 내 삶의 기쁨이다. 나는 그 애만 쳐다보고 있어도 속에서 기쁨이 솟아난다(그러고는 미소를 머금곤 한다). 물론 그 애는 끊임없이 나에게 말을 한다. 내가 어떤 일을 하든 우리가 함께 있을 때는 새미는 내 곁에 와서 조잘댄다. 대개의 경우 그는 대답을 바라거나 심각한 대화를 원하지도 않는다. 내가 생각하기에 그 애는 그저 나에게 말하는 것이 즐겁고 편안한 것이다. 새미는 학교에서 일어난 일과 읽은 책, 친구들, 앞으로 할 일들에 대해 말한다. 또 짜증 났던 일과 기분 나쁘게 한 사람들에 대해서도 이야기한다.

아버지인 나로서는 새미의 말을 듣는 것처럼 즐거운 일이 없다. 심지어 글을 쓰거나 공부하고 있을 때도 새미가 독특한 억양으로 속삭이는 말은 나에게 귀찮은 것이 되지 않는다. 나는 아들을 사랑한다. 그래서 그 애가 조잘거리는 말을 듣기 좋아한다. 이런 비계획적이고 비형식적인 대화를 통해서 나는 새미에게 더 좋은 아빠가 되는 법을 배웠다. 그 애가 무엇을 걱정하고 무엇을 겁내는지도 알게 되었다. 또 좋아하는 것과 원하는 것, 가고 싶은 곳과 가고 싶지 않은 곳을 알게 되었다. 새미는 아빠에게 말하는 법을 알고 있는 것이다.

만일 내가 새미에게 이런 시간에 토의할 내용을 담은 목록을 준다거

6. 영적 셀프 리더십

나 대화의 절차가 어떻게 전개되어야 할지를 보여주는 안내서를 주었다면 이 소중한 시간들이 어떻게 되었을까? 아마 대화를 망쳐 놓았을 것이다. 이런 경우 형식과 절차는 자연스러움과 즐거움을 앗아간다. 그래서 우리 둘 모두에게 그것은 일이 될 것이다. 십중팔구 새미는 대화를 중단해 버릴 것이다. 그런데, 우리는 바로 그런 것을 우리 하나님 아버지께 하려고 하고 있지 않은가? 하나님과의 대화가 고통스러워져서 할 수만 있다면 피하려 하는 것이 당연한 일이 아닐까? 우리에게 필요한 일은 성령님의 친절한 안내를 받아 훨씬 더 자연스럽게 하늘 아버지께 접근하는 것이다. 잔뜩 긴장한 상태로 대적이나 경쟁 상대에게 협상하려고 접근하는 것처럼 해서는 안 된다.

  기도를 훨씬 더 효과적이고 의미 있게 하는 또 한 가지 방법은 일기에 기도를 적는 것이다. (일기 쓰기에 대해서는 나중에 이야기할 것이다.) 나는 나의 기도 내용이 그냥 나의 마음에서 종이 위로 흘러가게 하였다. 이 때도 성경 읽기와 성령님의 도우심이 있었다. 솔직히 말해서 그렇게 쓴 기도 내용은 때때로 단순한 말을 끝없이 하나님께 반복해 주절거린 것처럼 되기도 했다. 그렇지만 그 기도문은 그 당시 나의 진실한 마음을 반영한 것이었다. 이런 기도에 대해 하나님이 싫어하신다고 생각하지 않는다. 또 하나님이 나의 기도문의 철자나 문법에 대해 관심을 두실 것이라 생각하지도 않는다. 뒤죽박죽 된 문장 구조와 철자는 단순히 나의 기도를 종이 위에 쏟아 놓은 것에 지나지 않는다. 나는 하나님께서 나의 염려와 두려움, 걱정, 흥분을 듣는 것 자체를 좋아하실 것이라고 믿는다. 하나님은 나의 아버지시고 나를 사랑하신다. 그렇다. 나를 기뻐하신다.

셀프 리더십

　강박적인 성격을 지닌 사람들을 위해 하고 싶은 말은 자신이 쓴 기도를 비판하거나 수정하고 싶은 유혹에 굴복해서는 안 된다는 것이다. 우리는 그것을 우리 하나님 아버지와 개인적인 관계를 가진 시간에 대한 증거로 남겨 두어야 한다. 우리는 하나님 앞에서 완벽할 필요가 없다. 우리는 단순히 하나님 앞에 나아가기만 하면 된다. 그리고 기도 일기의 역할은 그것이 이루어지게 하는 것이다.

　나의 성경 읽기와 기도 일기에서 나온 자유로운 형태의 기도 외에도 나에게 많은 도움이 된 것이 있다. 그것은 얼굴과 얼굴을 마주하고 (*Face to Face*)라는 케네스 보아의 책으로 의미 있는 기도 시간을 갖는 데 큰 도움이 되었다. 이 책은 시리즈로 한 권은 영적 성장을 위해 성경으로 기도하기이고 다른 한 권은 친밀한 예배를 위해 성경으로 기도하기이다.[3] 이 책들은 성령께서 우리를 자극하여 기도의 형태로 반응하도록 하는 기도 안내서이다. 만일 기도 분야의 훈련을 갓 시작했거나, 이제까지의 기도 방식을 바꾸기 원하는 사람이라면 이 두 권의 지침서를 강력하게 추천한다.

　결국 우리의 하나님 의식을 증가시키기 위해 하는 모든 것이 기도라는 사실을 기억하는 것이 중요하다.[4] 예수님이 제자들에게 가르치신 기도는 아주 간단했다. 육신으로 오신 하나님은 그의 자녀들에게 간단한 한 문단으로 기도하는 법을 가르쳐 주셨다(마 6:9-13을 보라). 그

---

3) Kenneth Boa, *Praying the Scriptures for Spiritual Growth* (Grand Rapids: Zondervan, 1997); *Praying the Scriptures for Intimate Worship* (Grand Rapids: Zondervan, 1997).

4) Norman Shawchuck and Ruben Job, *A Guide to Prayer for All God's People* (Nashville: The Upper Room, 1990), 8.

러나 우리 인간은 다른 모든 일도 그러하듯이 이 기도를 복잡하고 어렵고 지겨운 일로 변화시켜 놓았다. 그래서 몇 주씩 걸려 읽어야 하는 기도 "방법론" 책들을 양산하게 되었다. 만일 우리가 지속성이 있는 영혼 관리에 관심이 있다면, 이 간단하면서도 심오한 기도, 그래서 우리에게 기도할 동기를 북돋우어 주는 기도를 되찾는 것이 중요하다.

일기 쓰기

영적 훈련으로서 일기 쓰기는 개인의 영혼 관리를 위한 필수적인 요소로서 오랜 세월 동안 계속되어 왔다. 구약 시대의 다윗과 솔로몬 왕에서부터 사막의 교부들, 그리고 현대의 진지한 제자들에 이르기까지 일기를 쓰는 일은 영적 성장과 개인의 영혼 관리를 위한 필수적인 수단으로 여겨져 왔다.

나는 게리 매킨토시와 공저한 책 리더십의 어두운 측면 극복하기에서 하나님을 영화롭게 하는 리더십이 되고 개인의 성장을 유지하기 위한 방법으로서 일기 쓰기가 하는 역할을 상세하게 설명했다.

> 일기 쓰기는 자신의 삶을 종이 위에 옮겨 놓으며……"나는 누구인가? 나는 무엇을 왜 하고 있는가? 나는 나의 삶과 나의 세계를 어떻게 생각하고 있는가? 나는 어떤 모양으로 성장하고 변화되고 있는가?"를 명료화하는 과정이다.
>
> 만일 리더들이 자기 지식과 이해를 추구하는 과정에서 필요로 하는 것이 있다면 그것은 공적 리더십이라는 표면 아래에 깊숙이 잠복해 있는 두려움, 동기, 불안을 비롯한 다양한 감정들을 명확하게 하는 능력일 것이다. 일기 쓰기는 우리로 하여금

자신에 대해 정직해지게 만든다. 아마 일기는 우리가 진실로 자신을 있는 그대로 드러낼 수 있는 유일한 곳일 것이다. 일기 속에서 우리는 마침내 우리 속에 있는 소리를 찾아낼 수 있고 그것들을 정의하고 가다듬을 수 있다. 일기라는 그 안전 지대는 우리로 하여금 시기심, 이기심, 자만심을 인정하도록 도와준다. 이 치료의 일기 속에서 우리는 우리를 몰아가는 내적 충동과 강박 관념을 자유롭게 찾을 수 있다. 이런 것들을 종이 위에 옮겨 놓는 이 단순한 행위가 그것들이 우리에게 미치는 힘을 어느 정도 줄여 놓을 수 있는 것이다.

……그렇지만 당신이 자신에 대해 얼마나 정직한가에 따라 유익의 정도가 결정될 것이다. 그러므로 일기를 쓰면서 명심할 것은 자기 기만과 부정이라는 강물이 무척이나 깊고도 세기 때문에 그것을 건너려는 처음의 의도가 물살에 휩쓸려 떠내려 갈 수도 있다는 사실이다. 당신 자신을 할 수 있는 한 최대로 긍정적으로 그리려는 유혹이 끝없이 계속될 것이다. 당신의 추하고 부정적인 행위와 행동을 삭제하고 싶은 충동이 강력하게 다가올 것이다. 이런 충동에 굴복할 때 당신은 자기 부정과 기만이라는 급류에 떠내려 가는 것이다. 그러므로 당신 자신 깊숙이 숨어 있는 것을 정직하게 찾지 않는 한 일기 쓰기라는 단순한 행동은 도움이 되지 않을 것이다. 그렇다고 해도 일기 쓰기를 포기하지 않고 꾸준히 지속하면 마침내 그 깊은 강을 건너게 되는 날이 이를 것이다.[5]

---

5) Gary L. McIntosh and Samuel D. Rima Sr., *Overcoming the Dark Side of Leadership* (Grand Rapids: Baker, 1997), 193-94.

6. 영적 셀프 리더십

개인 휴양회

마지막으로 제안하려는 훈련은 개인 휴양(personal retreat: 천주교에서는 개인 피정이라고 부름-역자 주)을 정기적으로 가지라는 것이다. 이 훈련은 예수님 자신에게서 그 뿌리를 찾을 수 있다. 복음서를 보면 예수님은 성공적인 공적 사역으로 인해 복잡하고 분주하게 되셨으나, 그러한 시간을 피해서 한적한 곳으로 가셔서 묵상과 기도, 쉼, 재충전의 시간을 가지셨다는 기록들이 많이 나온다. 이런 개인 휴양 시간은 집중적이고 성공적인 사역을 전후해서 이루어지는 것으로 보인다.

일이 잘 되고 사역이 성공적으로 보일 때는 휴식이 필요 없는 것처럼 생각하기가 쉽다. 긍정적인 일들이 일어날 때는 하루 이틀 시간을 내서 물러나 있기가 힘들다. 잘 돼 나가는 분위기를 잃게 될 것이 두려운 것이다. 그러나 지혜로운 영적 리더는 성공에는 그 자체에 스트레스와 고민이 붙어 있다는 것을 안다. 이 스트레스는 고전하는 사역을 할 때보다 더 무서운 것일 수 있다. 그러므로 만일 균형을 유지하는 데 필요한 휴식을 취할 수 없다면, 제아무리 성공적인 사역을 할지라도 영적 실패가 스며드는 것을 막을 수 없다.

그렇다고 해서 개인 휴양이 모두 다 최고의 축복과 변화산의 경험과 같은 것이 될 것이라는 말은 아니다. 그와는 반대로 때로 우리의 개인 휴양 시간은 하나님의 지도와 통찰을 얻기 위해 하나님과 씨름하는 정서적 고뇌와 영적 도전의 시간이 될 수도 있다. 물론 하나님과 씨름하는 이 시간은 또한 하나님을 위하고, 그리고 그분이 우리에게 주신 사역을 위한 열정을 재충전받는 생명을 얻는 시간이 된다.

개인 휴양 시간은 공적 생활과 리더십에 근본적으로 필요한 것으로, 예수님은 이것을 아시고 중요하게 다루셨다. 마태복음에 보면 예수님은 공적 사역 초기에 광야로 가서서 홀로 하나님과 함께 계시면서 공적 사역을 준비하셨다. 이 시간은 강렬한 영적 시험과 갈등의 시간이었다. 그러면서 동시에 우리 주님께서 풍성하고 성공적인 사역을 위해 준비하신 기간이 바로 개인 휴양 중에 갈등하신 시간이었다.

예수님은 제자들을 선택하실 때와 같이 중요한 결정을 하셔야 할 때 개인 휴양 시간을 가지셨다. 십자가를 지셔야 하는 것과 같이 어려운 상황을 앞두고서도 예수님은 하늘 아버지와 단둘이 함께하는 시간을 가지심으로 시험을 이길 수 있는 힘을 얻으셨다. 이처럼 예수님은 거듭거듭 다른 사람들과 어울리는 복잡한 일상을 피해서 쉼을 가지심으로 사역에 대한 관점과 영원한 초점을 새롭게 하셨다.

만일 예수님께서 이런 훈련을 정기적으로 갖는 일이 필요하셨다면 우리들에게는 얼마나 더 필요하겠는가? 그러나 오랜 세월 동안 무한한 효과가 있는 것으로 입증된 이 일에 지속적으로 시간을 들이려 하는 사람이 오늘날 리더들 가운데는 별로 없는 것 같다.

개인 휴양이 쉽게 무시되는 이유는 몇 가지가 있다. 첫째, 시간이 들기 때문이다. 시간은 21세기에 있어서 가장 중요한 것 중 하나가 되었다. 그래서 그들이 보기에 결과가 의심스러운 이 일을 위해 시간을 들이고 싶지 않은 것이다. 둘째 이유는 이런 기도와 묵상의 시간을 위해 어디로 가야 할지를 모르기 때문이다. 마지막으로 이 개인 휴양을 규칙적으로 갖지 못하는 것은 이 시간에 무엇을 해야 할지를 정확하게

6. 영적 셀프 리더십

모르기 때문이다.

나는 경험을 통해 개인 휴양으로 가진 시간이 내 삶에 큰 보상이 되었음을 발견했다. 만일 시간이 귀중한 자산이라면 우리는 의미 있는 보상이 따르도록 투자하기 원할 것이다. 개인 휴양을 하는 동안 어떤 형식적 공부도 없고 구체적으로 목적을 가지고 생각한 것도 없었지만 하나님은 내가 설교 시간에 해야 할 주제들과 문제들을 정리하게 하셨다. 만일 당신이 목사여서 인기 작가의 책이나 최근에 일어난 사건들을 분석하며 별 소득 없는 노력을 하고 있다면, 이 부분에 구체적인 지침을 주는 통찰을 얻는다는 것이 얼마나 소중한가를 이해할 것이다.

내가 허리가 휠 정도로 부지런히 일하며 사는 것보다는 좀 템포를 늦추고 삶을 즐기는 것이 필요함을 깨닫는 것도 이 개인 휴양 시간이다. 다행히도 내가 다시 강박적으로 삶의 속도를 높이고 있을 즈음, 다시 나는 월례 개인 휴양 시간을 통해 강박감이 나의 통제를 벗어나기 전에 균형을 되찾는다.

개인 휴양을 시작하기에 앞서 먼저 확실하게 해야 할 것이 두 가지 있는데 그것은 어디로 가며 무엇을 할 것인가이다.

놀랍게도 의미 있는 개인 휴양을 위해 갈 수 있는 곳은 많다. 나는 어느 곳에서 사역을 하든 그 지역의 수양관을 찾는 습관이 있다. 나는 로스앤젤레스 유역과 수 폴스 지역 등 다양한 곳에서 살았는데 그 지역에서 적절한 휴양 시설을 찾는 데는 전혀 어려움이 없었다. 사실 대부분의 지역에는 90분 이내에 갈 수 있는 좋은 수양관들이 있었다. 이런 시설들은 비용도 적당했을 뿐 아니라 아주 안락하기도 했다. 내가 어느 곳에 살든 다른 사람들에게 물어 보거나 주변을 둘러보기만 하면 좋은 휴양 장소를 찾을 수 있었다.

보다 모험적인 리더를 위한 다른 한 가지 방법은 텐트를 치고 휴양할 수 있는 야외를 찾는 것이다. 이것도 해보았는데 매우 건설적이고 의미 있는 시간이 되었다.

어디서 휴양을 가지면 안 되는가에 대해서 생각하는 것도 중요하다. 나는 개인적으로 호텔이나 모텔에서 휴양하는 것을 권하지 않는다. 이런 곳은 집과 너무 비슷하고 관심을 끄는 것과 유혹들이 너무 많아 좋은 휴양처가 될 수 없다. 전화와 텔레비전은 이런 저런 방법으로 우리를 끝없이 유혹한다. 그 유혹은 컴퓨터를 켜는 것이나 e-메일을 확인하는 것, 또는 저녁에 TV를 보면서 편안히 쉬는 것일 수도 있다. 오늘날 호텔이나 모텔에서 제공되는 이런 유혹들은 현대의 사역자들이 저항하기에 너무 어려운 것들이다.

그리고 호텔이나 모텔에는 즐길 수 있는 산책로나 자연이 마련되어 있지 않다. 그러나 이런 것들은 휴양의 가장 멋진 부분들이다. 호텔과 모텔은 수양관들에 비해 비용도 훨씬 더 비싸다.

휴양 장소 선택에 있어서 절대적으로 금해야 할 또 다른 것은 집에 머무는 것이다. 집안 환경이 어떠하든, 집에 머무는 것은 의미 있는 휴양 시간을 갖는 데 도움이 되지 않는다. 심지어 집에 아이들이 없고 아내는 출근하고 없는 상황일지라도 개인 휴양을 위해 집에 머무는 것은 비효과적이고 결과적으로는 실망스러운 일이 된다. 집에 있게 되면, 우리의 눈이 가는 거의 모든 것들이 어떤 기억을 되살리거나 못다한 일을 생각나게 만들어 우리의 선한 의도를 좌절시킬 가능성이 매

6. 영적 셀프 리더십

우 높다. 내가 시행착오를 거쳐 확인한 사실은 이 일에 좋은 휴양 장소를 찾는 것과 평생에 걸쳐 실천하려는 굳은 의지가 매우 중요하다는 것이다.

장소 문제에 덧붙여서 "적당한 장소를 찾았다면 무엇을 할 것인가?"를 반드시 질문해 보아야 한다. 나는 개인 휴양을 일상적인 훈련의 연장으로 생각하고 싶다. 대개의 경우 나는 집에서 훈련 시간에 하는 개인 경건회의 순서를 휴양회 때에도 그대로 따른다. 물론 휴양회 중 하루에 여러 차례씩 같은 순서를 할 수 있을 경우에는 예외다.

휴양회 장소에 도착한 다음에는 짐을 풀고 방 혹은 캐빈에 자리를 잡는다. 일단 안정을 취한 다음 그곳의 책임자에게 다른 시설들이 어디에 있으며, 그곳에서 주최하는 새벽 기도회, 낮 기도회를 비롯하여 그곳만의 독특한 행사가 있는지 물어 본다. 이런 세부 사항을 점검한 다음에는 한 시간 정도 침묵하는 개인 휴양 시간을 시작한다. 이 때는 나 자신이 풀려나게 하여 오로지 하나님께만 초점을 맞추게 하고 내가 왜 이곳에 왔는지를 생각한다. 침묵 시간이 끝나면 앞에서 말한 것처럼 성경 읽기 시간을 가지면서 이것이 기도와 묵상의 시간이 되게 한다. 이것에 연이어 경건 서적을 읽는데 헨리 나우웬, 이블린 언더힐, 어반 홀름즈, 유진 피터슨, C. S. 루이스 등이 쓴 명상 장르의 짧은 글을 읽는다. 이 읽기 시간 다음에는 일반적으로 지금까지 내가 한 것들 전체(성경 읽기, 기도, 경건 서적 읽기)를 생각해 보고 하나님이 내게 말씀하신다고 느껴지는 것들을 일기로 기록한다.

일기를 쓴 다음에는 산책을 하면서 성경 읽기, 기도, 일기 쓰기에서 한 것들이 내 안에 "스며들게" 한다. 산책을 마친 후에는 간단히 잠을 자고 나서 다시 개인 예배 일정을 시작한다. 24시간의 휴양회를 통해 나는 이런 사이클을 최소한 세 번 정도 실천한다.

개인의 영혼 관리를 위해 이것을 하기 원하는 영적 리더들을 위해 노먼 쇼척과 루벤 잡이 공저한 사역자와 기타 종들을 위한 기도 안내서 (각주 2)를 참고-역자 주)를 강력히 추천하는 바이다. 이 지침서 끝에는 12개월 동안 매월 개인 휴양회를 할 수 있는 모델과 주제가 나와 있는데 나에게는 매우 유익한 것이었다.

효과적인 영혼 관리의 장애물

영적 훈련을 우리 삶과 리더십의 타협 불가능한 요소로 여기고, 지속적으로 노력하려는 의지가 아무리 강할지라도 우리의 노력을 탈선시키려고 하는 장애물들을 수없이 만나게 된다.

분주함

사람 중심이기보다는 과업 중심적인 경향이 있는 리더십은 공격적이고 몰두하는 성격이 있으므로 분주함이 주된 위협이 된다. 그래서 영적 훈련을 우리 삶의 한 부분으로 여겨 지속적으로 실천하는 것을 위협할 수 있다.

사실 분주함은 개인의 영혼 관리의 주된 장애인 동시에 영혼 관리 실패의 주된 증상이기도 하다. 종종 우리는 분주함에 시달린 나머지 영혼의 천박(淺薄)함을 직시하려 하지 않는다. 그러나 이것은 성공적인 영적 셀프 리더십을 실행하지 못한 데서 오는 결과다.

6. 영적 셀프 리더십

혹시 이런 실상을 자각했다 할지라도 이루 말할 수 없이 바쁘고 생산적인 리더십을 수행 중에 있을 경우, 하루 중 중요한 시간을 빼내어 묵상과 기도에 들이는 일은 다른 어느 일보다도 어렵다. 이런 경우 흔히 핑계 대는 것은 "일이 좀 덜 바빠지면 시간을 내어 휴양을 해야지"라는 것이다. 그러나 훈련을 유지하고 개인 휴양의 우선순위를 지키는 것이 가장 필요할 때가 바로 이 때다.

좌절

우리에게 닥치는 또 다른 장애는 우리의 훈련이 삶과 리더십에 가져다주는 긍정적인 성과를 체험하기도 전에 성급하게 훈련을 포기하고 싶은 유혹이다. 개인의 영혼 관리의 실천을 통하여 즉각적이고 구체적인 유익을 얻지 못하면 좌절하기가 쉽다. 우리의 시간을 보다 "생산적인" 것에 투자하는 것이 더 지혜롭다고 생각하기가 쉬운 것이다. 그러나 영적 훈련은 항생제와 같다. 의사가 신체적 고통과 불편의 근원이 되는 감염과 싸울 항생제를 처방할 때는 언제나 그 약을 끝까지 먹으라고 주의를 준다. 항생제가 단 하룻밤에 효과를 나타내는 것이 아니라는 사실은 누구나 알 것이다. 올바른 치료 효과가 나려면 충분한 시간이 필요하다. 그래야만 고통의 원인이 되는 감염을 퇴치하는 효과를 낼 수 있게 된다. 만일 항생제를 이틀간 복용한 후에 기대하던 결과가 나타나지 않는다고 해서 복용을 중단한다면, 그 약이 가져다줄 효능을 경험할 가능성이 사라질 것이다. 즉각적인 효능을 느끼지 못한다고 해도 꾸준하게 약을 복용해야 한다.

영적 훈련도 이와 마찬가지이다. 처방된 성경 읽기, 기도, 일기 쓰기,

개인 휴양회 등 성공적인 개인의 영혼 관리의 요소들이 그 효능을 나타내려면 상당한 시간이 걸린다. 그러므로 우리의 노력의 결실을 거두기 전에 성급하게 좌절해서는 안 될 것이다.

게으름

게으름 역시 우리가 이 훈련을 하지 못하도록 자아를 연약하게 만드는 공범이다. 게으름은 즉시 일어나 우리의 훈련을 하도록 하지 않고 한 시간 더 잠자리에 누워 있으라고 유혹한다.

거의 모든 사람들에게 있어서 게으름을 키워 주는 최고의 요소는 텔레비전이다. 거의 모든 경우 텔레비전에 들이는 시간은 비생산적인 시간이다. 물론 교육적이고 감동적인 프로그램도 이따금씩 있다. 그러나 이런 것은 불행하게도 일반적이라기보다는 예외적이다. 지나치게 텔레비전을 많이 시청하면 게으름이 싹튼다. 거의 모든 경우, 텔레비전 앞에서 보낸 시간은 영적 훈련을 위해 사용되어도 좋을 시간이다. 그리고 당신이 영적 훈련을 하기에 가장 좋은 시간은 다른 식구들이 텔레비전을 보거나 다른 일에 바쁜 저녁 시간이다. 특별히 당신이 아침 5시에 잠자리에서 일어나기가 불가능할 경우에는 더욱 그렇다. 저녁에 영적 훈련을 위해 약간의 시간을 보낸다 해도 여전히 잠자리에 들기 전에 가족들과 대화할 시간은 남는다.

장애물과 싸우는 방법

영적 훈련을 시작할 때 닥치는 장애물들은 그것을 극복하기 원하는 사람들만큼이나 많고 다양하다. 물론 각 사람마다 자신만의 독특한 장

6. 영적 셀프 리더십

애물이 있을 것은 의심의 여지가 없다. 그러나 우리가 의미 있는 영혼 관리를 하려고 하면 누구든지 반드시 그리고 계속해서 수없이 많은 장애물들을 극복해야 한다는 것을 알면 그것만으로도 어느 정도 위로가 될 것이다. 그러나 이것이 바로 변화를 일으키는 리더의 특징이다.

변화를 이끌어 가는 일은 결코 쉽지 않다. 우리가 속한 조직과 그 안에 있는 사람들의 삶에서 긍정적인 움직임과 진보를 위해 장애물을 극복하는 것은 늘 도전이 되는 일이다. 동시에 현재의 상태는 우리가 꿈꾸고 시도하는 변화에 대해 끊임없이 그리고 적극적으로 저항한다. 그러나 다시 말하지만 리더십을 발휘한다는 것은 바로 그런 것, 즉 현재의 패러다임에 대해 생산적인 변화를 주기 위해 필요한 영향을 주는 것이다.

성공적인 셀프 리더십이란 우리의 삶 가운데서 어떤 부분에 변화가 필요한가를 파악하여 리더로서 우리의 삶의 질을 증진시킬 수 있는 것을 의미한다. 만일 우리의 패러다임을 변화시켜 우리의 삶에서 영적 훈련을 지속적이고 의미 있게 할 수 없다면, 다른 사람이나 조직이 어려운 변화를 하도록 시도할 자격이 없다고 말하고 싶다.

셀프 리더십

셀프 리더십 개발 워크숍

1. 제5장에서 작성한 당신 개인의 신조에서 영적 셀프 리더십에 해당하는 인생의 가치들을 적어 보라. 예를 들면, 하나님과 대화하는 관계가 성장하는 것, 예수 그리스도의 교회를 세우는 것, 다른 사람이 하나님과의 관계가 증진되도록 영향을 주는 것, 영적 성장을 목적으로 매일 홀로 있는 시간을 갖는 것 등이 될 것이다.

나의 영적 셀프 리더십 가치들 :

-
-
-
-
-

2. 위의 가치들을 바탕으로, 효과적인 영혼 관리의 요소들(147-162페이지) 가운데 어느 것이 당신이 이 가치들을 지속적으로 실천할 수 있는 능력을 가꾸는 데 가장 효과적인지 찾아보라.

가장 효과적인 것 2가지	
두 번째 효과적인 것 2가지	

6. 영적 셀프 리더십

3. 시간을 내어서 위에서 가장 효과적인 것 2가지 요소를 이번주에 실천할 수 있는 방법을 쓰라. 다음과 같이 하면 될 것이다.

영혼 관리의 요소	내가 실천해야 할 행동
규칙적인 성경 읽기	매일 성경 읽기 시간표(하루 15-30분씩)를 짜서 실천한다.
개인 휴양회	일 년에 최소한 네 번은 하루 동안 "잠잠하여 하나님께 귀를 기울이는 시간"을 갖는다. 그리고 일 년에 한 번씩은 장시간 홀로 있는 시간을 갖는다.

영혼 관리의 요소	내가 실천해야 할 행동

7 신체적 셀프 리더십

개인 자원 관리

레스는 천부적인 재능을 지닌 리더다. 좀더 정확하게 말하면, 그는 선천적 재능과 영적인 은사 모두를 보통 사람 이상으로 소유한 보기 드문 인재들 가운데 한 사람이다. 보통 천부적 재능을 지닌 리더라고 하면 리더십의 전문적인 분야에만 고도의 재능을 가지거나(계획 수립, 예측, 대중 커뮤니케이션 등), 아니면 사람들을 다루는 능력만 가지는데 레스는 이 두 가지를 모두 다 소유한 사람이었다.

레스는 리더십의 초기 시절에 자신이 일하는 비영리 기독교 봉사 기관의 고위직으로 속성으로 진급했다. 그는 대학원을 졸업하자마자 이 유명한 기독교 리더십 팀에 가세했는데 5년 이내에 부총재 자리에 오르게 되었다.

7. 신체적 셀프 리더십

그러나 레스가 모든 도구들과 화려한 성공 기록을 가지고 있음에도 그의 사역의 성공은 단명에 그치고 말았다. 레스는 리더로서 자신의 신체적인 면에 대해 셀프 리더십을 수행해야 할 필요성, 즉 개인 자원 관리의 필요성을 배우지 못했던 것이다. 그는 40세라는 상당히 젊은 나이에 75파운드나 과체중이 되었다. 혈압도 도무지 조절 불가능할 정도가 되어 문자 그대로 생명을 위협했다. 게다가 천식을 심하게 앓았는데 그것은 그의 과체중과 고혈압으로 인해 더욱 심각해졌다.

레스의 아내는 그의 건강 문제와 건강에 대한 그의 무관심을 크게 염려하여, 계속해서 체중을 줄이고 체력 단련을 하라고 권했다. 그러나 레스는 언제나 핑계를 대거나 농담하며 넘겨 버리곤 하였다. 레스가 생각하기에는 한창 성공적인 그의 사역의 리더십 임무를 수행하는 것이 체중을 줄여 건강을 증진시키는 일보다 중요했던 것이다.

레스의 좋지 못한 몸 상태는 건강한 생활을 위협했을 뿐 아니라 동료들과 친한 친구들 사이에서 늘 농담과 화제가 되었다. 실제로 레스 자신도 종종 그런 농담에 쉽게 가세했고 대중 앞에서 말할 때 자신의 체중에 대해 은근히 농담하는 일이 빈번했다. 그러나 진실이 알려지자 친구들은 사적으로만 농담하는 것으로 끝나지 않았다. 친구들은 이 친구에 대한 염려를 서로 이야기했고, 레스에게도 스스럼 없이 말했다.

레스는 체중을 줄이려는 노력도 대충 해보았고 운동 프로그램에도 계속 등록했지만, 지속적으로 하지 못했다. 생활 방식으로 자리잡지 못하고 항상 이 복합적인 문제를 간단히 해결하려는 시도만 한 것이다.

흥미롭고도 이율배반적인 것은, 복합적인 문제를 간단히 해결하려는 자세는 레스가 조직과 사역의 문제들을 다룰 때 가장 혐오하는 것이었다는 사실이다. 안타깝게도 레스는 자신의 소명 분야에서는 그토록 탁월하게 실천하는 것을 건강 관리 영역에서는 전혀 실천하지 못하고 있었다.

레스는 41세 생일을 며칠 앞두고 가족과 함께 근처의 공원을 거닐며 생일을 미리 축하하고 있었다. 그들은 바비큐를 비롯한 여러 가지 음식으로 생일 잔치를 벌인 다음 함께 배구를 하자고 제안했다.

약 30여 분 동안 가볍게-그러나 레스는 땀을 흘릴 정도로-시합을 한 후, 레스는 자기 아내에게 가슴을 짓누르는 느낌이 있다고 호소했다. 그러나 그들은 폴란드 소시지를 먹었을 때 흔히 오는 가슴앓이라고 간단히 넘겨 버렸다. 그러고는 다시 배구를 시작했다. 잠시 후 레스는 신음소리를 내면서 마치 누군가가 그의 몸에서 공기를 빼 버린 것처럼 땅바닥에 쓰러졌고, 눈에는 공포가 가득 차 있었다. 방금 전에 스파이크를 해서 레스의 발을 맞혔던 레스의 동료 사역자는 당황하여 응급 구조대에 전화를 걸었다. 그러나 안타깝게도 레스는 응급 구조팀이 도착하기 전에 숨을 거두었다. 그의 아내는 35세에 미망인이 되었다. 열서너 살 난 딸과 열두 살 난 쌍둥이 아들도 아버지를 여의게 되었다.

하나님 나라에 있어서도 무한한 자원과 재능을 잃게 되었다. 신체적 셀프 리더십을 진지하고 성공적으로 수행하지 못한 데 주된 원인이 있었다.

7. 신체적 셀프 리더십

건강은 사역을 위한 자원

이 책을 읽는 사람은 누구나 활발하게 리더십을 수행하고 있는 또 다른 "레스"를 알고 있을 것이다. 어쩌면 독자 자신이 한 사람의 레스라고 시인할 수밖에 없을 수도 있을 것이다.

리더로서 우리가 효과적이고 일관성 있게 셀프 리더십을 발휘하기 가장 어려운 분야가 우리의 신체에 관한 부분일 것이다. 신체적 건강은 중요한 부분의 하나이지만 일반적으로 삶의 긴급한 영역이 아니기 때문에—스티븐 코비는 두 번째 사분면의 문제라고 한다[1]—우리는 이것을 무시하고 소홀히 하며 심지어 남용하기까지 하여 마침내는 문제가 닥치고 만다. 그런데 정말 이상한 것은 이런 리더십의 문제에 빠지는 사람들은 대체로 성공적인 리더십들이라는 것이다. 리더십에 강한 사람들이 이 중요한 자신의 생활 영역에 대해서는 성공적인 리더십을 발휘하지 못하는 이유가 무엇일까? 그토록 유능한 리더들이 자신의 신체와 영혼, 건강과 온전한 리더십 수행, 건강 생활과 직업적 리더십 사이의 그 원초적 관계를 알지 못하는 이유는 무엇일까?

나는 많은 이유가 있겠지만 주된 이유 중 하나는 운동과 몸의 관리는 일반적으로 영적인 문제라고 여겨지지 않기 때문이라고 생각한다. 흔히 사람들은 "에이, 우리의 몸은 성령의 전인 것을 다 알고 있어요. 너무 과장하지 마세요!"라고 생각하는 것이다.

---

[1] See Stephen R. Covey, A. Roger Merrill, and Rebecca R. Merrill, *First Things First* (New York: Simon and Schuster, 1994), 37.

아마 독자들 가운데는 지금쯤 생각하고 있겠지만, 우리의 몸과 영적 상태 사이의 긴밀한 관계가 성공적인 리더십 수행에 큰 영향을 미치고 있음을 알게 된다면, 신학대학원에서 영적 리더들에게 가르쳐야 하지 않을까?

나는 신학대학원 3년과 6년 동안의 박사 학위 공부 기간 동안 한 번도 신체적 건강이 영적으로 중요하다고 하거나 건강 유지가 사역과 영적 리더십과 관련 있는 문제라고 강조하는 강의를 들은 적이 없다. 이 기간 동안 나는 나의 신체가 사역을 위한 도구와 자원으로서 중요하다고 말하는 것을 들어 본 일이 없다.

혹자는 이런 관계는 어떤 종류의 리더십 논의에서든 본질적인 것이라고 말할 수도 있을 것이다. 다른 사람들은 그것은 단순한 문제로서 어느 리더든지 자연적으로 아는 것이라고 할 것이다. 그러나 나는 그런 추론은 근거가 없으며 현실적으로 지지받지 못한다고 말하고 싶다.

대충 먹는 사람들

지금까지 약 30여 년 동안 교회에 출석하고 섬기는 동안 나는 건강한 식습관을 권장하고 실제로 도와주는 식단을 제공하는 교회를 본 적이 없다. 내가 먹어 본 교회 음식은 거의 한결같이 간단히 대충 만든 음식에다 분위기마저 혼란스럽기 그지없었다.

하나님의 백성들이 함께 어울려 먹으면서 즐기는 것은 문제될 것이 전혀 없다. 다만 문제되는 것은 교회의 음식이 많은 사람들에게 전해 주는 메시지가, 그리스도인의 교제 가운데 이루어지는 것이라면 게걸스럽게 먹어도 아무 문제 없다는 태도이다.

교회 음식을 순진한 교회 리더들을 미혹하는 게걸스러움이라는 음녀로 묘사하는 본인의 표현에 대해 분노하지 말기 바란다. 나의 경험을 실감나게 설명하기 위해서 의지적으로 과장하여 표현한 것이다. 그렇지만 그것은 교회가 올바른 영양 섭취와 효과적이고 지속적인 신체적 셀프 리더십의 실천이 지닌 영적 중요성을 무시하고 있음을 보여주는 증거라고 나는 생각한다.

성경과 우리의 몸

복음주의 운동이 대두되는 과정 어디에선가 우리는 몸과 우리와의 관계를 잃어버렸다. 그렇다고 우리의 몸에 대한 관심이 사라졌다는 말은 아니다. 그와는 반대로 강박적이라고 할 정도로 우리의 몸에 관심을 갖고 우리 몸이 어떻게 보이고, 어떤 형태를 지니고, 무엇을 할 수 있고, 어떻게 해야 대중적으로 인기를 얻게 되는가에 대해 살피게 되었다.

내가 말하는 것은 우리의 몸과 영혼 사이의 관계를 잃어버렸다는 것이다. 현대의 복음주의자들은 하나님이 우리의 몸에 대해 깊은 관심을 가지고 계시다는 성경적 사실—우리 몸은 그를 위하여 창조되었다—을 잊고 있는 듯(아니면 의도적으로 무시하는 듯)하다는 것이다. 고린도전서 6:13에서 사도 바울은 말한다. "식물은 배를 위하고 배는 식물을 위하나 하나님이 이것 저것 다 폐하시리라 몸은 음란을 위하지 않고 오직 주를 위하며 주는 몸을 위하시느니라." 같은 장 뒷부분에서 바울은 "너희 몸이 그리스도의 지체인 줄을 알지 못하느냐"(15절)고 훈계한다. 나는 이와 동일한 질문을 리더십을 위탁받은 우리가 우리 자신에게 던질 수 있고 또 그렇게 해야 마땅하다고 믿는다.

만일 성경이 분명히 말하고 있는 것처럼, 우리 몸이 살아 계신 하나님의 성령이 거하시는 전임을 진실로 믿는다면, 우리는 반드시 우리 몸이 우리의 영성과 리더십에 있어서 중요한 측면임을 인정해야 할 것이다. 실제로 우리의 영적 리더십과 동등하게 중요한 것이 우리의 신체적 영역에서 행사하는 셀프 리더십이다.

다시 바울은 우리에게 상기시킨다. "너희는 너희의 것이 아니라 값으로 산 것이 되었으니 그런즉 너희 몸으로 하나님께 영광을 돌리라"(고전 6:19-20). 하나님은 우리의 영적인 문제에만 관심을 가지시는 것이 아니다. 하나님은 우리의 신체를 하나님을 섬기고 영화롭게 하는 데 사용하기를 원하신다.

사도 바울은 신체가 지닌 영적 중요성과 그것이 리더십 수행과 가치관 구현, 인생의 목표 실현에 미치는 영향을 잘 알았기 때문에, 신체적 셀프 리더십 실행에 대해 진지한 관심을 기울였다. 그 때는 특히 의학이 발달하지 못한 시기였기에 바울은 자신의 신체를 제대로 보살피지 못할 경우 그것이 자신의 평생의 사명을 위협할 수 있음을 자각했다. 그래서 그는 자신의 신체에 대한 셀프 리더십을 수행하는 데 관심을 기울였다. 그래서 그는 이렇게 말했다. "그러므로 내가 달음질하기를 향방 없는 것같이 아니하고 싸우기를 허공을 치는 것같이 아니하여 내가 내 몸을 쳐 복종하게 함은 내가 남에게 전파한 후에 자기가 도리어 버림이 될까 두려워함이로라"(고전 9:26-27). 바울과 같은 대사도도 통제되지 않는 몸이 자신이 하는 일을 망치고 또 자신의 리더십

7. 신체적 셀프 리더십

을 무너뜨릴 것을 뼈아프게 알고 있었던 것이다.

더군다나, 우리의 신체는 지금 여기에 의미와 중요성이 있는 것이 아니다. 성경은 우리 몸이 언젠가 변화되어 우리 주님의 몸과 같이 될 것이라고 가르친다. 현재 우리의 몸은 영원히 멸망할 것이 아니며 회복되고 변화되어 영광스러운 몸이 될 것이다. 부활하신 예수님의 몸처럼, 회복되고 영화된 우리의 몸은 현재 우리의 몸과 물리적으로 비슷한 모습을 취할 것이라고 보는 것이 안전할 것이다.

만일 이것이 사실이라면, 우리 그리스도인이 우리의 몸을 혹사하거나 무시하여, 몸이 온전한 영성을 위한 필수적인 요소임을 부정하는 잘못을 저질러서는 안 될 것이다. 우리 리더들은 우리 삶의 다른 부분에 대해 성경이 가르치는 것을 순종하듯이 몸에 대해서도 성경적인 가르침의 모범을 보여야 할 것이다. 우리는 건강의 필요성에 대해 진지하게 생각해야 한다. 우리가 이끄는 사람들에게 본이 되는 면은 물론, 우리 몸은 하나님이 주신 사명을 수행하기 위한 유일한 도구라는 점을 인정하는 면에서도 그래야 할 것이다. 건강과 체력이 없으면 우리의 리더십 능력은 크게 약화된다.

그렇지만 늘 그렇듯이 예외가 있다. 조니 에릭슨 타다와 그녀가 기독교계에 끼친 리더십과 가르침이 생각난다. 그녀는 신체가 크게 손상을 입었지만, 그럼에도 불구하고 상상을 초월할 정도의 리더십을 발휘하고 있다. 그러나 조니의 사례가 나의 주장을 무산시키는 것은 아니다. 조니의 신체가 손상을 입은 것은 신체적 셀프 리더십을 소홀히 한 결과가 아니다. 그것은 자신이 어찌할 수 없는 비극적인 사건 때문이었다. 이것이 다른 점이다. 조니를 살펴보면 그녀가 자신의 신체를 잘 관리하고 있음을 알 수 있다. 조니의 경우 신체를 관리한다는 것은 훨씬 더 어렵고 도전이 되는 일이다. 오히려 조니는 신체적 셀프 리더십을 성공적으로 수행하는 사람의 본보기이다.

당신이 휠체어를 탈 수밖에 없을 경우 공적 리더나 강연가가 되려고 할 때 어떤 훈련을 해야 할지를 잠시 생각해 보라. 사실 조니는 신체적인 제약이 없는 수많은 사람들보다 훨씬 많은 것을 성취한 것이다. 다시 말해서 그녀는 이 영역에 있어서 엄청날 정도의 셀프 리더십을 실행한 것이다. 조니가 이룬 업적은 그녀가 사도 바울이 했던 것처럼 자신의 몸을 올바로 다스릴 줄 알았다는 사실을 입증해 준다.

그렇지만 모든 경우에서 그렇듯이 균형이 중요하다. 나는 신체에만 집중한 나머지 그리스도 안의 다른 삶과의 균형을 상실하는 것을 옳다고 하지 않는다. 우리는 신체에 대한 적절한 셀프 리더십을 혼동하여 현대 우리 문화가 젖어 있는 것처럼 광적으로 신체에 집착하는 우를 범해서는 안 된다. 신체에 대한 올바른 셀프 리더십은 우리가 패션 모델이나 헐리우드 스타처럼 보이려고 기를 쓰는 것을 의미하지 않는다. 이것은 우리가 영적인 부분이라고 생각하는 것에 대해 신경을 쓰는 것과 같은 정도의 관심을 신체적인 영역에도 쏟는 것을 의미한다.

신체적 셀프 리더십의 요소

USA 투데이 지는 최근호의 특집에서, 의사들은 요즈음 심장 질환에서 시작하여 당뇨병과 기타 건강 문제에 이르기까지 다양한 상태에 대해 운동으로 치료하는 방법을 개발하고 있다고 보고했다.[2] 최신 의학

7. 신체적 셀프 리더십

은 우리 인간을 괴롭히는 문제의 대부분이 우리에게 주어진 신체적 자원을 제대로 돌보지 못한 결과로 보고 있다. 그리하여 의학계는 다시 한번 신체적 건강을 회복하는 최선의 장기적 처방은 운동과 영양 공급을 통해 우리의 신체를 지속적으로 관리하는 것임을 자각하고 있다.

신체 영역에 있어서 셀프 리더십을 잘 수행하기 위한 두 가지 요소는 신체적 자원 관리와 레크리에이션 및 휴식이다. 우리가 이 분야에 리더십을 발휘하기 위해서는 이 두 가지 요소에 대해 똑같은 관심을 쏟아야 한다.

신체적 자원 관리

이 부분에서 셀프 리더십을 수행할 필요를 진지하게 받아들이는 방법 중 하나는 우리의 신체와 건강을 한정적이고 재생불가능한 자원으로 이해하는 것이다. 우리가 내리는 모든 결정이 하나님이 주신 이 자원을 증진시키고 극대화하거나, 아니면 감소시키고 고갈시킨다는 사실을 명심해야 한다. 우리 각자는 단 하나의 몸과 일정한 분량의 체력을 가지고 있다. 우리는 우리의 행동과 의사 결정을 통하여 우리 몸에 투자하고 그리하여 하나님이 주신 체력의 분량을 증진시킬 수 있는 능력을 가지고 있어서, 우리의 신체적 역량을 향상시킬 수 있다. 반대로 우리의 의사 결정이 신체적 역량을 침식시키고 체력을 저하시킴으로 장기적인 리더십 능률을 감소시킬 수도 있다.

가장 근본적인 차원에서 볼 때 신체적 자원 관리에는 4가지의 차원,

---

2) Nancy Hellmich, "For Health, Doctors Tell Patients to Take a Hike," *USA Today*, 18 May 1999, sec. D, P. 6.

즉 식사와 영양 관리, 체중 관리, 체력 관리, 지속적인 건강 관리가 있다. 이들 각 요소들과 그것을 잘 관리하는 방법을 간단히 살펴보기로 하자.

식사와 영양 관리

오늘날 많은 사람들은 식사와 영양 관리를 제대로 하지 못하고 있다. 최근에 이루어진 여러 기관과 단체들의 연구와 보고에 의하면 미국은 지구상에서 가장 뚱보가 많은 나라이다. 이 부분에 대해서는 체중 관리 분야에서 좀더 자세히 이야기하겠지만 식사와 영양 관리 분야에서도 최소한 언급은 되어야 마땅하다고 본다. 우리가 식사와 영양 관리를 얼마나 잘하고 있는가를 주변 사람들에게 보여주는 것이, 다시 말해서 우리의 개인적 습관들 가운데서 다른 사람에게 보이지 않도록 감출 수 없는 것이 우리의 체중이다. 체중은 우리 몸의 형태와 상태로 분명하게 드러난다. 물론 선천적으로 신진대사가 빨라 식사와 영양 관리 습관이 나빠도 체중이 늘어나지 않는 사람들도 있다. 그러나 그들의 빈약한 영양 관리는 전반적인 건강 상태를 통해 드러난다.

나는 신체적 셀프 리더십의 가장 중요한 부분 중 하나가 식사와 영양 관리라고 확신한다. 이 분야에 성공하기 위해서는 먼저 음식에 대한 관점을 바꾸어야만 한다. 거의 모든 사람들은 음식을 먹는 것을 레크리에이션 행위 혹은 즐기기 위해 하는 일로 여긴다. 심지어 음식을 마약처럼 생각하는 사람들도 많다. 그래서 그들은 기분이 우울할 때 음식이라는 마약을 사용하여 우울한 기분으로부터 탈출하려고 한다. 또 즐겁고 신날 때는 그 기분을 표현하는 수단으로 음식이 사용된다.

7. 신체적 셀프 리더십

대단한 일을 이루었을 경우 가족과 친구들과 함께 그 성공을 축하하는 수단으로 음식이 사용되는 것이다.

앞에서 말했지만, 그리스도인들 사이에서는 음식이 교제의 중심이 되는 요소로 사용되는 경우가 많다. 솔직히 말해서 우리의 교제는 단순히 음식을 먹기 위한 구실에 지나지 않는 경우가 종종 있다. 만일 교회의 교제 모임에 먹는 것이 전혀 포함되지 않을 경우 참가할 사람들이 얼마나 될지 생각해 보라. 만일 광고의 초점이 오로지 하나님께서 참석자들의 삶 가운데 행하신 일을 서로 나누고 서로의 영적 성장을 격려하는 일에만 맞추어진다면 어떤 결과가 나올 것 같은가? 또 음식을 강조하지 않고 하나님이 우리의 삶에 영향을 주고 믿음을 성숙시키기 위해서 사용하신 성경의 진리와 통찰들을 나누는 일만 강조할 경우 어떤 결과가 나올 것 같은가? 참석자가 얼마나 많을 것 같은가? 안타깝지만 음식을 우리의 교제 모임에서 가장 매력적인 요소로 여기고 강조하지 않으면 교회에서 소중한 교제를 거의 가질 수 없다고 생각하는 것이 현실이다.

이것은 대부분 음식과 영양에 대한 시각이 왜곡되어 있기 때문에 생긴 결과이다. 우리가 자신에 대해 올바른 신체적 셀프 리더십을 제공하려면 먼저, 음식은 하나님께서 우리의 몸을 유지하고 최선의 상태로 기능을 발휘하게 하기 위해서 주신 연료라고 보아야 한다. 우리의 몸과 음식 및 영양 사이의 관계는 마치 휘발유와 윤활유, 브레이크 오일과 차 사이의 관계와 같다. 이들 가운데 어느 하나가 부족하면 차의 전반적인 기능이 손상을 입고 극단적인 경우는 차가 멈춰 버리게 된다.

만일 당신이 이 영역에서 리더십을 훌륭하게 실천하지 못하고 있었다면, 가장 먼저 시작할 곳이 바로 신체와 혈액에 대한 정밀 검사이다. 건강을 보충한답시고 온갖 영양제를 섭취하거나 괴팍스러운 다이어트 방법을 시작하기 전에 먼저 당신의 몸이 무엇을 필요로 하는지를 아는 것이 중요하다. 올바른 혈액 분석을 하면 어떤 영양소가 부족한지 그리고 어떤 음식을 줄여야 하고 어떤 것을 주의해서 섭취해야 하는지를 알 수 있다. 철분과 칼슘은 더 섭취해야 하고 지방분 섭취는 줄여야 하는가? 콜레스테롤 수치는 너무 높지 않은가? 이런 것들은 신체적 셀프 리더십을 시작하기 전에 반드시 알아야 할 것들이다.

다음으로 내가 적극 권하고 싶은 것은 당신의 몸 속에 보급하는 연료들을 매일 기록하는 훈련을 하는 것이다. 영적 일기를 통해 영적 여정을 기록하는 것처럼 신체적 일기를 통해 신체적 여정을 기록한다고 생각하면 된다. 식사 일기를 씀으로써 식사 습관을 효과적으로 모니터할 수 있고 나쁜 습관은 몸에 배기 전에 파악할 수 있다. 또한 영적 일기를 쓰면서 특정한 죄를 글로 고백하는 것처럼, 먹는 모든 것과 그 이유를 기록함으로써 현실을 직시하고 진지하게 되는 연습을 할 수 있다. 이 중요한 영역의 셀프 리더십을 실천하려는 전쟁에서 가장 큰 적은 무지이다. 내가 절대적으로 확신하는 것은 우리가 먹음으로 하나님이 주신 몸에 연료를 공급하는 방법은 하나님께 매우 중요한 영적인 문제라는 것이다.

성경에는 하나님께서 음식을 남용하는 것, 즉 탐식을 강력하게 책망하시는 부분이 아주 많다. 탐식을 나타내기 위해 가장 자주 쓰인 히브리어의 원래 의미에는 "허약한" 또는 "느슨한"이라는 뜻이 담겨 있다. 자신의 생활이 불안정하고 통제되지 않은 사람의 모습이다. 탐식 또는

7. 신체적 셀프 리더십

게걸스러움은 도덕적 해이와 방탕과 깊은 연관이 있다. 자신의 음식과 관련하여 게걸스럽다는 것은 "방종스럽고" 무례한 것으로 간주된다.[3]

잠언에서 탐식은 고상하지 못한 생활로, 가난과 패망에 이르는 생활방식으로 취급된다. 잠언서의 기자는 탐식을 술취함과 단지 내용만 다를 뿐 동일한 죄라고 여긴다(잠 23:20, 28:7). 디도서 1:12에서 바울은 탐식을 거짓말과 악행 등 책망받아야 마땅한 다른 죄들과 동일선상에 놓는다.

성경은 하나님이 우리에게 음식을 주신 것은 우리가 음식을 남용하거나 소송과 해결을 위해 하나님께로 가져와야 할 문제를 다르게 취급하는 한 방식으로 사용하라고 하신 것이 아니라고 분명히 가르치고 있다. 음식은 우리가 충성을 맹세하는 우상이 되거나, 우리를 통제하여 우리의 건강과 리더십의 효율을 앗아가는 습관이 되기 쉽다. 그러므로 신체적 셀프 리더십을 실천한다는 것은 식사와 영양 관리의 내용에 대해 지속적인 관심을 기울인다는 것을 의미한다.

체중 관리

식사와 영양 관리와 깊이 연관되어 있는 또 하나의 요소가 체중 관리이다. 앞에서 언급한 바와 같이 미국에서 체중의 문제는 21세기가 시작되면서 심각한 상태에 도달했다. 역사상 그 어느 때보다 많은 인구가 전문적인 치료를 받아야 할 정도로 체중이 과다한 상태이다. 분명히 이 상태는 우리 몸으로 하나님께 영광을 돌리지 못한다.

---

[3] *Unger's Bible Dictionary* (Chicago: Moody Press, 1966), 409.

솔직히 나는 약간의 두려움을 가지고 이 부분을 포함시켰다. 나는 건전한 체중 관리가 체중과 외모에 대한 지나친 집착과 동일시되는 것을 원하지 않는다. 우리의 몸과 체중을 소홀히 하고 남용하는 것과 마찬가지로 지나치게 집착하는 것도 잘못이다. 다시 말하지만 그리스도인의 삶의 모든 부분에서 균형을 유지하는 것이 중요하다.

우선 내가 지지하지 않는 것을 분명히 짚고 넘어가도록 하자. 나는 우리가 기를 쓰고 완벽한 몸을 가지기 위해 노력해야 한다고 주장하는 것이 아니다. 신체적 셀프 리더십에서 체중 관리란 외모나 미적인 면에 치중하는 것이 아니다. 그와는 달리 건강을 증진시키고 예상 불가능한 질병이나 사고를 이기고 신체적으로 장수하는 데 도움이 되는 체중을 유지하려는 것이다. 그러기 위해서는 하나님이 우리에게 주신 몸의 유형과 우리의 가계 혈통으로부터 물려받은 유전자를 이해해야 한다. 우리에게는 아주 건강한 체중이 다른 사람에게는 건강하지 못한 체중이 될 수도 있다. 그러므로 하나님이 우리에게 주신 것을 놓고 노력하면서 그것에 만족할 줄 알아야 한다. 이것은 또한 20대에 우리에게 알맞은 체중이 40대에는 비현실적인 것이 될 수 있음을 의미한다. 그렇지만 이런 다양성이 체중 관리를 하지 않거나 소홀히 하는 데 대한 핑계로 사용되어서는 안 된다.

지나치게 체중이 많고 음식에 탐닉하는 것을 우리 그리스도인들은 간단히 넘겨도 되는 중독이나 영적 문제로 여기지만 그래서는 안 된다. 성경이 가르치는 바와 같이 우리는 우리의 몸으로 하나님께 영광을 돌려야 한다. 그러므로 적절한 체중을 유지하는 것이 중요하다. 뱃살이 허리띠를 덮을 정도로 된 그리스도인 리더라면 그는 그 누구보

7. 신체적 셀프 리더십

다도 셀프 리더십과 셀프 컨트롤에 실패한 사람이라고 볼 수 있을 것이다. 눈에 띌 정도로 과체중인 몸보다 더 우리의 탐식 문제를 공공연하게 나타내는 것은 별로 없을 것이다.

이 글을 씀으로써 일부 독자들은 출판사에 전화를 걸어 반품을 요구할 수도 있음을 잘 안다. 그러나 이것은 나의 의도가 아님을 확실히 하고 싶다. 내가 굳게 믿는 바는 이 부분은 결코 간과해서는 안 될 중대한 셀프 리더십의 한 영역이라는 것이다.

또한 일부 독자들은 만성적인 질병이 있거나 운동이 불가능해서 체중 관리가 어려울 수도 있을 것이다. 그렇지만 그들도 역시 자신이 먹는 것에 주의하여 할 수 있는 한 자신의 몸을 돌보아야 한다. 우리의 체중 문제가 질병 때문인지 아니면 빈약한 셀프 리더십 때문인지는 자신이 잘 알 것이다. 지혜롭고 성공적인 리더라면 셀프 리더십의 이 부분을 진지하게 다룰 것이다.

체력 관리

신체적 셀프 리더십의 세 번째 요소는 체력 관리이다. 앞에서 보았겠지만 이 모든 요소들은 서로 긴밀하게 연관되어 있어서 서로 영향을 주지 않을 수가 없다. 만일 우리가 음식을 제대로 먹지 않으면 그것이 체중에 영향을 미치고, 다시 그것은 체력에 영향을 미치고, 다음에는 우리 자신에 대한 우리의 생각에 영향을 주고, 심지어는 우리의 영적 활력마저 감소하게 할 가능성이 있다.

이 부분에 대해 셀프 리더십을 실천하는 방법은 운동과 활동이다. 하나님은 우리 몸을 가라앉아 있지 않고 움직이고 활동하도록 지으셨다.

그러므로 운동은 리더의 주간 스케줄에 있어서 타협할 수 없는 정규적인 부분이 되어야 한다고 해도 충분할 것이다. 운동은 리더십의 다른 영역들 못지 않게 중요한 부분으로 우리가 반드시 돌보아야 할 부분이다.

나는 체력의 중요성을 깨닫고 지난 20년 동안 성실하게 규칙적인 운동을 해왔다. 나의 아침 운동은 누구든지 알 수 있는 것이 되었다. 그래서 어떤 사람들에게는 죽도록 싫은 것이 되었을 것이지만 나에게는 늘 학수고대하는 매일의 모험이 되었다. 나는 아침 5시 15분에 시계 소리에 맞추어 일어나서 즉시 모닝 커피를 준비한다. 커피를 내리는 동안 조간 신문을 훑어보면서 중요한 기사와 설교나 저술에 도움이 될 수 있는 것들을 스크랩한다. 커피가 준비되면 서재로 가서 영적인 훈련을 시작한다. 이것은 거의 7시까지 계속된다. 그리고 7시에 운동을 하기 위해 옷을 입는다. 그러고는 5년 전부터 사용하고 있는 노르딕 트랙이라는 운동 기구에 올라 아침 뉴스 프로그램을 보면서 운동을 한다. 이 운동을 7시 45분까지 한 다음 15 내지 20분 동안 근력 단련 운동을 한다. 이 운동이 끝나면 스트레칭을 하면서 샤워 준비를 한다. 그러고는 거의 예외 없이 9시 30분이 되면 상쾌한 기분과 왕성한 에너지를 느끼면서 사무실에서 일할 준비를 갖추고 있게 된다. 이런 일과를 매주 월요일부터 목요일까지 따른다. 그리고 근무를 하지 않는 금요일에는 약간의 변화가 있다. 또한 주중에도 서너 번씩은 저녁 시간에도 운동 기구에 오른다.

이것은 나 외에 다른 사람들에게도 적합하다고 할 수는 없다. 우리는 모두 다르기 때문이다. 다만 이것을 이야기한 것은 운동에 관한 한 우리 모두가 어떤 규칙적인 것이 필요하며 그렇지 않으면 결코 운동이 되지 않는다는 것을 말하기 위해서이다. 내가 아침에 운동을 하는 이유는 영적인 훈련과 육체적인 훈련을 균형 있게 동시에 끝내고 싶기 때문이다. 나는 개인의 영혼 관리를 하고 또 신체적 자원 관리도 하는 셈이다. 이렇게 함으로써 이 두 가지가 조화를 이루고, 나는 이것을 의미 있게 생각한다.

건강 관리

마지막으로 개인의 건강 관리의 책임을 지는 것은 절대적으로 중요하다. 우리가 중년이라는 마술과 같은 문턱을 넘을 때는 적극적인 건강 관리를 하는 것이 더 더욱 중요하다.

이 장(章)을 쓰기 시작하기 직전에 나는 나의 주치의가 소위 5천 마일 정기 점검이라고 부르는 일을 하도록 되어 있었다. 지금 나는 만 41세다. 그러므로 매년 정기적으로 검진하여 모든 것이 정상 상태에 있는지, 그리고 모든 기관이 제대로 작동하고 있는지를 확인하는 일이 중요하다. 불행하게도 우리는 정기 검진을 받기를 주저하는데 그 이유는 우습게 들리겠지만 의사가 뭔가 문제를 찾아낼까봐 두려워하기 때문이다. 만일 의사가 문제점을 찾아내는 것이 진정으로 염려된다면 반드시 우리가 해야 할 일이 정기 검진이 아니겠는가? 부인하고 두려워한다고 해서 건강이 좋아질 리도 없고 심각한 질병을 예방할 가능성은 더 더욱 없다. 다만 건강을 악화시키는 데만 기여할 따름이다.

휴식과 레크리에이션

우리의 개인 자원 관리를 위한 신체적 셀프 리더십의 또 한 가지 요소는 레크리에이션이 우리의 리더십의 효율에 미치는 역할을 파악하는 것이다.

수년 전 하버드 대학교 총장 네일 루덴스타인은 대학의 중요한 기금 조성 캠페인 도중에 정서적, 신체적으로 짓눌려 탈진한 일이 있었다.

보통 강행군을 해도 일찍 일어나야 하는데, 그날 따라 늦잠을 잤고 또 일어나기 힘든 날에 그러한 일이 시작되었다. 이 아이비 리그 총장은 아무 예측도 못한 채 자신의 정서적, 신체적 탈진을 만났다. 수년 동안 그의 리더십 엔진을 고속도로 가동한 끝에 마침내 멈추게 된 것이다.

의사는 그에게 안식년-장기간의 안식-을 가질 것을 조언하면서 그 동안에 그의 몸과 마음과 정서가 회복되고 새 힘을 얻게 될 것이라고 했다. 루덴스타인 총장은 그 충고를 따라 장기간의 휴식을 가졌다. 이렇게 떠나 있는 동안 그는 루이스 토머스의 에세이를 읽고, 라벨의 음악을 듣고, 아내와 함께 편안하게 해변을 거닐었다. 3개월 동안 휴식과 회복의 시간을 가진 후, 그는 건강한 리더의 삶에 안식의 원리가 미치는 영향을 깨닫고 업무로 복귀했다.

그가 복귀한 다음 주간에 뉴스위크 지는 표지에 "탈진"이라는 제목으로 그의 사진을 실었다. 그 특집 기사는 최고위급 리더들이 리더십을 잘 수행하기 위해서는 그들의 분주한 스케줄 가운데서도 휴식과 회복을 높은 우선 순위에 두는 것이 중요하다는 사실에 초점을 맞추고 있었다.[4]

---

[4] Wayne Muller, "Whatever Happened to Sunday?" *USA Weekend Magazine* (4 April 1999), 4-5. Also see Wayne Muller, *Sabbath: Remembering the Sacred Rhythm of rest and Delight* (New York: Random House, 1999). 이 책은 리더들의 삶의 중요한 부분인 개인적인 휴식과 레크리에이션을 갖는 법을 배울 수 있도록 많은 실제적 도움을 제공해 준다.

7. 신체적 셀프 리더십

오늘날 우리에게는 진정으로 회복시키고 새롭게 하는 휴식과 레크리에이션이 절실하게 필요하다. 그러나 불행하게도 21세기의 문화는 다른 많은 개념들과 마찬가지로 이 레크리에이션의 개념도 타협하고 왜곡시켰다. 오늘날 리더들이 참여하는 레크리에이션의 유형은 대체로 좌절감과 스트레스를 줄이기보다는 확대하는 것들이다.

많은 사람들이 즐기는 레크리에이션들 가운데 가장 흔한 것 하나가 텔레비전을 통해 스포츠 경기를 보거나 본인이 직접 참가하는 것이다. 이 외에 다른 레크리에이션은 돈이 많이 드는 외국 관광지에 서둘러 다녀오는 것이거나, 아니면 돈이 적게 드는 방법으로 외식하러 나가는 것, 영화 보기, 주말을 이용해 놀이 공원에 가는 것, 인근의 쇼핑 센터를 돌아다니는 것 등이다.

이런 활동들 가운데 그 어느 것도 고전적인 의미의 레크리에이션이 되지 못한다. 오늘날 우리는 레크리에이션을 오락이나 자신을 즐겁게 하는 것과 동일시한다. 많은 리더들에게 있어서 레크리에이션은 정신 없이 분주하게 끌려가는 삶의 중압감과 책임에서 벗어나는 것이 되었다. 그러나 이것은 레크리에이션의 진정한 목적이 아니다.

레크리에이션(recreation)이라는 말은 그 어원에 "새롭게 하다"는 의미가 있다. 이것은 몸이나 마음을 편안하게 하고 새롭게 하는 놀이나 활동을 가리킨다. 그러므로 진정한 레크리에이션은 사람의 마음과 영혼을 온전한 건강 상태로 회복시키는 것을 의도적인 목적으로 한다. 이와 비슷하게 휴가(vacation)라는 말은 일이나 공부로부터 벗어난 일정한 기간을 의미한다. 휴가는 일반적으로 분주하고 복잡한 삶에 약간의 빈 공간을 확보하려는 목적이 있는 것이다.

진정한 레크리에이션은 어느 정도 정서적, 영적, 신체적 회복을 경험할 수 있게 하는 활동과 노력에 전략적으로 참가하는 것을 의미한다. 그러므로 진정한 레크리에이션에 참여한다는 것은 일종의 "재창조"(re-creation)를 경험하는 것이다. 그러므로 레크리에이션은 우리가 우리의 삶에서 다시 균형과 중심을 찾도록 돕는 데 일조해야 한다. 또한 우리의 삶에 대해 깊이 그리고 창조적으로 생각하고, 또 무엇이 진정으로 우리에게 중요하며, 인생의 목적을 이루기 위해 나아가는 동안 우리의 가치들을 실천하는 방법에 대해 생각할 수 있는 시간을 제공해야 한다.

진정한 레크리에이션은 우리의 삶을 평가하는 일이 일상적인 시간 속에서는 불가능하다고 보고 이에 필요한 시간과 공간을 제공한다. 우리가 진정한 레크리에이션에 참여했다는 것은 우리가 새롭게 되고 회복되는 것을 느끼기 때문에 알게 된다. 레크리에이션은 우리의 리더십 여정을 지속할 수 있는 소명 의식과 에너지, 열정을 새롭게 회복하게 해야 한다.

앞에서 말한 텔레비전을 보는 것, 비싼 돈을 들여 빡빡한 스케줄로 여행을 다녀오는 것, 놀이 공원에 가는 것 등의 활동은 새롭게 되고 회복되는 것 같은 느낌을 줄 수 없다. 그런 경험을 통해서는 전보다 더 악화된 느낌을 가지고 돌아오게 될 수도 있다. 급속하게 전개되는 스포츠 경기를 시청하는 것으로는 우리가 균형 감각을 되찾아 우리의 소명을 추구할 새로운 에너지를 얻기 힘들다. 장난감 사 달라고 보채는 아이들과 함께 놀이 공원의 길게 늘어선 줄에 서 있으면서 영적, 육적 회복을 경험하기는 좀체로 힘들다. 그렇다고 이런 것이 모두 다 나

7. 신체적 셀프 리더십

쁘다는 말은 아니다. 이런 것은 레크리에이션이 아니라 오락과 즐거움을 위한 수단으로 적당하다.

그러면 레크리에이션으로 적당한 것은 어떤 것인가? 레크리에이션 기간을 계획할 때 단순한 것일수록 더 좋다는 것을 나의 경험을 통해 제시한다. 다음은 몇 가지 예들이다.

몇 해 동안 여름에 우리 가족은 위스콘신 주의 북쪽 산림 지대에 있는 작은 캐빈을 임대했다. 그 캐빈에는 텔레비전도, 라디오도 없었다. 그리고 신문을 구하기 위해서는 최소한 30킬로미터를 운전해 가야 하는 곳이었다. 우리는 호수 가에 있는 캐빈 부근에서 책을 읽고, 아이들과 게임을 하고, 자연 속을 거닐고, 숲 속에서 들리는 새 소리와 호수에서 찰랑대는 물 소리를 들으며 낮잠을 잤다. 저녁 때는 캠프 파이어 주위에 둘러앉아서 이야기를 나누고 서로를 향해 큰소리로 글을 읽어 주곤 했다. 이런 상태로 한 주간을 지내고 나면 마치 한 달을 지낸 것 같은 기분이 들었다. 나는 새롭게 되고 새 힘을 얻어서 새로운 관점과 새로운 열정을 가지고 다시 교회로 돌아올 준비가 되었다.

그리고 격년 정도로는 다른 기독교 기관의 리더로 많은 스트레스 가운데 분주하게 지내고 있는 친한 친구와 함께 유타 주 북동쪽에 있는 그린 리버라는 강으로 한 주 동안 낚시를 갔다. 그때는 아무 스케줄도 준비하지 않는다. 약속도 없다. 인공적인 소리는 전혀 없고 오직 자연의 소리만 들린다. 그리고 저녁에는 캠프 파이어 옆에 앉아서 철학, 신학, 꿈과 목적, 현재의 영적 상태, 그리고 그 외의 다양한 주제들을 놓고 대화를 한다. 어떤 때에는 마냥 앉아서 광활한 지평선 위에 펼쳐진 우주와 수없이 많은 천체들이 이루는 장관을 응시하면서 하나님의 광대하심과 그분의 창조 세계 속에서 우리가 차지하는 위치를 깨닫고는 놀라서 침묵에 잠긴다. 나는 이런 여행을 할 때는 언제나 새롭게 되고 균형 감각을 되찾는 경험을 한다.

이번 여름에는 열세 살 난 아들과 함께 사우스 다코타의 블랙 힐에 있는 센테니얼 트레일로 100마일 하이킹을 갈 예정이다. 그 동안 우리는 우리의 경험을 일기로 적을 것이고 많은 이야기를 나눌 것이다. 우리는 서로에 대해, 하나님의 창조와 우리 자신에 대해 많은 것을 새롭게 알게 될 것이다. 우리는 며칠 동안 우리들만의 시간을 가짐으로써 우리의 관계를 돈독히 하게 될 것이다. 그 여정을 마치면 우리는 새롭게 되고 회복되어 집으로 돌아올 것이다. 나는 목회 리더십의 책임으로 돌아올 것이고, 아들은 중학교 1학년과 꽃 피는 청소년기의 도전으로 돌아올 것이다.

진정한 레크리에이션의 방법은 사람이 많고 개성이 다양한 만큼이나 많다. 우리에게 가장 적합한 레크리에이션의 형태를 찾는 것은 우리 각자에게 달려 있다. 어떤 사람들에게는 그림을 그리는 휴가를 갖는 것일 수도 있고, 어떤 사람들에게는 새로운 땅을 찾아서 새로운 문화를 배우는 것이 회복과 갱신이 될 수도 있다. 또 어떤 사람들은 호수가의 호젓한 집으로 가서 정원을 가꾸거나 새들을 관찰하는 것이 새 힘을 얻는 방법일 수 있다. 여행을 하지 않는 짧은 레크리에이션 휴식을 가질 수도 있다. 저녁 시간 동안 감미로운 음악을 들으면서 조용히 독서하는 것도 좋은 레크리에이션이 된다. 나에게는 앞으로 낚시할 것에 대비하여 낚시 바늘을 매며 저녁을 보내는 것이 간단한 형태의 회복 방법이 된다. 뜨개질, 시 쓰기, 산보하기, 자전거 타기, 잔디밭에 누

7. 신체적 셀프 리더십

위 있기 등도 원하기만 한다면 간단한 형태의 레크리에이션이 될 수 있다. 우리 안에서 생산되는 것이 중요하지 우리가 무엇을 하는가는 그리 중요한 문제가 아니다. 신체적 셀프 리더십의 중요한 요소는 시간을 내어 신체적, 영적, 정서적 갱신을 가져다 주는 진정한 레크리에이션을 갖는 것이다.

효과적인 신체적 셀프 리더십의 장애물

조직적인 것이든, 개인적인 것이든 기존의 패러다임에 대해 강력한 리더십을 수행하고 변혁을 일으키려 하면 반드시 장애물이 나타나 우리의 노력을 무산시키고 우리가 원하는 변혁을 실현하지 못하게 한다. 그러므로 이러한 잠재적 장애물들을 파악하여 그것이 닥치기 전에 극복할 대안을 만들어 두는 것이 중요하다.

텔레비전

나는 텔레비전이야말로 신체적 셀프 리더십을 성공적으로 수행하는 데 있어서 가장 강력한 장애물이라고 믿는다. 우리 사회는 문자 그대로 텔레비전에 중독된 사회다. 믿기지 않는다면 한 달 동안만 텔레비전 없이 지내 보라. 무조건 즉시 텔레비전을 끊어 보라는 말이다. 동일한 정보를 라디오, 뉴스 잡지, 또는 신문을 통해 얻을 수 있지만 우리 대부분은 텔레비전 없이는 살 수 없다고 느낄 것이다.

이 텔레비전 중독은 세계 역사상 유례 없는 앉은뱅이 인구를 만들어 냈다. 우리는 텔레비전에 나오는 인물들과 활동들을 통하여 우리의 삶을 살고 있다. 우리 자신이 스스로 모험을 하기보다는 다른 사람들이 하는 것을 텔레비전을 통해 지켜 보기만 하는 것이다.

텔레비전은 그리스도인들이 음식 다음으로 원하는 것이 되었다. 싫증이 나거나, 스트레스를 받거나, 침울해지거나, 진정한 레크리에이션이 필요할 때 우리는 텔레비전을 켜 놓고 몇 시간이고 앉아 있다. 그 동안 우리의 뇌는 우리가 원하는 갱신을 가져올 수 있는 생각이나 사색으로부터 완전히 벗어나 있다.

게다가 텔레비전을 보는 동안 우리가 좋아하는 활동들 가운데 하나가 음식을 먹는 것이다. 배가 고프거나 몸에 에너지를 보충하기 위해 먹는 것이 아니다. 다만 심심해서 먹는 것이다. 그렇다고 해서 텔레비전이 가치 있는 것은 전혀 제공하지 않는다는 말이 아니다. 재미있고 지식을 주는 리더들의 이야기도 있고, 현대의 사건을 분석해 주는 프로그램도 있고, 심지어 유익한 교육 프로그램도 있다. 그럼에도 우리가 셀프 리더십을 올바로 실천하려면 거의 모든 사람들이 걸려 있는 이 텔레비전 중독을 극복해야 한다. 잘 기억하기 바란다. 당신 자신의 몸을 위해 생산적인 일을 할 수 있는 때에 당신은 아무 생각 없이 텔레비전을 켜 놓고 그 앞에 앉아 있을 때가 많이 있다. 이 싸움에서 승리해야 한다.

무계획

신체적 셀프 리더십 영역에서의 두 번째 장애물은 구체적인 계획이 없는 것이다. 계획이 없을 경우, 우리는 무엇을 하려고 하든 우왕좌왕할 수밖에 없다.

7. 신체적 셀프 리더십

시간과 에너지를 들여 현재의 상태를 평가한 다음, 신체적 셀프 리더십의 여러 문제들을 추구할 동안 매일 가이드 역할을 할 계획을 문서로 작성하는 것이 중요하다. 체중을 얼마나 줄여야 하는가? 콜레스테롤 수치를 얼마나 내려야 하고 그것을 위해 어떤 특별한 계획을 세워야 하는가? 어떤 운동을 얼마나 자주 해야 하는가? 언제 어떻게 레크리에이션을 할 것이며 어떤 내용으로 할 것인가? 계획을 세울 때는 이런 질문들을 해야 한다. 흔히 하는 말처럼 "계획에 실패하는 것은 실패를 계획하는 것이다." 신체적 셀프 리더십을 실천하는 부분처럼 이 말이 잘 적용되는 곳은 없을 것이다.

미루기

마지막 장애물은 꾸물대며 지체하는 것이다. 오늘 할 수 있고 또 그래야 마땅한 일을 내일로 미루는 성향은 보편적인 것으로 우리가 인생에서 어떤 일을 이루려 할 경우에도 늘 따라붙는 장애물이다. "내년부터 운동을 해야지." "이 프로젝트가 끝나면 혹은 이 바쁜 시기가 지나가면 규칙적인 레크리에이션을 시작해야지." "헬스 클럽에 등록하게 되면 그 때부터 운동을 시작해야지." 이런 말은 모두 의도는 좋을지 모르지만 미루는 습관의 산물이다.

제5장 동기 유발에서 언급하였듯이, 무엇을 해야 할지 아는 것과 그 아는 것을 실천하는 것은 전혀 별개의 일이다. 아는 것과 행하는 것의 차이는 필요한 동기를 발견하는 데 있다. 우리가 아는 것을 실천하지 않고 미루는 일을 극복하면 우리의 삶과 성공적인 셀프 리더십 실행에 구체적이고 긍정적인 기여를 할 것이다.

셀프 리더십

셀프 리더십 개발 워크숍

1. 당신의 인생의 가치들 가운데서 어느 것이 신체적 셀프 리더십과 가장 잘 맞는가? 제5장에서 작성한 당신의 개인적 신조를 복습해 보고 당신의 신체적 셀프 리더십 가치들을 여기에 작성해 보라. 만일 신체적인 삶에 적용할 가치들이 없다면 시간을 내어 한두 가지 작성하도록 하라. 신체적인 면에 대한 가치가 없다면 당신의 삶은 균형을 상실하고 노력은 효과적이지 못할 것이며, 건전한 셀프 리더십은 줄어들 것이다.

나의 신체적 셀프 리더십 가치들 :

-
-
-
-
-
-
-
-
-

7. 신체적 셀프 리더십

2. 신체적 셀프 리더십 요소들 가운데 어느 것이 이 가치들을 향해 지속적으로 움직이는 데 가장 크게 기여하는가?

신체적 자원 관리　　　　　　**휴식과 레크리에이션**

식사와 영양 관리
체중 관리
체력 관리
건강 관리

다음 표에 현재 당신에게 가장 중요한 요소 두 가지와 두 번째로 중요한 요소 두 가지를 기록하라.

가장 중요한 요소 2가지	
두 번째 중요한 요소 2가지	

이제는 위에 적은 가장 중요한 두 가지 요소를 실천하는 계획을 세우라. 이것을 당신의 셀프 리더십에 포함시킬 구체적인 방법을 찾아야 한다.

신체적 셀프 리더십의 요소	취해야 할 행동

3. 신체적 셀프 리더십을 성공적으로 실천하려는 당신의 노력을 방해할 장애물 한 가지를 찾아 적으라.

장애물	이것이 나의 신체적 셀프 리더십을 어떻게 그리고 왜 가로막게 되는가?

4. 이 장애물을 극복하기 위한 구체적인 행동 3가지를 쓰라.

장애물	장애물을 극복하기 위한 행동

8
감정적 셀프 리더십

기분 관리

1972년초 누가 백악관의 주인이 되느냐를 결정하는 선거 운동이 달아오르고 있을 때였다. 대통령 닉슨은 워터게이트 사건과 관련된 혐의를 부인하고 방어하느라 분주했고, 인플레이션은 만연했다. 베트남 전쟁은 대통령이 군대를 본국으로 철수하겠다는 약속을 했음에도 불구하고 여전히 지속되고 있었다. 그리하여 미국 국민들 사이에는 미국 수뇌부의 정치적 환경을 바꾸어 보려는 분위기가 역력했다.

이런 혼란스러운 정치적인 분위기 가운데서 장래가 촉망되는 한 사람이 최고위직을 위해 얼굴을 내밀었다. 에드먼드 머스키(Edmund S. Muskie), 그는 메인 주 출신 민주당 상원의원으로 두뇌가 명석한 탁월한 정치가였다. 머스키는 공식적 조직이나 많은 노력을 들이지 않고도 즉각적으로 널리 지지받는 민주당 대통령 후보 지명전의 선두 주자가 되었다.

그러나 중요한 시대의 정치는 마음이 약하거나 신경이 과민한 사람에게는 적합한 것이 아니었다. 지금도 그렇지만 인신 공격과 악의적인 루머가 대통령 선거전에 난무했다. 대통령 후보전의 선두 주자로 머스키가 널리 인정되는 상태가 되자 그는 수많은 인신 공격과 중상을 당하게 되었다. CREEP(Committee to Reelect the President)로 알려진 대통령 재선 위원회는 이 메인 주 출신 상원의원을 적극적인 공격 대상으로 삼아 그를 당황하게 하고 비하시키기 위해 수단과 방법을 가리지 않았다.

분명히 이런 공격들은 대통령에 선출되지 못하도록 감정적인 타격을 입히려는 것이었다. 그러나 이 자유 세계의 리더가 되기 원하는 사람이라면 그런 정도의 수법을 극복하고 감정을 다스릴 줄 아는 것이 필수적인 조건이다.

머스키가 뉴햄프셔에서 선거 운동을 할 때였다. 뉴햄프셔는 선거의 판세에 중대한 영향을 미치는 주였다. 거기서 그는 대통령이 되려는 야망에 종지부를 찍는 모습을 드러내고 말았다. 그는 심한 인신 공격을 받자 분을 참지 못하고 감정에 복받쳐 울음을 터뜨리고 만 것이었다. 그 당혹스러운 장면은 카메라에 잡혔고 전국의 방송망과 모든 신문들을 통해 널리 퍼져 나갔다. 그리하여 그는 그 한 번의 감정적 폭발을 결코 극복하지 못하고 말았다.

에드먼드 상원의원은 두뇌가 명석하고 노련한 정치가요, 경험 많은 리더요, 자기 당의 대통령 후보 지명전의 선두 주자였다. 그러나

8. 감정적 셀프 리더십

공개석상에서 한 번 감정을 다스리지 못한 모습을 보임으로 큰 대가를 치르고 훨씬 더 큰 무대에서 그의 리더십을 발휘할 기회를 놓치고 말았다.

1999년 윔블던 테니스 대회에서 힝기스는 자신의 기분이 자신에게 미칠 수 있는 영향에 대해 쓰라린 교훈을 배워야 했다. 그녀는 세계 여자 테니스 선수들 가운데 랭킹 1위에 올라 있었고 톱 시드를 배정받았지만 지금까지 이름이 알려지지 않은 무명의 어린 선수에게 1차전에서 패배하고 말았던 것이다.

힝기스는 윔블던 역사상 최악의 이변을 보이며 단 55분만에 6-2, 6-0으로 패배하고 말았다. 그녀는 대단한 기교와 경험을 가지고 있었고 세계 랭킹 1위라는 위협이 되는 요소도 지니고 있었는데도 열여섯 살 난 루키에게 치욕을 당했다.

그 패배의 원인은 감정과 기분 때문이었다고 한다. 그 시합 전에 힝기스는 어머니와 다투었고 그 결과 어머니가 그 시합장을 떠나 버렸다. 감정이 엉망이 된 상태에서 힝기스는 정상적인 경기를 할 수가 없었다. 윔블던 테니스장의 상쾌한 잔디에 발을 들여놓기도 전에 이미 패배한 것이었다. 따라서 실상은 힝기스가 다른 선수에게 패한 것이 아니라 자신의 기분에게 패배한 것이다.

기분의 위험

나의 동료 가운데 천재적인 젊은 목회자가 있었는데 그는 순수한 인격과 남다른 교육, 그리고 그리스도와 교회를 향한 열정, 무한한 가능성을 가진 인물이었다. 단 한 가지 그의 장래 사역에 부담이 되는 것이 있다면 그의 침울한 기분이었다. 그 기분은 정기적으로 그를 엄습해 때로는 대중 앞에서조차 어리석은 모습을 보이게 하곤 했다.

이 목사가 평신도와 만나는 동안 그의 얼굴에 쓰여 있는 분기와 감정적인 독기가 그가 하는 말 한마디 한마디를 통해 스며 나오는 일이 한두 번이 아니었다. 그렇다고 그 모임에 참석한 누구에 대해 기분이 나빠서 그러는 것은 아니었다. 다만 이전의 일이나 만남에서 생긴 나쁜 기분이 그를 지배하고 있을 뿐이었다. 그의 불쾌한 기분은 머잖아서 그의 사역의 효율을 방해하기 시작했다. 교인들이 담임 목사인 나에게 여러 차례 찾아와서 이 목사의 문제가 무엇인지 물었다. 그리하여 이 목사가 자신의 기분을 이기지 못하는 것이 교인들 사이에서 토의의 주제가 되었다.

다행히 이 젊은 목회자는 자신의 문제가 일으키는 파장을 깨닫고 그 문제가 자신에 대한 신뢰를 앗아가고 리더십 효율을 방해하기 전에, 그 음울한 기분을 극복하는 법을 익히기 위해 적극적인 행동을 취하기 시작했다. 지금 이 목사는 아주 명랑한 사람이 되었다. 그가 그 짓누르는 기분 때문에 고생을 안 하는 것은 아니다—모든 리더들이 이따금씩 암울한 기분을 겪는다. 다만 요즈음 그는 그런 기분이 시작되려 할 때 그것을 잘 알아차리고 그것이 공적 사역에 침투하지 못하도록 적절한 셀프 리더십을 발휘하는 것이다. 그러나 리더들이 모두 다 자신의 기분이 부정적이고 파괴적인 영향을 미치기 전에 그 기분을 다스리는 법을 습득하는 것은 아니다.

셀프 리더십의 거의 모든 영역을 마스터하여 의심의 여지가 없는 완

8. 감정적 셀프 리더십

벽한 리더가 되었으면서도 부정적이고 파괴적인 기분을 통제하고 극복하지 못하여 리더십의 효율이 손상되는 일이 있을 수 있다. 우리 삶의 이 부분을 다스리는가, 다스리지 못하는가 하는 것은 우리가 얼마나 성공적으로 소명을 실천하고, 자신의 가치들을 구현하고, 인생 목적을 실현하는가에 깊은 영향을 미친다. 게다가 그릇되고 굴곡 있는 감정에 휘둘리는 것처럼 우리의 동기와 소원을 맥빠지게 하는 것은 별로 없을 것이다.

앞으로 알게 되겠지만, 감정에 대한 셀프 리더십을 실천하지 못하여 고통스러운 결과를 안고 씨름해야 하는 사람은 그 상원의원, 테니스 챔피언, 젊은 목사뿐만이 아니다. 역사를 통해서 우리는 통제되지 못하고 변덕스러운 기분 때문에 리더십에 실패하거나 리더십에서 물러나야 했던 사람들의 사례를 얼마든지 볼 수 있다. 심지어 성경에 나오는 사람들 가운데 큰 영향을 미친 유명한 리더들도 이 영역에서 리더십을 실천하지 못하여 심각한 어려움을 겪은 경우가 많이 있다.

성경에는 하나님의 부르심을 입고 은사를 받았으며, 큰 승리를 경험했으면서도 통제되지 못한 감정으로 인해 고생한 리더들이 많이 나타나 있다.

아브라함

우리는 아브라함이 하나님의 부르심을 받고 믿음으로 그의 본토 친척 아비 집을 떠나 알지 못하는 땅으로 간 이야기를 잘 알고 있다. 아브라함은 일생 동안 큰 믿음과 하나님께 대한 초자연적인 신뢰를 보여주었다. 그러나 가끔씩 감정이 그를 지배하여 하나님께 선택받은 리더로서 그의 유용성을 위협하는 일이 나타났다.

창세기 12:10-20에서 아브라함은 아름다운 아내 사라와 함께 애굽 땅으로 들어가면서 두려움에 사로잡혔다. 그는 사라의 아름다움 때문에 죽임을 당할 수도 있다는 두려움에 지배당한 나머지 자신을 보호하기 위해 거짓말을 하고 이로 인해 자신의 아내와 하나님의 계획을 위험에 빠뜨렸다.

후에도 아브라함은 자신의 감정과의 중요한 싸움에 패배했다. 하나님께서 아내 사라를 통해 아들을 주시겠다고 약속하신 후에도 아브라함은 하나님이 그 약속을 실천하실 시간을 기다리지 못했다. 그리하여 그의 초조함 때문에 아내의 하녀 하갈을 통해 아들을 가짐으로 상황을 바꾸려 했다(창 16:1-16). 이런 감정에 의해 발생한 믿음의 실패의 결과로 아브라함의 아들 이스마엘이 태어났고, 이것은 장차 문제와 혼란거리가 되어 사라의 아들 이삭의 출생으로 성취될 하나님의 약속에 긴 그림자를 드리웠다. 지금 이스라엘과 팔레스타인 사이에서 보이는 갈등과 소요는 아브라함이 자신의 초조함과 좌절감을 다스리지 못한 직접적인 결과-순간적 기분으로 인한 긴 역사적 결과-라고 해도 무방할 것이다.

모세

감정으로 인해 생긴 고통스러우면서도 정신이 번쩍 드는 이야기는 바로 모세가 므리바에서 분을 참지 못한 이야기일 것이다(민 20장).

하나님께서는 모세에게 반석을 명하여 이스라엘 백성이 마실 물을 내게 하라고 하셨다. 모세가 이 말씀에 순종했다면 하나님은 한마디

8. 감정적 셀프 리더십

간단한 명령을 바탕으로 놀라운 기적을 행하셨을 것이다. 그러나 모세는 자신의 감정에 정복당하고 말았다. 이 사건이 있기 몇 달 전, 백성들은 변덕을 부리며 애굽의 포로 생활에서 벗어난 이후의 광야 생활의 어려움에 대해 불평을 털어놓았었다. 그들은 모세의 배려와 보살핌에도 불구하고 끊임없이 모세의 리더십에 시비를 걸며 약을 올렸다. 그리하여 마침내 모든 불평과 속 좁음이 모세에게 해를 끼치게 되었다.

지친 백성들을 위해 물을 내라고 반석에 단순히 명령하면 될 것을 모세는 그러지 않았다. 그는 하나님을 위해 공적으로 리더십을 수행하는 것에 딴죽을 거는 백성들을 향해 분노를 발하고 말았다. 그는 백성들을 반석 주위로 불러모으고 신경질적으로 그들의 반역을 지적했다. 그러고는 끊임없이 불가능한 것을 기대하는 백성들 때문에 생긴 분노를 드러내면서 백성들을 향해 고함을 쳤다. "패역한 너희여 들으라 우리가 너희를 위하여 이 반석에서 물을 내랴"(10절). 그런 다음 내가 생각하기에 그는 힘을 다해 지팡이로 반석을 쳤고 물이 쏟아져 나와 백성들의 갈증을 해소시켰다. 그러나 하나님은 이 리더의 행위를 기뻐하지 않으셨다. 모세가 감정이 폭발하여 이런 불순종을 한 것에 대해 하나님은 이렇게 말씀하셨다.

"너희가 나를 믿지 아니하고 이스라엘 자손의 목전에 나의 거룩함을 나타내지 아니한 고로 너희는 이 총회를 내가 그들에게 준 땅으로 인도하여 들이지 못하리라"(12절).

모세는 이스라엘 백성을 이끌고 약속된 땅으로 들어가는 것을 허락받지 못했다. 그것은 그가 감정을 통제하지 못하고 부끄럽게 발작을 하여, 거역하는 백성을 다룰 때 하나님을 신뢰하지 못했고 또 그의 신실함에 따른 상급도 믿지 못했기 때문이었다. 내가 믿기로는 모세에 대한 하나님의 이 놀랍도록 가혹한 징계는 그가 공개적으로 분노하여 노를 발한 일로 인하여 백성들에게와 하나님께 신뢰를 심각하게 잃었기 때문이다.

만일 모세가 자신의 감정을 믿을 만한 참모에게 표시하거나 일기에 기록했더라면—이것은 분명 다윗 왕의 습관이었다—이러한 결과가 결코 없었을 것이다. 하나님께서 벌하신 것은 모세의 좌절감과 분노가 아니었다. 그것은 그가 공적인 리더십을 수행하면서 그런 감정을 통제하지 못하거나 아니면 통제하려 하지 않는 것이었다.

엘리야

위험한 기분과 제멋대로 솟는 감정 때문에 고생한 또 한 사람이 있는데 그는 대선지자 엘리야다. 열왕기상에 보면 하나님이 이 리더를 통하여 놀라운 일을 하셨다고 기록되어 있다. 17장을 보면 하나님은 이 엘리야를 사용하셔서 그 땅에 삼 년 동안 비가 내리지 않게 하셨다. 이 사건이 끝날 무렵 하나님은 엘리야를 사용하셔서 과부의 죽은 아들을 살리신다. 18장에서 엘리야는 바알의 선지자들과 대항하여 하늘로부터 불을 내려 물에 잠긴 제물을 불태움으로써 하나님의 능력과 임재를 드러낸다. 바로 그 다음에는 징계의 가뭄을 끝나게 하는 요청을 함으로써 아합 왕에게 하나님의 능력을 드러낸다.

그러나 19장에 가면 엘리야의 이야기는 뜻밖에도 반전이 된다. 엘리야는 일종의 감정적 붕괴를 겪는 것 같다. 그는 갑자기 두려움과 낙

8. 감정적 셀프 리더십

심, 죽고 싶을 정도의 우울증에 사로잡힌다. 이런 감정의 엄습은 분명히 고도의 긴장이 연속되는 사역을 장기간 해온 데도 그 원인이 있다. 이 갑작스런 감정적 마비에 기여한 또 다른 요인으로는 이세벨 여왕으로부터 받은 살해 위협이다. 궁극적인 원인이야 어떻든 엘리야의 두려움과 낙심, 우울증은 그로 하여금 꼬리를 내리고 목숨을 구하기 위해 도망하게 했다.

그는 하나님께 사용되어 죽은 자를 살리고, 삼 년 동안의 가뭄을 선포하고, 바알의 선지자들을 물리치고, 하늘로부터 비가 내리도록 명하여 가뭄을 해소한 리더였다. 그런 그가 자신의 감정에 사로잡혀 완전히 마비되었다.

분명히 감정은 그것을 경험하는 리더가 그것을 통제하느냐 못하느냐에 따라서 친구도 되고 적도 될 수 있다. 우리는 감정을 억누름으로써 감정을 없애려고 애를 써서는 안 된다. 그러나 감정이 예민하게 되도록 허락하여 그것이 엘리야의 경우처럼 우리를 압도하고 무력화시키게 해서는 안 된다.

감정적 셀프 리더십은 감정의 균형을 유지하는 것을 의미한다. 우리의 감정에 대해 효과적인 셀프 리더십을 실천하지 못하여 감정이 우리를 지배하게 되면, 하나님이 우리에게 어떤 리더십 역할을 맡기셨든지 그 일을 유용하고 효과적으로 하는 데 크게 방해를 받는다. 만일 우리가 감정을 폭발한 모세의 모습을 훈련하지 못한다면, 또 아브라함의 감정적 실수가 우리에게 남아 있게 허용한다면, 자신의 기분을 통제하지 못함으로 올 수 있는 부정적인 결과를 당하는 일이 우리만은 예외라고 생각하는 것이 주제넘은 짓이 될 것이다.

성경과 감정

몇 가지 감정은 리더십 수행에 있어서 다른 어느 것보다도 위협적이다. 분노, 두려움과 염려, 우울은 통제하기 가장 어려운 것들로서, 리더가 공적 리더십을 수행하면서 이것들에 적절한 통제력을 행사하지 못하면 큰 어려움에 빠지게 된다.

분노

분노만큼 강력하고 파괴적인 감정은 별로 없을 것이다. 나는 분노가 공적 상황에서 자신들의 가장 좋은 것을 앗아가거나, 또는 자신들에게 리더십을 부여한 사람들을 만나는 중에 분노를 발함으로써 신뢰를 상실하고 궁극적으로는 리더십마저 훼손당한 리더들을 많이 알고 있다. 수많은 목사들이 자신의 분노를 통제하지 못한 결과 교회를 떠났고, 심지어는 사역마저 포기했다. 적절하게 다스려지지 않은 분노는 건설적이거나 긍정적인 행동으로 이어질 수 없다. 분노는 우리의 눈을 흐리게 하고 시각을 왜곡시킨다. 우리의 리더십이 분노의 영향을 받거나 다스림을 받게 될 때는 반드시 해로운 결과가 있게 된다.

시편 37편에서 다윗은 "분을 그치고 노를 버리라 불평하여 말라 행악에 치우칠 뿐이라"(8절)고 말한다. 잠언에서 다윗의 아들 솔로몬은 분노에 대해 이런 지혜를 전한다. "노하는 자는 다툼을 일으키고 분하여 하는 자는 범죄함이 많으니라"(잠 29:22). 또 솔로몬은 분노를 다스리는 지혜를 배우는 일에 관하여 이렇게 쓴다. "노하기를 더디하는 것이 사람의 슬기요 허물을 용서하는 것이 자기의 영광이니라"(잠

19:11). 공개석상에서 분노를 폭발하게 되면 리더의 신뢰성과 존중감이 손상되지만, 일부 잘못에 대해 적절하게 넘어가면 그의 감정적 견실함으로 인해 더 많은 존경을 받게 된다. 특별히 개인적인 공격이나 비판을 받았을 때는 더욱 그렇다.

분노 통제의 중요성에 대해서는 잠언의 다른 곳에서도 지적한다. 잠언 19:19에서는 "노하기를 맹렬히 하는 자는 벌을 받을 것이라"고 하고, 20:3에서는 "다툼을 멀리하는 것이 사람에게 영광이어늘 미련한 자마다 다툼을 일으키느니라"고 한다. 잠언 22:24-25에서 분노를 피할 필요에 대해 권면하는 장면은 더욱더 극적이다. "노를 품는 자와 사귀지 말며 울분한 자와 동행하지 말지니 그 행위를 본받아서 네 영혼을 올무에 빠칠까 두려움이니라." 이와 비슷한 어조로 사도 바울은 우리가 분노를 다스리지 못하고 자신을 드러내는 일에 수반되는 영적 위험을 지적한다. "분을 내어도 죄를 짓지 말며 해가 지도록 분을 품지 말고 마귀로 틈을 타지 못하게 하라"(엡 4:26-27).

에이브러햄 링컨은 미국이 남북으로 나누어져 전쟁하고 있을 때 나라를 이끌어야 했기 때문에 종종 인신 공격과 심한 비판을 받았다. 이따금씩 링컨은 적대적인 사람들과 비판자들의 거칠고 공정하지 못한 공격에 대한 반응으로 분노를 발하곤 했다. 그러나 링컨 대통령은 자신의 분노를 억누르는 일의 중요성 또한 터득하고 있었다. 그는 분노를 더 이상 억누를 수 없을 때가 되면, 자리에 앉아서 분노를 자극한 사람에게 보내는 편지를 썼다. 그는 자신의 분노와 상한 기분을 편집되지 않은 종이 위에 쏟아낸 것이다. 그리하여 카타르시스적인 편지를 다 쓴 다음에는 자신의 코트 가슴 주머니에 넣고 다니다가 그 분노가

다 사그라들면 그 편지를 찢어 버렸다. 이것은 그가 이 파괴적인 감정을 다스리기 위해 흔히 사용하던 방법으로, 이로 인해 그는 다른 국민들이 종종 분노를 다스리지 못하던 이 극도로 혼란스러웠던 시기에 고상하고 안정감 있게 나라를 이끌 수가 있었다.

링컨과는 반대로 다른 많은 리더들은 불행하게도 통제되지 못한 분노가 주는 값비싼 교훈을 어렵게 배워야 했다. 미국의 리더십들 가운데 존 매케인 상원의원은 그의 전설적인 격한 성격 때문에 소동을 일으킨 일이 있다. 2000년 미국 대통령 선거에서 수많은 매체들과 그의 적수들은 그가 주기적으로 분노를 억제하지 못하는 것 때문에 리더십이 될 자격이 있는가 하고 의심하였다.

기독교의 고위 리더십들 가운데서도 분노를 통제하지 못하고 터뜨림으로써 자신의 지위를 상실한 사람이 한두 명이 아니다. 1999년 10월 25일자 크리스차니티 투데이 지는 마크 코펭거(Mark T. Coppenger)가 미드웨스턴 침례 신학대학원 총장직에서 해임되었다고 하면서 그의 "노골적인 분노"가 "그의 대학원을 이끌 능력을 회복 불가능할 정도로 손상시켰다"고 보도했다.[1]

만일 우리의 가치들을 분명히 정리했고 또 우리의 소명을 인식했다 해도 감정적 안정성을 유지하는 것-특히 다른 사람들은 감정을 통제하지 못하고 원색적이고 무분별한 감정을 드러내어 혼란을 가중시킬 때에-말고는 우리가 이끄는 사람들 앞에서 우리의 소명을 구현할 수 있게 하는 것이 별로 없을 것이다.

---

1) "North American Report," *Christianity Today* (October 25, 1999), 14.

8. 감정적 셀프 리더십

두려움과 염려

배리 글래스너는 그의 책, 두려움의 문화[2]에서 미국인들은 거의 모든 것을 두려워한다고 말한다. 글래스너에 의하면 미국 문화는 우리가 걱정하고 염려해야 할 문제들과 골칫거리들을 끊임없이 만들어 냄으로써 번창한다. 정치가들은 국민들이 두려워하는 것들로부터 보호하는 정책과 프로그램을 약속하면서 유권자들을 유혹한다. 그래서 만일 유권자들이 현재의 상태를 충분히 두려워하지 않으면 이들 정치 지망생들은 뉴스 매체의 도움을 받아 암울한 통계 자료나 좋지 못한 예측, 센세이션을 일으키는 이야기들을 사용하여 두려움을 일으킨다.

요즘 사람들은 문화적, 정치적, 경제적, 교육적, 그리고 심지어 과학적 폐해를 설명만 해도 두려워하는 것 같다. 범죄, 마약, 에이즈, 청소년 폭력, 경기 후퇴, 오염, 지구 온난화, 기상 이변, 인종 갈등, 부패한 리더들, 의료 시스템의 붕괴 가능성, 자연 재해, 조직 범죄, 도박 등 두려워하는 것들의 목록은 한이 없을 정도다.

이런 두려움과 염려는 큰 사건을 터뜨려 몇 달 동안 전파를 장악하려고 하는 것처럼 보이는 매체들에 의해 조장되고 영구화된다. 미국의 시청자들은 은밀한 저널리스트들에 의해 전달되는 식당의 비위생적인 식품 취급, 아동을 학대하는 시설들, 부패한 텔레마케터들, 학교 폭력, 무능력한 의사와 약사들 등 염려를 일으키는 수많은 사건들을 보고 있다.

1999년 봄, 콜로라도 주 리틀턴의 콜롬바인 고등학교에서는 열네

---

[2] Barry Glassner, *The Culture of Fear* (New York: Basic Books, 1999).

명의 학생과 한 명의 교사가 죽임을 당하는 사건이 일어났다. 이 때 폭스 뉴스 네트워크는 수주에 걸쳐 "로키산맥의 테러"라는 제호 아래 화가의 그림과 함께 이 사건을 가능한 한 모든 각도로 분석 보도했다. 물론 폭스 네트워크만 그런 것은 아니었다. 이 매체는 그 사건을 열정적으로 다루어 그 사건이 마치 최신 텔레비전 미니 시리즈인 것처럼 보이게 했다.

여러 매체들의 보도는 그 사건을 단순히 보도하지 않았다. 오히려 목격자들의 설명과 전문가들의 해설, 문화학자들의 평, 정치가들의 반응 등을 지겨울 정도로 반복함으로써 할 수 있는 한 대중의 두려움을 증폭시켰다.

완전한 사람은 하나도 없고 또 지난 50년 동안 도덕적 가치 면에서 부정적인 경험을 해보지 않은 사람이 하나도 없다는 사실을 인정한다 해도 잘못될 가능성이 있는 모든 것에 대해서 두려워하고 강박적으로 염려하는 삶을 사는 것은 생산적인 일이 못된다. 그리스도인과 그리스도인 리더들에게는 특별히 그렇다.

영적 리더인 우리들은 두려움을 이용하여 군사를 동원하는 사람들이 되어서는 안 된다. 그와는 달리 우리는 현대의 선지자가 되어서 희망의 메시지를 전하여 예수 그리스도와 성경의 약속에 대한 흔들 수 없는 신뢰를 증진시켜야 한다. 우리 리더들이 현대의 두려움의 문화에 미혹당하면 우리는 해결책을 찾아주는 긍정적인 사람이 되지 못하고 오히려 문제를 가중시키는 사람이 된다.

두려움만은 그리스도인의 특징이 되어서는 안 된다. 사도 바울은 엄청난 문화적 변동기에 그의 제자 디모데에게 글을 썼다. 그리스도인들

8. 감정적 셀프 리더십

은 그리스도를 믿는다는 이유로 투옥당하고 처형을 당했다. 유대교에서 개종한 사람들은 그들의 공동체에서 추방되고 박해를 당했다. 바울은 자신이 전파하는 메시지 때문에 자신의 생명이 위험하다는 것을 잘 알고 있었다. 그러나 바울은 자신이 두려워해야 하고 디모데에게 우울한 경고를 보내야 할 이유를 얼마든지 가지고 있었음에도 불구하고 이렇게 쓰고 있다. "하나님이 우리에게 주신 것은 두려워하는 마음이 아니요 오직 능력과 사랑과 근신하는 마음이니"(딤후 1:7). 배척당할 가능성 때문에 그리스도의 복음을 선포하는 일에 움츠러들지 말라고 훈계하면서 바울은 그의 두려움에 대해 셀프 리더십을 실천하고 부르심을 받은 일을 계속하라고 촉구한다.

다윗 왕은 극도의 위험에 처하여 생명의 위협을 받는 상황이 어떤 것인가를 아는 사람이었다. 그는 두려움으로 인해 생기는 비관에 사로잡히는 것이 어떤 것인가를 오늘날 우리들 중 어느 누구보다도 잘 알았다. 그러나 그는 시편 56:3-4에서 "내가 두려워하는 날에는 주를 의지하리이다 내가 하나님을 의지하고 그 말씀을 찬송하올지라 내가 하나님을 의지하였은즉 두려워 아니하리니 혈육 있는 사람이 내게 어찌하리이까"라고 기록했다.

다윗은 우리가 이 세상의 온갖 소동과 문제에 생각을 집중하여 우리 안에 두려움과 강박적 염려가 생길 정도가 된다는 것은 우리가 하나님을 더 이상 의지하지 않고 있다는 분명한 증거라고 이해했다. 범죄와 마약, 에이즈, 주식과 경제의 불안정, 오염 및 기타 사회적 해악이 우리의 두려움을 자극할 때에도, 전능하신 하나님을 믿는 우리는 두려워할 것이 전혀 없다. 세상이 혼란한 상태에 빠지고 파멸을 향해 내닫고 있는 것처럼 보일 때에도 하나님이 주관하고 계신다.

이스라엘 민족이 국가적으로 불확실한 시기를 만나 일시적으로 조국에서 쫓겨나게 된 결과 두려운 혼란에 휩싸이게 되었을 때, 하나님은 선지자 이사야를 통하여 "두려워 말라 내가 너와 함께함이니라 놀라지 말라 나는 네 하나님이 됨이니라 내가 너를 굳세게 하리라 참으로 너를 도와주리라 참으로 나의 의로운 오른손으로 너를 붙들리라"(사 41:10)고 말씀하셨다. 세상이 최악의 상태로 보일 때조차도 하나님의 약속은 하나님께서 주관하시며 그들을 계속해서 보호하신다는 것이다. 그들은 궁극적으로 그 혼란스러운 환경을 이기고 승리하리라는 것이었다.

리더들 자신이 두려움과 염려에 휩쓸리지 않도록 하는 것이 중요하다. 특별히 사회 분위기가 두려움에 사로잡혀 있을 때는 더욱 그렇다. 우리 리더들은 우리 하나님이 만물을 주관하시는 절대적인 주권자라는 흔들림 없는 확신을 가지고 한결같이 살아가야 한다.

우리 그리스도인 리더들은 정치가들과 정부 정책만으로는 제공할 수 없는 무엇을 세상에 줄 수 있다. 우리는 인간의 노력과 두뇌에 근거하지 않고 우주의 주권자 하나님과의 관계에 근거하여 미래에 대한 초월적인 희망을 줄 수 있다. 이 주권자 하나님이 인간 역사의 최종적인 결말을 이미 정하시고 그 예정된 계획을 성취하는 방향으로 모든 일이 이루어지도록 적극적으로 감독하고 계시기 때문이다.

사도 바울은 이러한 소망을 염두에 두고 로마 감옥에서 처형을 기다리는 중에 이렇게 말할 수 있었다.

8. 감정적 셀프 리더십

> 아무것도 염려하지 말고 오직 모든 일에 기도와 간구로, 너희 구할 것을 감사함으로 하나님께 아뢰라 그리하면 모든 지각에 뛰어난 하나님의 평강이 그리스도 예수 안에서 너희 마음과 생각을 지키시리라(빌 4:6-7).

요지는 우리가 우주 안과 밖의 모든 것을 구성하는 요소를 창조하시고 주관하시는 분인 예수 그리스도와 관계를 맺으면서 한결같이 살아갈 때 두려움과 염려를 극복할 수 있다는 것이다.

우리의 셀프 리더십이 매우 빈약하여 우리 자신의 두려움과 염려를 극복할 수 없을 때는 강력한 리더십을 제공할 수 없다. 우리는 비합리적인 두려움과 염려가 우리를 몰아가 건전하지 못하고 지혜롭지 못한 행동을 취하게 하는 것을 쉽게 찾아볼 수 있다. 교회와 비영리 기관을 이끄는 리더들은 인기가 폭락하거나 조직체가 쇠퇴할지도 모른다는 두려움에 사로잡히기가 쉽다. 목사들은 핵심적인 교인 가정이 교회를 떠나거나 문제 교인이 목사의 리더십을 훼손할 것을 염려할 수 있다. 수십 억의 예산이 드는 건물을 건축할 때 따를 수 있는 문제들에 직면하여 두려움과 염려에 압도될 수 있다. 사람들이 우리를 좋아하지 않을 때나 설교가 마음 먹은 대로 되는 것 같지 않을 때, 우리는 중압감에 짓눌려 감정을 다스리지 못하게 될 수 있다. 그렇기 때문에 우리는 이 영역의 삶에 대해 강력한 셀프 리더십을 발휘하여 우리를 부르시고 그를 위하여 우리에게 리더십을 위탁하신 그분에게 소망을 두고 그분을 의지해야 한다. 우리가 우리의 두려움과 염려를 제대로 다루지 못하면 결국은 우울하고 낙심하는 상태에 이르게 되어 리더십 능력이 위협받게 된다.

우울

영국의 위대한 설교자 찰스 스펄전은 대단한 재능과 강렬한 감정을 가진 사람이었다. 솔직히 당시 가장 탁월한 설교자 중 한 사람이었던 스펄전은 삶을 위협하는 우울과 침울을 극복하기 위해 많은 세월을 보냈다. 앞에서 언급했던 그의 고전적 저서 목회자 후보생들에게에서 이 위대한 설교자는 자신의 암울한 기분과의 싸움을 시인하면서 "결코 희소하거나 아주 가끔씩이 아니라 자주 당해 본 고통스러운 경험을 통해서 영혼의 심한 우울함이 무엇을 의미하는지 안다"[3]고 썼다.

젊은 목사로서 할 일이 심히 많고 어려운 교회 사역에서 갖은 감정의 기복과 싸움을 하던 나는 그 글을 읽으면서 이것이 마치 나를 두고 쓰여진 것 같다는 생각을 하였다. 몇 년 동안 나는 당시로는 흑마술이라고밖에 설명할 수 없는 것과 정기적으로 싸워야 했다. 아무 이유도 없이, 큰 성공과 성취를 하고 있는 중에도 종종 나 자신이 불길한 전조와 절망감으로 갑자기 마비되는 것이었다. 이렇게 되면 나는 오랫동안 서재의 문을 걸어 잠그고 불을 끈 채 내 기분에 맞는 음악을 들었다. 이런 일은 아무 때나 아무 경고도 없이 찾아와서 때로는 한 달 동안이나 머물렀다. 시간이 흐르면서 나는 이런 암울한 시기가 보다 규칙적으로 찾아오고 그리고 그 정도도 심해진다는 것을 발견했다. 마침내 나는 나의 우울과 씨름하는 동안은 리더십을 올바로 수행할 수 없다

---

[3] Spurgeon, *Lectures to My Students* (목회자 후보생들에게 - 생명의 말씀사 역간), 160.

8. 감정적 셀프 리더십

는 것을 알았다. 그래서 내게 일어나는 일을 극복하도록 도와줄 정신과 전문가를 찾았다.

수년의 기간이 흐른 후 나는 나의 삶에 일어나는 것이 무엇이며 이 우울이라는 무서운 벌에서 항구적으로 벗어나는 법을 알게 되었다. 이제 나는 이런 암울한 시간을 더 이상 당하지 않는다고 기쁘게 말할 수 있다. 물론 나도 여느 사람처럼 감정적으로 슬프거나 푹 꺼지는 때가 있지만, 그 침울함이 나를 깜깜한 서재에 틀어박혀 지내도록 할 정도로 심하게 되지는 않는다.

나는 이 분야에 대해 지속적으로 셀프 리더십을 실천하려고 노력하고 있다. 그러기 위해서는 나 자신에 대해서 배워야 하고, 또 내가 나의 감정적 상태를 극복하고 늘 즐겁고 받아들임직한 상태로 유지할 수 있는 방식의 생각과 생활 습관, 기술을 터득해야 한다. 물론 어떻게 할 때 내가 기분이 우울해지는지도 알아야 한다.

영적 리더십의 위치에 있는 사람들에 대한 요구와 압력이 지금처럼 많았던 적이 없었다. 이렇게 가중된 요구와 기대 때문에 탈진하고 낙심하여 목회를 포기하는 사람의 비율 역시 사상 최대를 기록하고 있다. 현재 교회의 문화는 겨우 주말 프로그램을 지탱하기도 어려운 자원을 가지고 "일주일 7일 동안"의 활약을 할 것을 목사들에게 요구한다. 또한 교회의 프로그램이 오락 산업의 프로그램과 경쟁이 되기를 요구하는 사람들에게 매력을 줄 것을 요구한다. 그래서 많은 목사들이 이 비현실적인 기대에 짓눌려 산다.

1999년 6월 14일 뉴스위크 지의 표지는 갈수록 심각해지는 스트레스의 문제를 실었다. 헤드라인은 "스트레스: 그것은 당신의 몸을 어떻게 공격하는가?"라고 되어 있었다. 그리고 내지의 기사 내용은 스트레스를 알고 이 현대의 위협을 적절하게 대처하지 않을 경우, 스트레스가 얼마나 우리 인간을 황폐화시키고 쇠약하게 하는지에 대해 설명하였다.

1991년 4월 14일자 퍼레이드 지는 "스트레스받는 목사들"이라는 제하의 기사에서 영적 리더들에게 미치는 스트레스의 영향을 다음과 같이 분석했다.

> 목회자들에게 심한 스트레스를 주는 공적인 스캔들은 종종 교인들과 성적인 비행을 저지름으로써 생긴다. 그러나 장기간 지속되는 스트레스 역시 알코올 중독, 약물 남용, 과식 등의 중독의 한 요인이 된다. 이것은 우울증, 불안, 심장 마비 또는 암과 같은 것이 될 수 있다.[4]

감정적으로 짓눌린 목회자들에게 위안과 균형을 제공하기 위한 노력으로 여러 교단들에서는 정기적인 상담과 치유 서비스를 하고 있다. 내가 소속된 교단에서는 탈진과 우울증을 비롯하여 맥을 못쓰게 하는 여러 감정적인 문제들로 고생하는 목회자 부부를 위하여 정기적인 프로그램을 실시한다. 지난 몇 년 동안만 해도 이 프로그램을 이용한 목회자가 82쌍이나 된다.

그러나 심한 우울증과 그로 인한 내적인 암울함과 짓눌린 영혼으로 고생하면서 성공적인 목회를 하기는 거의 불가능한 일이다. 어쩌면 솔로몬 왕은 자신이 직접 이런 우울증을 경험해 보았기에 이렇게 쓴 것

---

4) Hank Whittemore, "Ministers under Stress," *Parade* (14 April 1991), 4.

8. 감정적 셀프 리더십

같다. "사람의 심령은 그 병을 능히 이기려니와 심령이 상하면 그것을 누가 일으키겠느냐"(잠 18:14).

이 글을 읽으면서 당신 자신도 이와 같은 상황에 있음을 발견한다면, 반드시 셀프 리더십을 실천하여 그 좋지 못한 감정적 상태를 치유하고 평안을 얻는 데 필요한 도움을 얻어야 할 것이다.

기분 다스리기

장기 베스트 셀러인 감정적 지능의 저자 다니엘 골먼 박사는 이런 글을 썼다.

> 극기, 다시 말해서 운명의 소용돌이가 몰고 오는 감정의 폭풍 앞에서 "수동적인 노예"가 되지 않고 그것을 초연할 수 있는 능력은 플라톤 시대 이래로 내내 하나의 미덕으로 칭송을 받아왔다. ……감정을 지나치게 짓누르면 단조로움과 냉담함이 생기지만, 그것을 통제하지 못하여 지나치게 극단적이고 지속적으로 되면 사람을 마비시키는 우울증, 마음을 억누르는 불안, 폭발하는 분노, 미칠 것 같은 불안 등의 양상으로 병이 되고 만다. 그러므로 우리를 괴롭히는 감정들을 제어하는 것이 감정적 안녕의 열쇠다. 극단―지나치게 강렬하거나 지나치게 오랫동안 계속되는 감정―은 우리의 안정성을 훼손한다.[5]

---

5) Daniel Goleman, *Emotional Intelligence* (New York: Bantam Books, 1995), 56.

만일 우리가 우리의 소명을 이루고 인생의 목적을 성취하려고 한다면 우리의 감정을 다스려서 감정이 우리를 다스리지 않게 하는 법을 터득해야 한다. 우리가 인정하든 말든, 우리의 내적 감정은 대부분 우리가 어떤 사람이며 어떤 인물이 될 것인가를 결정한다. 이 말이 믿기지 않는다면 잠언 23:7에 "대저 그 마음의 생각이 어떠하면 그 위인도 그러한즉"이라고 한 지혜자의 글을 생각해 보라. 우리의 생명 내부에서 일어나는 것이 어떤 것이든 그것이 우리의 리더십 수행에 영향을 주는 기분, 행위, 태도, 행동의 양상으로 사람들 앞에 드러나고 만다는 것은 절대적인 진실이다.

그렇기 때문에 사도 바울은 빌립보서 4:6-7에서 "염려하지 말라"는 권고를 하자마자 8절에서 이런 말을 덧붙인다.

> 종말로 형제들아 무엇에든지 참되며 무엇에든지 경건하며 무엇에든지 옳으며 무엇에든지 정결하며 무엇에든지 사랑할 만하며 무엇에든지 칭찬할 만하며 무슨 덕이 있든지 무슨 기림이 있든지 이것들을 생각하라(빌 4:8).

바울은 염려와 우리가 생각하고 집중하는 것 사이의 관계를 이해하고 있었다. 우리가 생각하는 대상과 그 생각들을 수습해 가는 방법 및 궁극적 감정 상태 사이에는 분명한 관계가 있다. 그것은 우리가 직면하는 삶의 여건과 상황-이것을 다니엘 골먼은 "운명의 소용돌이"라고 부른다-에 대해 우리가 반응하는 방법의 직접적인 결과다.

내가 나의 그릇된 감정을 극복하고 다스리는 법을 배우기 위해 처음으로 책을 읽을 때 가장 도움이 되었던 책은 데이비드 번즈 박사의 책,

8. 감정적 셀프 리더십

새로운 감정 처리법[6]이다. 이 책에서 번즈는 우울증을 극복하는 데 사용되는, 임상적으로 입증된 방법으로 약물을 사용하지 않는 방법을 소개한다. 그가 소개하는 도구들과 기법들이 나에게는 매우 도움이 되었다. 그렇지만 일부 사람들이 겪는 우울은 유전인자에 의해 유전된 생물학적, 화학적 인자들의 결과라고 필자는 굳게 믿고 있음을 밝힌다. 우울과 염려의 요인들 가운데 일부는 유전적이라고 보고하는 연구들을 일일이 반박하기는 어렵고 또 위험한 일이라고 믿는다. 이 말과 함께 나는 근본적으로 유전적인 우울과 감정적인 문제로 고생하는 사람들도 역시 번즈 박사가 소개하는 처방법을 실천함으로써 큰 도움을 받을 수 있다는 것을 주장하는 바이다.

우리의 기분은, 다시 말해서 특정한 때에 우리가 느끼는 방법(즉, 분노, 염려, 두려움, 우울 등)은 거의 대부분 우리가 매일 경험하는 사건들을 해석하고 정리하는 방법의 결과이다. 분노와 같은 통제되지 않는 감정과 우울을 잘 겪는 사람들에게 있어서 기분은 외적 사건에 대한 학습된 행동적 반응의 결과인 경우가 흔하다. 예를 들어, 두 사람이 동일한 사건을 경험했을 경우, 그 영향은 전혀 다른 것일 수가 있는 것이다. 갑자기 경제적인 여건이 어려워진 상황을 가정해 보자. 두 사람이 동일한 회사의 주식을 동일하게 소유하고 있었다. 주가 폭락으로 두 사람은 자신들이 보유한 주식이 휴지가 되었음을 알게 된다. 한 사람은 그 손실을 극복해야 할 도전으로 보고 성공을 위한 노력을 배가하여 그 손실을 회복한다. 반면에 다른 한 사람은 그 손실을 개인적으로

---

6) David Burns, *Feeling Good: The New Mood Therapy* (New York: Avon, 1980).

해석하여 "나는 주식엔 능력이 없어" 또는 "나 같은 놈은 돈을 잃어야 마땅해. 난 돈을 벌 수 없는 사람이야."라고 말한다.

  이 두 주식 소유자가 동일한 사건에 대해 반응하고 해석하는 방법은 두 가지 다른 감정적 상태를 낳는다. 한 사람에게는 그로 인해 생겨난 감정이 새로운 결단과 보다 나은 미래에 대한 긍정적인 기대인 반면, 다른 한 사람은 그 사건을 해석하는 방법의 결과로 실패와 우울 또는 분노의 감정에 의하여 지배를 당한다. 이 과정을 설명하기 위해 다음의 그림을 그려 보았다.

세상과 당신이 느끼는 방법 사이의 관계

기분의 변화를 일으키는 것은 실제 사건이 아니라 당신의 지각이다. 당신이 슬픔을 느낄 때 당신의 생각은 부정적 사건에 대한 현실적 해석을 나타내는 것이다. 우울하거나 염려스러울 때 당신의 생각은 반드시 비논리적이고, 왜곡되었으며, 비현실적이거나 완전히 잘못된 상태이다.

생각 : 당신은 그 사건들을 당신의 머리를 통해 끊임없이 흘러나오는 일련의 생각들을 가지고 해석한다. 이것을 당신의 "내적 대화"라고 한다.

세상 : 일련의 긍정적, 중립적, 부정적 사건들

기분 : 당신의 느낌은 실제 사건이 아니라 당신의 생각에 의해 만들어진다. 모든 경험은 당신의 뇌에 의하여 정리 해석되어 의식적인 의미를 부여받는다. 그런 다음 감정적인 반응을 경험하게 된다.

8. 감정적 셀프 리더십

우리가 사건들에 대해—사건의 실제 그 이상도 이하도 아니라—정확하게 반응하고 정상적으로 해석할 수 있을 때, 우리의 감정은 정상적으로 되는 경향이 있다.[7] 그렇지만 이와는 반대로 우리가 현실을 왜곡하는 경향이 있는 주관적인 정신적 기준으로 사건을 해석할 때에는, 우리의 주관성이 왜곡된 감정을 낳을 수 있다.

통제되지 않은 분노, 두려움, 또는 우울과 같은 고르지 못한 감정으로 자주 고생하는 사람들은 대부분 사건이 왜곡되고 비합리적이고 주관적으로 해석되는 이런 과정을 겪는다. 다행인 것은 이런 경우 이 불건전하고 학습된 행위를 수정할 수 있는 방법이 있다는 것이다.

생각이 그 사람을 결정한다

균형 있는 감정을 유지하는 문제에 관한 한 바울의 말은 매우 건전하다. 앞에서 살펴본 것처럼 우리의 감정적 상태는 언제나 우리의 생각의 초점을 어느 정도 반영한다. 로마서 12:1에서 바울은 인격적, 영적 변화의 열쇠는 우리가 생각하는 것과 우리 마음속에서 일어나는 과정이라고 말한다. 그는 "이 세상의 행위와 관습을 복사하지 말고 당신이 생각하는 방법을 바꿈으로써 하나님께서 당신을 새 사람으로 변화시키게 하라"고 말한다(2절). 우리가 생각하는 방법은 우리가 느끼는 방법과 우리가 경험하는 감정적 상태에 깊은 영향을 미친다.

그런 부정적인 사고 방식을 파악하는 것은 이것을 극복하는 첫 번째

---

7) Ibid., 30.

단계인데 데이비드 번즈는 이를 돕기 위해서 부정적인 감정을 일으키는 부정적인 생각 유형들 가운데서 가장 강력한 것 10가지를 제시한다.[8] 이들 유형 가운데서도 매우 파괴적인 것 몇 가지를 간단히 설명하겠다.

흑백 논리식 사고

흑백 논리식(All-or-Nothing) 사고는 모든 것을 흑 아니면 백, 이것 아니면 저것으로 보고 결코 두 가지의 중간은 없는 극단적인 사고 방식이다. 이런 부정적인 사고 방식에 사로잡힌 사람들은 자신이 경험하는 사건이나 자기 자신을 항상 이것 아니면 저것을 기준으로 평가한다. "우리 교회가 성장하지 않으므로 나는 무능력한 목사 아니면 좋지 못한 사람이다." "내 원고를 출판사에서 거절했으므로 나는 형편없는 작가다." "제일교회 목사 청빙 투표에서 많은 표를 얻지 못했으므로 나는 하나님께로부터 사역자로 부르심을 받지 못한 것이 분명하다." 이런 예를 통해 흑백 논리식 사고에 어떤 생각이 도사리고 있는 지를 이해할 수 있을 것이다. 만일 당신이 이런 사고 방식에 익숙해져 있다면 우울하거나 고르지 못한 감정 상태를 경험하는 것은 당연한 일이다.

지나친 일반화

지나친 일반화는 어떤 일이 한 번 일어났는데 그것이 항상 우리에게 일어날 것이라고 마음대로 단정하는 것이다. 나는 열두 살 때에 여성에

---

8) Ibid., 32-41.

8. 감정적 셀프 리더십

대한 끔찍한 경험을 했다. 그 때 나는 한 캠프에 참가했는데 캠프 마지막 프로그램인 파티에 데비라는 예쁜 소녀를 초청했다. 간신히 용기를 내어 초청을 했는데 그녀는 아주 쌀쌀맞게 한마디로 거절해 버렸다. 그 고통스러운 경험의 결과로 나는 내가 청하는 소녀는 누구든지 그런 식으로 반응할 것이라고 지나치게 일반화해 버렸다. 이런 반응 방식은 나의 십대와 대학 시절 동안 불필요한 고통과 염려를 하게 만들었다. 데비가 캠프 파티에 나와 함께 가기를 거절했기 때문에 나는 자의적으로 아무도 나와 함께 가지 않을 것이라고 가정해 버린 것이다.

선택적 사고

선택적 사고는 어떤 경험이나 상황에서 부정적인 내용만을 골라내어 지나치게 그것에만 집중하고, 보다 긍정적이고 균형 있는 다른 내용은 배제하는 것을 말한다.

예를 들어, 설교를 시작할 때 나는 내가 저지른 모든 실수에 초점을 맞추고 나는 설교자와 커뮤니케이터로서 가망이 없다고 결론을 내렸다. 그러고는 다음 설교를 준비할 때에도 나의 초점이 여전히 이전의 설교 때 저지른 실수에 맞추어져 있었고, 이번 설교에서도 동일한-더 심한-실수를 할 것이라는 두려움과 공포에 사로잡혔다. 수년 동안 이것은 다음날의 설교를 생각할 때마다 큰 고통을 겪게 만들었다.

긍정적인 것을 거부하는 사고

선택적 사고와 다소 반대되는 사고 유형이다. 이 유형에서는 자신에 대하여 긍정적으로 이야기되는 것은 격려와 칭찬을 위한 것으로 치부

해버린다. 나의 경우, 실수가 있었다고 결론 내린 설교에 대해 누군가가 "목사님, 설교 좋았어요!"라고 할 경우 자주 일어나는 현상이다. 그런 말을 들으면 즉시 내 마음속에서는 '이봐요, 엉망이었어요. 나를 안타깝게 여겨서 좋았다고 말하는 거구나'라고 말한다. 이처럼 긍정적인 것을 거부하는 사고는 필연적으로 부정적인 감정을 만들어 낸다.

성급한 결론

만일 어느 방에 들어갔는데 누가 화가 나 있는 것을 볼 경우, 나에 대해 화를 내고 있다고 여긴 일이 있는가? 그렇다면 당신은 성급한 결론이라는 부정적인 사고 방식을 경험한 것이다. 어떤 확실한 근거도 없이 성급하게 결론을 내리는 것은 매우 파괴적이고 부정확하다. 그러나 다른 사람의 말이나 행동에 대해 성급한 결론을 내린 결과로 두려움과 염려, 우울을 겪는 사람이 많이 있다.

기분 다스리기

그러면 기분이 우리를 다스리기 전에 우리가 기분을 다스리는 방법이 있다면 어떤 것이 있을까? 내가 나의 기분과 감정을 다루는 데 유익했던 것을 바탕으로 몇 가지를 제안하려고 한다.

운동

신체적 무활동, 무기력, 나태 등으로 특징 지워지는 삶을 사는 것처럼 우울과 침울, 자포자기적 감정을 느끼게 하는 것은 없다. 우리의 내

8. 감정적 셀프 리더십

적 생활과 외적 생활은 서로 독특하게 연결되어 있다. 잠언 27:3에서 본 바와 같이 사람의 삶의 내면에서 일어나는 것은 필연적으로 외부에 반영된다. 물론 그 반대도 이루어질 수 있다.

스펄전의 말을 다시 인용하겠다. "주저앉아 있는 버릇이 의기소침을 만들어 내는 성향이 있다는 것은 조금도 의심의 여지가 없다."[9] 그러므로 규칙적인 운동을 하도록 자신을 훈련시키는 일은 우울을 비롯한 기타 위험한 기분을 물리칠 수 있는 가장 좋은 방법의 하나다. 수많은 의사들과 심리학자들이 운동을 우울증 치료의 필수 요소로 처방하는 추세가 늘고 있다.

규칙적인 운동과 적절한 체력 유지는 우울과 스트레스, 두려움, 걱정을 비롯한 기타 감정적 문제들이 발생하기 전에 예방해 준다. 또 나아가 적극적인 운동은 우울, 스트레스 등과 같은 것들이 발발한 후에도 그것을 줄여 주는 역할을 한다. 우울의 검은 구름이 내 삶을 찾아드는 것을 느끼는 때가 수없이 많이 있다. 그렇지만 강력한 운동 시간이 그것이 시작되는 것을 애초부터 막아 버린다. 그런 때에 내가 운동을 열심히 한다는 말은 아니다. 솔직히 말해서 나는 운동을 아주 싫어한다. 그러나 이제까지 내가 배운 바는 내가 내 감정과 싸우면서 운동을 하면 그것이 감정적인 치료 효과를 발휘한다는 것이다.

앞에서 설명한 신체적 셀프 리더십의 방법들은 모두 다 기분을 다스리는 데 절대적으로 필요하다고 나는 믿는다.

---

9) Spurgeon, *Lectures to My Students*, 157.

봉사

해로운 기분을 물리치는 데 도움이 되는 다른 방법으로는 다른 사람을 위해 봉사하는 일에 의식적으로 집중하는 것이다. 나는 시간과 감정적 에너지를 들여 다른 사람들의 필요와 환경에 집중하여 희생적 봉사로 그들의 필요를 채워 주고 나면, 잘못된 감정과 부정적인 기분으로부터 벗어나게 됨을 종종 경험한다.

다른 사람들의 필요에 집중하다 보면 내가 얼마나 축복을 받았으며 나의 환경이 얼마나 나쁠 수도 있었는가를 깨달을 수밖에 없다. 다른 사람을 위해 봉사하는 것은 하나님의 성령께서 우리의 감정 문제에 개입하실 수 있는 길을 열어 주는 방법들 가운데 하나임을 나는 확신한다.

바른 생각과 행동 방법을 배워라

궁극적으로 리더들은 우리가 생각하는 것이 바로 우리의 정체성을 결정하며 나아가 행동은 생각의 산물이라는 사실을 이해해야 한다. 그러므로 우리는 바르게 그리고 성경적으로 생각하는 법을 배워야 한다. 그러면 균형 잡힌 감정 생활과 안정된 행위를 할 수 있게 된다. 우리의 삶에 일어나는 사건들과 상황들을 어떻게 처리하고 생각했는지를 아는 것은 우리의 감정을 파악하는 일과 깊은 관련이 있다. 그리고 우리의 감정을 아는 것은 우리의 기분을 다스리기 위한 첫 번째 단계이다.

리더인 우리들이 감정과 기분 영역에서 셀프 리더십을 실천하는 법을 배우는 것은 절대적인 필수 조건이다. 세계적인 운동 선수들도 감정 때문에 실패할 수 있다. 우리들도 마찬가지다.

8. 감정적 셀프 리더십

셀프 리더십 개발 워크숍

1. 당신의 인생의 가치들(제5장에서 다룬 것) 가운데서 당신의 기분과 감정에 영향을 받을 수 있는 것들을 적으라.

나의 기분에 영향을 받는 가치들 :

-
-
-

2. 표의 왼쪽 칸에 당신이 자주 고통당하는 기분을 그 심각성 정도 순서로 적어 보라.

	기분	이런 기분의 주된 원인이 되는 부정적인 사고 방식들
1		● 흑백 논리식 사고　● 긍정적인 것을 거부하는 사고 ● 지나친 일반화　● 성급한 결론 ● 선택적 사고
2		● 흑백 논리식 사고　● 긍정적인 것을 거부하는 사고 ● 지나친 일반화　● 성급한 결론 ● 선택적 사고
3		● 흑백 논리식 사고　● 긍정적인 것을 거부하는 사고 ● 지나친 일반화　● 성급한 결론 ● 선택적 사고

3. 위에 적은 것들 하나하나에 대하여, 그 기분이 생기도록 영향을 준 부정적인 사고 방식을 오른쪽 칸에서 골라 모두 표시를 하라.

4. 이제 앞에 기록한 정보를 바탕으로 당신의 생각이 좋지 않은 기분에 얼마나 영향을 주는지 살펴보라. 다음 표를 보고 왼쪽 칸에는 좋지 못한 기분을 적고, 가운데 칸에는 그 기분에 가장 크게 영향을 주는 부정적인 사고 방식에 표시를 하라. 그리고 오른쪽 칸에는 그 부정적인 사고 방식에 지배를 당할 때에 어떤 생각을 하는지 정확하게 쓰라.

기분	부정적인 사고 방식들	내가 생각하는 것
	• 흑백 논리식 사고 • 지나친 일반화 • 선택적 사고 • 긍정적인 것을 거부하는 사고 • 성급한 결론	
	• 흑백 논리식 사고 • 지나친 일반화 • 선택적 사고 • 긍정적인 것을 거부하는 사고 • 성급한 결론	
	• 흑백 논리식 사고 • 지나친 일반화 • 선택적 사고 • 긍정적인 것을 거부하는 사고 • 성급한 결론	

8. 감정적 셀프 리더십

5. 이제는 성구 사전이나 도움이 될 만한 자료를 사용하여 현실을 잘 반영하는 보다 객관적이고 성경적으로 정확한 사고 방식을 찾아 적으라.

기분	새로운 사고 방식

9 지적 셀프 리더십

개인의 평생 학습

박사이자 목사이신 로저 프레드릭슨은 나에게 있어서 평생을 지적 리더십에 헌신한 리더의 살아 있는 모델이다. 그분은 세계적으로 널리 알려진 기독교 리더이자 저자로서 80세가 가까워 오는 나이에도 왕성한 지적 활동을 하면서 자신의 나이의 절반밖에 안 되는 다른 리더들이 계속 배우고 지성을 발전시키도록 도전하신다.

로저 목사님은 여러 나라를 다니면서 설교하고 가르치는 일을 계속하시는데, 그분의 가르침은 최신의 정치적, 문화적, 신학적 경향과 문제들을 반영하는 매우 신선한 것으로 정평이 나 있다. 나는 그분의 강의를 들을 때마다 지적 성장을 위한 노력을 계속하겠다는 결심을 새롭게 하게 된다.

9. 지적 셀프 리더십

백혈병으로 투병 생활을 하여 회복하신 그분은 지금도 새로운 책을 집필하고 계신다. 그 책은 그분이 백혈병과 싸우는 중에 하나님께서 깨우쳐 주신 많은 문제들을 정리한 책이라고 한다. 그분은 그 싸움을 신체적인 싸움일 뿐 아니라 다분히 믿음과 영적 성장을 위한 감정적, 지적인 싸움이라고 말씀하신다.

그분 또래의 다른 분들은 대부분 운명의 바퀴와 또는 끝없는 질병과 고통으로 그날그날을 겨우 영위하는 삶에 익숙해져 있는데 로저 박사님은 지적으로 여호수아서에 나오는 갈렙과 같은 삶을, 다시 말해서 하나님의 영광을 위해 삶이라는 지적인 산지를 개척하는 삶을 살고 계시는 것이다.

그래서 그분의 삶은 본보기가 되어, 모든 세대의 리더들에게 지적인 성장을 지속할 것을 웅변적으로 요구하고 있는 것이다. 그분은 우리가 지적으로 성장하기를 멈출 때에 나이와는 상관 없이 늙기 시작한다는 것을 잘 알고 계시는 분이다.

성경과 지성

성경은 지적인 성장과 개발의 중요성에 대해 많은 것을 말해 준다. 실제로 매일매일의 삶에 지혜가 필요함을 보여주는 데 책 한 권 전체가 할애되어 있을 정도다. 잠언의 대부분이 지식과 지혜를 일상의 삶에 실제적으로 적용하는 데 할애되어 있지만 좀더 넓은 의미로 지혜를 추구할 것을 강력하게 촉구한다.

성경이 말하는 지혜는 단순히 "머리의 지식"을 얻는 것이 아니라,

인간으로서 우리의 건강하고 전인적인 발전에 기여하는 지식이다. 성공적인 리더십처럼 이런 종류의 발전을 요구하는 것은 없을 것이다. 아마도 이런 이유 때문에 지혜서의 기자는 이런 잠언을 썼을 것이다.

> 이는 지혜와 훈계를 알게 하며 명철의 말씀을 깨닫게 하며 지혜롭게, 의롭게, 공평하게, 정직하게 행할 일에 대하여 훈계를 받게 하며 어리석은 자로 슬기롭게 하며 젊은 자에게 지식과 근신함을 주기 위한 것이니 지혜 있는 자는 듣고 학식이 더할 것이요 명철한 자는 모략을 얻을 것이라 잠언과 비유와 지혜 있는 자의 말과 그 오묘한 말을 깨달으리라(잠 1:2-6).

> 지혜를 얻은 자와 명철을 얻은 자는 복이 있나니 이는 지혜를 얻는 것이 은을 얻는 것보다 낫고 그 이익이 정금보다 나음이니라 지혜는 진주보다 귀하니 너의 사모하는 모든 것으로 이에 비교할 수 없도다 그 우편 손에는 장수가 있고 그 좌편 손에는 부귀가 있나니 그 길은 즐거운 길이요 그 첩경은 다 평강이니라 지혜는 그 얻은 자에게 생명 나무라 지혜를 가진 자는 복되도다 (잠 3:13-18).

일반적으로 잠언의 대부분을 기록한 사람으로 받아들여지는 솔로몬 왕은 지식 추구와 지적인 발달에 관하여 자신이 설파한 것을 실천한 것이 분명하다. 전도서 1:12-13을 보자.

9. 지적 셀프 리더십

나 전도자는 예루살렘에서 이스라엘 왕이 되어 마음을 다하며 지혜를 써서 하늘 아래서 행하는 모든 일을 궁구하며 살핀즉 이는 괴로운 것이니 하나님이 인생들에게 주사 수고하게 하신 것이라.

우리 주님도 지상에 계실 때 지식을 열렬하게 추구하셨다. 아주 어린 나이에 적절한 연구에 참가하셨고 교사들과 제사장들에게 도전이 되기에 충분한 지적 발전을 보이셨다. 우리는 어린 예수님이 교사들과 제사장들과 토론하느라고 예루살렘 성전에 남아 있었던 이야기를 기억할 것이다.

누가는 "듣는 자가 다 그 지혜와 대답을 기이히 여기더라"(눅 2:47)고 기록하고 있다. 나아가 누가는 육체로 오신 하나님인 예수님이 신체적으로뿐 아니라 사회적, 지적으로도 성장하여(눅 2:52) 그를 따르는 모든 리더들에게 모범을 보이셨다고 말한다.

오늘날과 같이 다원적이고 혼합주의적인 문화 속에서 공적 리더십을 성공적으로 수행하는 데 지속적이고 종합적인 지적 셀프 리더십만큼 필수적인 도구는 없다.

지성의 중요성

청교도 신학자 존 릴랜드(John Ryland)에 의하면 그리스도인 리더에게 있어서 "자기 관리를 위해 가장 중요한 요소는 식욕과 정열의 규제 다음으로 중요한 자기 생각의 구사이다. 생각은 엄격하게 지켜보지 않으면 다른 거역하는 것들과 마찬가지로 방황하는 경향이 있다."[1] 복음주의 리더십들이 갈수록 실용주의로 변하는 이 시대에 풀러 신학교의 제임스 브래들리는 복음주의의 지성과 연구라는 매우 소홀히 취급당하는 주제에 대해 글을 쓰면서 이런 말로 시작한다.

"복음주의의 강력한 활동성이 우리의 주된 장점이기는 하지만, 체험, 영성, 사역에 대한 강조는 연구의 중요성을 최소화하고 또 극단적인 경우에는 그것을 오손할 수도 있다." 브래들리는 계속해서 "복음주의자들은 전형적으로 학문과 훈련된 연구를 참지 못한다. 그리하여 이것은 계몽 반대주의가 정당화되고, 때로는 오만한 반지성주의로 발전되기까지 한다"[2]라고 말한다.

물론 브래들리 박사가 자신의 주장을 강조하기 위해서 약간 과장하는 실수를 했을 수도 있지만, 오늘날의 리더들이 뚜렷하게 도전받는 영역 하나가 의미 있고 평생 지속되는 지적 성장과 발전을 유지하는 부분이다.

복음주의 학자요 신학자인 마크 놀은 그의 고전적 저서 복음주의 지성의 스캔들에서 이와 유사한 사례를 설득력 있게 제시한다. 그는 다음과 같은 말로 복음주의의 지적 활동에 대한 날카로운 분석을 시작한다. "복음주의 지성의 스캔들은 복음적인 지성이 많지 않다는 것이다."

그리고 이어서 이렇게 말한다. "복음주의의 다른 모든 미덕들에도 불구하고 미국의 복음주의자들은 그들의 사고에 이어서 본이 되지 못

---

1) Quoted in James E. Bradley, "The Discipline of Study and the Spirituality of Christian Leaders," *Theology, News and Notes* (October 1998), 6.
2) Ibid.

9. 지적 셀프 리더십

한다. 그리고 그것은 서너 세대 동안 계속되어 온 것이다."[3]

불행하게도, 오늘날의 문화 현상에 복음주의 지성이 미친 영향을 객관적으로 연구할 경우 우리 그리스도인 리더들은 지적인 추구를 포기하고, 대신 빠르고 구체적인 결과를 약속하는 실용주의 노선을 택한 것으로 보인다.

내가 믿기로는 우리들은 지적 추구와 학문의 가치에 대해 종종 의문을 제기하는 복음주의 기독교의 하위 문화에서 산출된 지적 준거들을 수용하는 잘못을 범해 오고 있다. 기독교계 대부분에서 어떤 행동이 교회 성장과 하나님 나라를 확장하는 결과로 직접 연결되지 않으면 이를 폐기하고, 보다 "생산적인" 활동을 선택한 것으로 보인다.

오늘날의 리더들은 실용주의적인 방법론에 에너지를 집중함으로써 구체적이고 측정 가능한 결과에 더 관심을 갖는다. 철학, 신학과 복잡한 문제를 깊이 사고하는 것과 같은 보다 심원한 추구로 간주되는 것에는 별로 관심을 두지 않는 것이다.

오늘날 많은 리더들, 특히 복음주의가 대형 교회에 관심을 두는 것이 횡행했던 1970, 80년대에 자라난 우리들은 "무엇이 옳고 건전한가"보다는 "무엇이 통하는가"(혹은 "무엇이 들어맞는가")에 훨씬 더 많은 관심을 갖는다. 그렇다고 해서 옳은 것과 통하는 것이 서로 배타적이라는 말은 결코 아니다. 그렇지만 이 두 가지가 항상 동일한 것은 아니다.

---

3) Mark A. Noll, *The Scandal of the Evangelical Mind* (Eerdmans: Grand Rapids, 1994), 3.

리더들의 우민화

불행하게도 복음주의 리더들 사이에서 지적인 훈련을 되살리는 일은 그 어느 때보다도 힘들어졌다. 그것은 다양한 장르의 전자 매체와 오락 기구가 우리 문화에 침투했기 때문이다.

오늘날 우리는 많은 사람들의 지적인 양식이 텔레비전으로 방송되는 음성과 고도로 편향된 "뉴스" 보도라는 양식으로 미리 소화되어 있는 문화 속에 살고 있다. 리더들의 경우도 예외가 아니다. 그래서 우리 리더들이 자기 자신에게 미치는 영향보다 텔레비전과 그 제작자들이 우리 삶에 미치는 영향이 더 크다고 말해도 될 정도이다.

우리는 텔레비전으로부터 무의식적으로(물론 때로는 의식적으로) 무엇을 입을 것인가 어떻게 보일 것인가를 받아들인다. 우리의 정치적, 사회적, 심지어 도덕적 입장까지도 텔레비전에 의하여-결정되는 것은 아닐지라도-미묘한 영향을 받는다.

이 말은 사람들의 지성을 통제하려는 은밀한 음모가 진행되고 있다는 뜻이 아니다. 오히려 급속하고 보편적인 "우민화"가 미국 문화의 현실이 되었다는 이야기이다.[4] 고등학생과 대학생들의 비판적인 사고 기술과 중요한 문제에 대한 논리적 분석, 합리적 문제 해결 기술 등의 능력이 그 어느 때보다 낮아진 상태다.

20세기말과 21세기초에 이르러 대중적 담론과 토론이라는 원초적

---

4) See C. John Sommerville, *How Television News Makes Us Dumb* (Downers Grove, Ill.: InterVarsity Press, 1999).

9. 지적 셀프 리더십

문제들이 종종 매체에 의하여 미리 결정되고 짜여지는 안타까운 현실이 되어 버렸다. 공룡과 같은 거대 오락 기업이 뉴스 매체를 삼켜, 결과적으로 복잡한 문제를 다루기보다는 시청자 중심적이고 오락 지향적인 프로그램을 선호하게 됨에 따라 이런 현상이 심화되게 되었다. 갈수록 우리는 중요한 문제에 대해 어떻게 생각할 것인가보다는 이런 문제들에 대해 무엇을 생각할 것인가를 권장당하고 있다.

요즈음 리더들은 갈수록 복잡해지는 문제들을 깊이 그리고 비판적으로 생각하기보다는 전파를 통해 들리는 입장들을 단순히 채택하기가 아주 쉽다. 오늘날의 그리스도인 리더들도 그들이 맡고 있는 분야가 어떤 영역이든 상관없이 그들에게 닥치는 수많은 문제들에 대해 성경 중심적인 해답을 찾기 위하여 일차적인 자료들을 열심히 찾는 일이 거의 없다. 그리하여 아주 모순적인 상황이 만들어졌다. 문화적, 사회적인 문제들은 해가 갈수록 복잡다단해지는데 복음주의 리더들이 이런 복합적인 문제들을 깊이 그리고 비판적으로 생각할 수 있는 능력은 급속하게 줄어들고 있는 것이다.

그러므로 우리 리더들은 이제 지적 셀프 리더십을 성공적으로 수행해야 할 필요를 심각하게 받아들여야 한다. 그리하여 지적으로 도전을 주는 미래를 약속하는 것으로 하나님이 우리에게 맡기신 사람들과 기관들을 능숙하게 인도할 수 있어야 한다.

나는 마크 놀의 다음 말에 전적으로 동의한다.

> 그리스도인의 지성이 중요한 것은 하나님이 중요하기 때문이다. 도대체 누가 자연 세계를 만들었으며, 그리고 과학의 발

전이 가능하게 하여 우리로 하여금 자연에 대해 더 많은 것을 발견하게 하는가? 누가 인간이 상호 작용하는 우주를 지었고, 그리하여 정치학, 경제학, 사회학, 역사의 원 자료를 제공했는가? 누가 인간 지성이 자연, 인간의 상호 작용, 아름다움 등의 현실을 파악할 수 있도록 만들어서 철학자와 심리학자들로 하여금 그런 것에 대한 이론을 만들어 낼 수 있게 하였는가? …… 누가 순간순간 우리 지성 속에 있는 것과 우리 지성 밖의 세계에 있는 것 사이의 관계를 관리하고 있는가? 그 대답은 어느 경우에도 동일하다. 하나님이 과거에도 그렇게 하셨고 또 지금도 그렇게 하고 계신다.[5]

이런 이유들 때문에 우리 그리스도인 리더들은 이 새로운 천 년의 초기에 지적인 탐구와 성장, 개발, 학문 상호간의 연구 등에 있어서 평생 지속적인 훈련을 할 것을 재다짐해야 한다.

평생 학습의 필요성

이 장을 쓰는 동안 나는 플로리다의 어느 호텔 방에 앉아 CNN 방송을 보면서 조금 전 나의 친구이자 멘토인 레이턴 포드와 함께했던 저녁 식사를 생각하고 있었다. 레이턴 포드는 내가 참가한 교단 집회의 주강사 중 한 사람으로, 우리는 이 집회 덕분에 다시 만날 수가 있었다.

---

5) Mark A. Noll, *The Scandal of the Evangelical Mind*, 51.

9. 지적 셀프 리더십

레이턴 포드는 로저 프레드릭슨(그도 레이턴 포드의 친한 친구다) 과 마찬가지로 평생 학습을 하는 리더다. 만나거나 전화를 하거나 할 때면 그는 반드시 읽어야 할 "필독서" 몇 권을 소개한다.

그는 지금 60대 후반이고 지금까지 얻은 영광에 안주해도 충분하겠지만, 끊임없이 새로운 주제를 탐구하고 새로운 저자의 책을 읽는다. 그의 지성은 쉬임 없이 움직이고 있는 것이다. 그는 다양한 문제들을 깊이 생각한다.

그래서 그의 영적 생활은 항상 진보하는 상태에 있다. 그와 만나기만 하면 언제나 지적인 면에서 깊은 자극을 받게 된다.

이런 끊임없는 지적 탐구와 정립의 결과 그가 말할 때와 강의할 때는 언제나 신선함이 두드러진다. 우리 교단 집회에서 강의가 끝난 후 동료 한 사람은 "레이턴 포드는 항상 매우 신선하고 시의 적절한 말을 한다"고 했다.

이것은 그를 만나 본 사람들마다 발견하는 자질이다. 레이턴 포드는 복잡한 문제에 대해 미리 정리된 "입장"을 받아들이는 일이 별로 없기 때문에, 매체를 통해 듣거나 읽은 것을 단순히 받아들이는 데 익숙한 사람들에게 강한 도전이 될 수 있다.

몇 년 전 레이턴 포드는 지적인 자극과 성장을 위해 그림 그리기를 시작했다. 그는 경험이 없었지만, 미술 강의를 들었고 결과적으로 지금은 상당한 수준의 미술가가 되었다. 수년 전 그의 작품을 보면서 많이 발전했다고 칭찬을 하자, 그는 미술은 사물을 완전히 새롭고 다른 방향으로 보게 만든다고 말했다. 미술은 그의 이전 생각에 도전을 주었고 그리하여 그는 이 새로운 도전을 지속하고 있다.

나는 레이턴 포드를 만날 때마다 평생 학습자가 되어 나의 지성을 예민하게 하도록 자극과 도전을 받는다. 또한 나도 내가 인도하는 사람과 만나는 사람들에게 이와 같은 영향을 주기 원한다. 21세기 초반인 지금 우리가 직면하고 있는 극도로 복합적인 문제들에 대해 천박한 입장이 아니라 보다 깊은 대안을 보이고 싶다. 그러려면 지적인 성장을 위해 꾸준히 노력해야 한다는 것을 나는 알고 있다. 그렇지만 편안히 누워 대중 매체들이 제공하는 정보에 의지하여 나의 개인적 관점을 정하려는 유혹도 만만치 않다.

지적 셀프 리더십의 실천 방법

성공적인 셀프 리더십을 실천해야 하는 다른 분야에서와 마찬가지로, 리더의 삶에서 평생 학습과 지속적인 지적 개발을 할 수 있게 하는 데에도 오랜 세월에 걸쳐 입증된 방법들이 있다. 다음에 제시하는 것들은 모든 방법들을 소개한 것은 아니지만 지적 셀프 리더십을 위한 기본적 혹은 최소한의 기준이라고 할 수 있다. 이 방법들은 공부, 독서, 계속 교육, 예술 활동 참여 등이다.

공부

그리스도인 리더인 우리들은 규칙적이고 열정적으로 신학과 성경을 공부해야 할 뿐 아니라, 우리가 리더십을 맡고 있는 교회와 사람들에게 직접적인 영향을 끼치는 현대 문화의 추세와 문제들도 공부해야 한다. 오늘날 그리스도인 리더들은 자신이 직접 파고들어 연구한 결

9. 지적 셀프 리더십

과보다는 간접적으로 얻은 신학적 입장과 성경 해석을 차용하는 일이 일상화되었다. 지금과 같은 정보화 사회에서 자신이 철저하게 연구하지 않은 입장을 자신의 것으로 쉽게 받아들이고 싶은 유혹을 강하게 받고 있는 것이다.

그런 다음, 우리는 그것을 다른 사람들에게 전달해 준다. 그러면 그들은 영적인 리더인 우리에게서 아무 의심하지 않고 그것을 받아들인다. 그들은 그것이 우리가 학술적인 연구와 정직한 개인적 연구 끝에 얻은 것이라고 간주하는 것이다. 그러나 그렇지 못한 경우가 너무 많다.

최근 내가 소속해 있는 교단에서는 미래에 대한 내용과 성격에 관한 다양한 이론들을 비교하면서 하나님의 예지의 내용에 관해서 격렬한 논쟁을 벌였다. 그 논쟁으로 인한 소동은 소모적인 면도 있었지만, 많은 목사들과 리더들은 이 중요한 문제를 파악하기 위해 한동안 심층적인 공부를 해야만 했다.

이 논쟁이 관심의 주제로 처음 우리 교단에 제기될 때에는 대다수의 사람들이 이 주제를 그리 심각하게 생각해 본 일이 없었을 것이다. 물론 모든 사람이 이 문제에 대해 자신의 의견과 입장을 가지고 있었겠지만 이런 의견과 입장들이 모두 다 일차적 자료들을 깊이 있게 공부하여 얻은 것은 아니다. 대개의 경우 사람들은 어디서 또는 누구에게서 받아들였거나 이어받은 입장을 견지한다.

그 논쟁의 성격과 그에 이은 투표는 우리 교단에 깊은 영향을 미치기 때문에, 교단의 전체적 입장을 결정하기 위해 부름받은 사람들은 진지하게 개인적인 연구를 해야 했다. 그 문제는 최종적인 답안을 찾을 수 없는 것이긴 했지만, 우리 대다수가 이 문제로 인해 다시 철저한 연구와 지적인 강의를 할 수 있게 되는 유익을 얻었다.

이런 이유 때문에 나는 리더들은 늘 다른 사람을 가르치는 과정에 참여하는 것이 필수적이라고 생각한다. 다른 사람을 가르치기 위해서는 자신이 먼저 자신의 입장을 정리한 다음 제시할 수 있도록 연구하는 과정을 거쳐야 한다. 가르치기 위해서는 가르침을 받는 사람이 의문을 제기하고 도전할 때 자신의 입장을 합리적으로 제시할 수 있어야 한다. 그러므로 정기적으로 다른 사람을 가르치는 일을 하다 보면 신선한 공부를 하지 않을 수 없게 된다.

우리가 공부를 해야 할 영역은 매우 다양하다. 현 시대의 사건들과 문화적 논제들이 우리의 개인적 공부의 대상에 포함되어야 한다. 신학과 영성은 우리의 지적인 성장을 확대하는 방편으로 쉼 없이 탐구되어야 한다. 리더십, 해석학, 교회 행정과 성장 등과 같은 구체적인 주제들도 다른 관심 영역들과 마찬가지로 평생 학습할 과목이다. 우리가 규칙적으로 도전하는 개인 공부에 실패할 경우 다른 무엇으로도 대치할 수 없다.

브래들리 박사는 영적 리더들이 규칙적인 공부를 해야 할 필요가 있음을 날카롭게 지적한다.

> 인간 영혼의 복잡성은 그 육체의 복잡성 못지 않다는 사실을 감안할 때, 성경, 교리, 기독교 역사를 열심히 공부하는 일의 중요성을 평가 절하함으로써 얻을 것이 무엇이 있을까? 그레고리 대제가 설파한 바와 같이 "영혼의 의사는 육체의 의사보다 더

9. 지적 셀프 리더십

깊은 상처를 치료한다. 그러므로 열정적인 공부 없이 영혼의 의사가 되려고 하는 사람은 아무리 해도 돌팔이 의사 못지 않게 위험하다."[6]

우리 리더들이 다른 사람들의 합당하지 못한 영향을 벗어나 신선한 리더십을 제공할 수 있는 유일한 방법은 열성적인 개인 공부를 실천함으로써 우리의 지성을 예리하게 유지하는 것밖에 없다. 우리가 제공하는 안내와 지도는 대중의 의견을 복제한 것이 아니라, 우리 자신의 사색과 개인적 노작(勞作)의 결과여야 한다. 하나님의 백성은 그런 대접을 받아서는 안 된다.

독서

지적 셀프 리더십의 또 다른 필수적 분야는 독서의 훈련이다. 독서는 진지한 공부뿐 아니라 성공적인 리더십에도 필수적이다.

1980년대 조지아 주 애틀랜타에서 열린 한 대회에 참석했을 때, 삶을 변화시키는 가르침으로 유명한 세계적인 기독교 교육자 하워드 헨드릭스 박사는 매력적인 연설을 했다. 그 중 내게 오늘날까지 중요한 것으로 남아 있는 말은 "독서가는 리더요, 리더는 독서가이다."("Readers are leaders and leaders are readers")라는 말이다. 오늘날 나는 이 말이 진실임을 그 어느 때보다도 절실하게 깨닫는다.

나를 놀라게 하고 당황하게 한 것 가운데 가장 심한 것은 리더십의

---

6) Bradley, "The Discipline of Study," 7.

위치에 있는 사람이 독서를 너무도 안 한다는 것이다. 대중 소설을 정기적으로 읽는 것을 말하는 것이 아니라 가능한 한 지적으로 잘 준비된 사람이 되려는 노력으로 다양한 주제들과 장르를 지속적으로 읽는 문제를 말하는 것이다.

나는 내가 만났던 일부 목사들이 지난 한 해 동안 넌픽션을 한 권도 독파한 일이 없다는 사실에 충격을 받았다. 박사 과정과 석사 과정 모두를 가르치면서 학생들이 내가 제시하는 독서 목록을 받고 괴로워하고 불평하는 소리를 학기마다 들어야 했다. 나는 박사 과정 학생들에게 구체적으로 어떤 책을 읽을 수 없는지, 다시 말해서 그들이 지적으로 이해할 수 없는 책이 어느 책인지를 말하라고 요구했다.

도대체 어떤 일이 일어났기에 리더들이 독서를 거부하고 그것을 불필요한 부담으로 생각하는 것인가? 불행하게도 이런 반응은 갈수록 늘어나고 있다. 문화는 갈수록 다양해져서 프란시스 쉐퍼의 지적처럼 대중의 다수는 "기독교에 대한 기억"[7]을 놀랍도록 제한적으로 가지는 지점에 이르렀다. 이런 다양한 문화의 필요를 충족시키는 데 효과적이고 적절한 리더십을 지속적으로 제공하는 일에 진지한 관심이 있다면 이런 추세를 반드시 바꾸어야 한다.

우리 리더들은 무엇을 읽어야 하는가? 이 시대에 좋은 리더가 되는 데 필요한 지적 발달을 제공할 책의 종류는 어떤 것인가? 우리의 독서의 기초가 되어 줄 책은 최소한 다섯 가지 장르로, 그것은 전기(회고

---

[7] Francis A. Schaeffer, *The Church at the End of the Twentieth Century* (20세기말의 교회-역자 주), 43.

9. 지적 셀프 리더십

록), 현시대 문제를 다루는 책, 전문 분야 발전을 위한 책, 기독교 고전, 현대 기독교 사역이라고 본다.

전기

읽을 수 있는 모든 장르의 책들 가운데서 리더들에게 가장 교훈적이고 유익한 것이 전기라고 나는 확신한다. 이것은 어느 유형의 리더이든 마찬가지다. 우리보다 앞서 간 사람들의 이야기를 읽으면서 배우는 것은 매우 많다. 대다수 전기들의 주제는 그들의 분야에서 영향을 미쳤던 사람, 다시 말해서 리더였던 사람이다. 이런 리더들로부터 우리는 우리의 삶과 리더십을 향상시킬 수 있는 소중한 교훈을 얻을 수 있다. 이 세상과 문화에 현저한 영향을 미쳤던 위대한 리더들의 삶에 하나님이 어떻게 역사하셨는지를 볼 수 있게 된다. 그러므로 어떤 리더의 삶에 대한 전기에서 얻을 수 있는 것은 아무리 강조해도 지나칠 수 없다.

지난 해 내가 읽은 전기들 가운데는 스콧 버그의 린드버그(*Lindbergh*), 론 체르노의 타이탄: 존 록펠러의 생애(*Titan: The Life of John Rockefeller*), 마이클 돕스의 마들렌 알브라이트(*Madeleine Albright*), 밥 젤니크의 고어(*Gore*), 앤 모로우 린드버그의 바다의 선물(*A Gift from the Sea*), 헨리 나우웬의 말년에 대한 자서전적인 기록인 안식의 여정(*Sabbatical Journey*), 변호사이자 산악인인 짐 윅와이어의 모험 중독(*Addicted to Danger*), 지미 버펫이 50세를 바라보며 자신의 생애를 자서전식으로 기록한 50을 바라보는 해적(*A Pirate Looks at Fifty*) 등이 있다.

전기를 읽음으로써 리더가 얻을 수 있는 교훈과 통찰은 아무리 강조해도 모자랄 정도다. 솔직히 나는 어느 전기든지 읽으면 반드시 많은 교훈을 얻고 그리하여 그것을 내가 쓰는 책과 설교, 교육 과정에 사용하게 된다. 책의 주인공은 역사적 인물, 정치적 리더, 종교적 리더, 대중 문화를 이끈 사람이나 모험을 한 인물일 수 있다. 그러나 그것과는 상관 없이 모두 다 나에게 교훈을 주었고 리더로서 지식과 지적 발전에 도움이 되었다.

내가 전기의 중요성을 강조하는 이유는 우리 모두는 자신이 좋아하는 장르만 읽고 익숙하지 않은 것은 소홀히 하기 때문이다. 그러나 우리가 익숙하지 않은 장르를 접하여 새로운 양식의 글과 문학을 경험하게 되면 놀랍고 유익한 결과들을 수없이 얻게 된다. 그러므로 리더들은 반드시 전기물 독서에 높은 우선 순위를 두어야 한다.

현시대 문제를 다루는 책

이런 장르의 책을 시의 적절하게 읽음으로써 현시대의 사건과 문화의 흐름을 사려 깊게 분석하는 것은 매우 중요하다.

최근 윌리엄 베네트와 같은 저자요 리더들이 분노의 죽음 등의 책을 썼는데 이런 것은 이 문화 속에서 사는 영적 리더들이 반드시 읽어야 할 책이다. 밥 브라이너의 으르렁대는 양들, 빌 게이츠의 생각의 속도, 워터게이트 사건으로 유명한 밥 우드워드의 그림자, 달라 코스타의 윤리적 의무 등은 이 혼란스러운 때를 살면서 건전한 리더십을 제공하기 원하는 그리스도인 리더들에게 현시대 사건과 문화에 대해 좋은 시각을 접하게 하는 책들이다.

9. 지적 셀프 리더십

요즘처럼 문화적으로 혼란스러운 때에 건전한 리더십을 발휘하기 원하는 그리스도인 리더는 현대 사회의 문제와 문화에 대한 올바른 시각을 전해 주는 책을 반드시 읽어야 한다.

그리스도인 리더들에게 유익한 독서 자료와 지적 자극을 제공하는 유익한 도구로 "마르스 힐 테이프"(The Mars Hill Tapes)라는 오디오 매거진 시리즈도 있다. 이것은 매월 발행되는 오디오 매거진으로 현대의 추세들에 대해 기독교적 시각으로 심층적이고 지적인 분석을 하고 있다.

전문 분야의 발전을 위한 책

리더가 읽어야 할 또 하나의 중요한 장르는 전문 분야의 발전과 관련한 주제들을 다루는 책이다. 우리가 전문으로 하는 특정 분야를 다루는 최근의 그리고 최고의 글을 간단없이 접하는 것이 중요하다. 기독교 행정가, 교육자, 비영리 기관의 책임자, 지역 교회의 목사, 기독교 간부, 공동체 리더 및 기타 모든 유형의 리더들은 반드시 자신의 리더십을 어떻게 하면 보다 잘 그리고 효과적으로 수행할 수 있는가에 대해 늘 새로운 정보를 얻어야 한다.

구체적으로 언급하자면 너무 많겠지만 이사회 인도, 설교, 교회 행정, 비영리 기관 행정, 비전 제시, 마케팅 등 전문 리더십을 위한 유익한 주제들을 다루는 책들이 많이 있다.

기독교 고전과 현대의 책

마지막으로 우리는 기독교 고전과 현대의 기독교 서적을 균형 있게 읽어야 한다. 맥스 루카도, 유진 피터슨, 찰스 스윈돌, 헨리 나우웬, 존 파이퍼, R. C. 스프룰, 마이클 호튼, 브레넌 매닝, 댈러스 윌라드 등의 저자는 우리가 정기적으로 읽어야 할 책의 저자들이다.[8]

나는 독서시 균형을 유지하는 것이 매우 중요함을 깨달았다. 그래서 나는 전기를 읽은 후에는 현대 문제를 다루는 책을 읽고, 다음에는 현대 기독교 생활에 관한 책을 읽음으로써 가능한 한 폭넓고 효과적인 독서를 하려고 한다.

요즘 나는 영성 훈련 시간에 브레넌 매닝의 부랑아 복음(*The Ragamuffin Gospel*)을 읽고 있다. 그리고 저녁 시간에는 일곱 봉우리(*Seven Summits*)라는 모험서를 읽고 있다. 그리고 저녁 잠자리에 누워서는 밥 우드워드의 그림자라는 책을 읽는데, 이것은 워터게이트 사건 이후의 미국 대통령들을 분석한 책이다. 이렇게 함으로써 나는 동시에 세 가지 장르를 접하고 있다.

계속 교육

우리가 규칙적으로 사용해야 하는 또 다른 도구는 계속 교육 혹은 연장 교육이다. 규칙적으로 교육 기회를 가짐으로써 그런 기회들이 제공하는 아이디어와 사상을 교환하는 일은 매우 중요하다.

---

[8] 다음은 모든 리더들이 반드시 읽어야 한다고 생각하는 필독서들이다. (생명의 말씀사에서 번역 출판됨) 토저의 거룩의 추구, 토마스 아켐피스의 그리스도를 본받아, 어거스틴의 고백록, 스펄전의 목회자 후보생들에게(전3권), 리처드 백스터의 참 목자상, 패커의 하나님을 아는 지식(IVP), 루이스의 스크루테이프의 편지(홍성사), 존 스토트의 *Between Two Worlds*.

9. 지적 셀프 리더십

이렇게 하기 위해 더 높은 학위를 딸 수도 있고 단순히 전문적인 발전을 위한 세미나에 참석할 수도 있다. 어쨌든 공식적이고 구조화된 학습 환경에 참여하는 것은 지속적인 지적 발전에 극히 중요하고 유익하다. 이런 것을 통해 우리는 우리가 읽고 싶은 새로운 저자의 책을 발견할 수도 있고, 또는 탐구하고 싶은 주제들을 찾을 수도 있다. 또 다른 학습자들과의 교류를 통해서 우리가 가진 생각과 선입견이 도전받고 우리의 중요한 사고 방식이 정제되어 더욱 다듬어질 수 있다.

그러므로 정기적으로 계속 교육에 참여하는 것을 대치할 만한 것이 없다. 나는 일 년에 두 번씩은, 아니 가장 이상적으로는 3개월에 한 번씩은 세미나에 참석할 것을 권하고 싶다.

공식적인 계속 교육에 참가하지 않으면 생각이 정체되어 편협적인 리더십으로 발전되고, 이것은 다시 우리가 인도하는 조직과 사람들의 지적인 정체로 이어진다. 학습과 지적 성장을 소중히 여기는 조직 환경을 만들기 원한다면, 반드시 우리 자신의 삶으로 본을 보여야 한다.

예술 활동 참여

몇 해 전 나는 열렬한 제물 낚시광을 소개받았는데, 우연히도 그는 오마하 심포니의 상임 지휘자였다. 나는 항상 열렬한 음악 팬이었지만 그와 친분을 맺음으로써 예술을 더 깊이 탐구하게 되었고 이것은 지적인 성장으로 이어졌다.

아내와 나는 그 심포니 지휘자의 작품 발표회에 꼬박꼬박 참가했고, 클래식 음악과 예술을 더욱 열심히 탐구하기 시작했다. 우리는 그 상임 지휘자 어네스트가 콘서트 전에 하는 강의에 참석하여 그 날 저녁에 연주하는 곡의 작곡자에 대한 그의 탁월한 해석과 다양한 작곡 내용에 대해 들었다. 또 인근의 유명한 예술 박물관이 제공하는 강의에 참가하여 특정 장르의 미술과 그 시대의 음악에 대한 설명을 들었다. 머지않아서 나는 내가 들은 음악의 실황 녹음테이프를 구입했고 그 작곡가의 생애를 담은 전기를 읽기 시작하게 되었다. 내게 깊은 영향을 준 프로그램으로 프랑스 인상주의 시기에 관한 것이 있었는데, 여기서 나는 당시의 음악과 예술이 어떻게 신학의 변화까지 반영하여 오늘까지 남아 있는지를 알게 되었다.

예술(음악, 미술, 연극)에는 우리에게 지적인 차원에서 깊은 영향을 줄 수 있는 것이 있다. 물론 우리가 관심과 열린 마음으로 시간과 노력을 들이는 것이 전제되어야 한다. 이렇게 규칙적으로 예술과 접하는 것이 중요한데도, 종종 리더들은 평생의 지적 발전을 위한 노력에 있어서 소홀하다는 것을 더욱더 확신하게 되었다.

시간을 들여 톱날을 갈아라

빌리 그레이엄은 만일 인생을 다시 살게 된다면 바꾸고 싶은 것이 무엇이냐는 질문을 수없이 들었다. 그러면 그는 리더십과 설교를 위해 자신을 준비하는 일에 두 배의 시간을 들이고, 실제로 리더십을 수행하고 설교하는 일에는 시간을 절반으로 들이고 싶다는 말을 했다.

이 위대한 전도자의 사역의 열매를 살펴볼 때, 그런 대답은 뭔가 잘

9. 지적 셀프 리더십

못되고 불필요한 것처럼 보일 가능성이 많다. 그러나 빌리 그레이엄은 자신이 복음 제시로 미국 문화를 자르는 일을 실제로 시작하기 전에 먼저 지적, 영적 톱날을 가는 데 더 많은 시간을 들였다면, 사역이 훨씬 더 효과적이었을 것이라고 굳게 믿는다. 나는 지난 15년 동안 그레이엄 목사님의 말씀이 모든 리더들에게 유익한 많은 지혜를 담고 있다는 사실을 확신하게 되었다.

1997년 10월 26일 주일 아침, 네브라스카 오마하에서 나는 잠에서 깨어 전혀 예상하지 못한 광경을 보게 되었다. 그 주일 아침, 우리 집 개에게 현관문을 열어 주다가 백색의 바다에 압도당하고 말았다. 밤 사이 도시 전체에 때 이른 백설이 50센티미터 이상 내린 것이었다. 나무들은 아직 낙엽이 다 지지 않았으므로 그 많은 눈의 무게를 감당할 수 없었다. 그래서 집 뒤뜰에 있는 커다란 단풍나무 다섯 그루가 눈 무게를 이기지 못하고 넘어졌다.

오마하 시의 다른 사람들처럼 나도 뒤뜰을 정리하기 위해 나무를 톱으로 자르고 도끼로 찍는 일을 시작했다. 전기톱을 준비하지 못한 터라 오랫동안 묵혀 두었던 톱을 가지고 힘든 육체 노동을 해야 했다. 불행하게도 톱날이 무디어 있었다. 그러나 가진 것이 그것밖에 없었기에 이 무뎌져 적합하지 못한 연장으로 나무를 자를 수밖에 없었다. 이웃 사람들은 강력한 기계톱으로 간단히 나무를 잘랐지만, 나는 이 무디고 녹슨 톱으로 힘들게 일을 해야 했다. 이것은 심한 좌절과 비능률을 보여주는 일이었다.

세 시간 동안 나는 아무것도 성공하지 못하고 뒤죽박죽으로 만들었고 나의 몸은 땀에 젖어 감기로 인한 천식을 앓게 되었다. 이런 절대적 좌절의 노력을 한 끝에 마침내 나는 새 톱을 마련해야 할 때라고 판단했다. 그리하여 새 기계톱을 가지고 신속하게 뒤뜰을 정리할 수 있었다. 처음 세 시간 동안 무모하게, 결실 없이 노력한 것과는 사뭇 대조되는 것이었다.

우리 리더들은 지적 셀프 리더십을 통하여 우리의 지성을 날카롭게 하고 무장시키는 시간이 낭비가 아님을 깨달아야 한다. 실제로 우리의 리더십 과업은 우리의 톱날을 가는 데 들이는 시간의 양에 비례하여 그만큼 쉬워지고 효과적이 될 것이다.

9. 지적 셀프 리더십

셀프 리더십 개발 워크숍

1. 당신은 지적 셀프 리더십을 얼마나 잘 수행하고 있는가? 1에서 10까지의 눈금 위에 표시하라.

지적 추구 영역	전혀 하지 않는다				가끔 한다				아주 잘 한다		점수
공부	1	2	3	4	5	6	7	8	9	10	
독서	1	2	3	4	5	6	7	8	9	10	
계속 교육	1	2	3	4	5	6	7	8	9	10	
예술 활동	1	2	3	4	5	6	7	8	9	10	

총점 :

2. 지적 셀프 리더십 영역 가운데 당신이 가장 많은 관심을 쏟아야 할 영역은?

공부 / 독서 / 계속 교육 / 예술 활동

3. 앞으로 3개월 동안 지적인 발전을 위해 당신이 할 수 있는 행동 2가지를 생각해 보라.

내가 가장 시급하게 개선해야 할 지적인 발전 노력 :
내가 취할 행동 :
1.
2.

셀프 리더십

셀프 리더십 실천 계획

이 책 전체를 통하여 우리는 셀프 리더십이 필요한 영역들을 분석하고 셀프 리더십 기술을 우리의 실생활에 실천하기 위한 계획을 세웠다. 다음 표는 우리가 논의했던 네 영역들 각각에 대해 셀프 리더십을 보다 효과적으로 실천하는 계획을 요약한 것이다.

나의 영적 목표 :	
요소 / 실천방법	계획을 실천하기 위한 나의 일정 (일별, 주별, 분기별 등)
예 : 성경 읽기	일시 : 2002년 5월 23일 내일 5월 23일부터 나는 매일 15-30분을 할애하여 성경을 읽을 것이다. 우선 아침 시간에 읽도록 할 것이다. 만일 여의치 못하면 그 날 중 다른 시간(점심 시간, 취침 시간 등)에 읽도록 할 것이다.
성경 읽기	일시 : _____
기도	일시 : _____
일기 쓰기	일시 : _____
개인 휴양회	일시 : _____

셀프 리더십 실천 계획

나의 신체적 목표 :	
신체적 자원 관리	
요소 / 실천방법	계획을 실천하기 위한 나의 일정 (일별, 주별, 분기별 등)
예 : 식사와 영양 관리	일시 : 2002년 5월 23일 내 몸에 가장 좋은 음식을 먹는 것이 반드시 내 습관이 되도록 할 것이다. 오레오 쿠키를 지나치게 먹지 않도록 할 것이다.
식사와 영양 관리	일시 : _____
체중 관리	일시 : _____
체력 관리	일시 : _____
건강 관리	일시 : _____
개인 휴식과 레크리에이션	
일시 : _____	

나의 "분노" 감정에 대한 목표 :	
나의 분노에 영향을 미치는 부정적 생각 유형들	**나의 분노에 영향을 미치는 부정적 사고 방식에 대한 목표**
예 : 긍정적인 것을 거부하는 사고	일시 : 2002년 5월 23일 나는 모든 상황에서 긍정적으로 생각하도록 노력할 것이다. 사람과 사건들 가운데서 좋은 것을 볼 것이다.
흑백 논리식 사고	일시 : _____
지나친 일반화	일시 : _____
선택적 사고	일시 : _____
긍정적인 것을 거부하는 사고	일시 : _____
성급한 결론	일시 : _____

셀프 리더십 실천 계획

나의 "두려움과 염려" 감정에 대한 목표 :	
나의 두려움과 염려에 영향을 미치는 부정적 생각 유형들	**나의 두려움과 염려에 영향을 미치는 부정적 사고 방식에 대한 목표**
예 : 성급한 결론	일시 : 2002년 5월 23일 나는 성급하게 결론을 내리기 전에 상황을 자세히 파악하도록 할 것이다. 이것은 다른 사람들이 내 뒤에서 하는 말에 대한 두려움을 줄여 줄 것이다.
흑백 논리식 사고	일시 : _____
지나친 일반화	일시 : _____
선택적 사고	일시 : _____
긍정적인 것을 거부하는 사고	일시 : _____
성급한 결론	일시 : _____

나의 "우울" 감정에 대한 목표 :	
나의 우울에 영향을 미치는 부정적 생각 유형들	나의 우울에 영향을 미치는 부정적 사고 방식에 대한 목표
예 : 지나친 일반화	일시 : 2002년 5월 23일 나는 모든 것을 감당할 수 없다고 보고 우울해 하는 대신 할 수 있는 것과 할 수 없는 것을 비교할 것이다.
흑백 논리식 사고	일시 : _____
지나친 일반화	일시 : _____
선택적 사고	일시 : _____
긍정적인 것을 거부하는 사고	일시 : _____
성급한 결론	일시 : _____

셀프 리더십 실천 계획

나의 지적 목표 :	
요소 / 실천방법	계획을 실천하기 위한 나의 일정 (일별, 주별, 분기별 등)
예 : 계속 교육	일시 : 2002년 5월 23일 나는 일 년에 최소한 한 차례는 나의 성장을 도와주어 하나님께 쓰임받도록 준비시켜 주는 세미나 혹은 강좌에 참가할 것이다.
공부	일시 : _____
독서	일시 : _____
계속 교육	일시 : _____
예술 활동	일시 : _____

마치는 글

마치는 글
Leading from the Inside Out

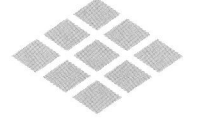 우리 그리스도인 리더들은 영원한 중요성을 가진 일에 참여하는 사람들로서, 우리가 드릴 수 있는 최선의 삶을 살도록 부름받았다. 고린도전서 9:24에서 사도 바울은 "운동장에서 여러 사람이 경주를 할지라도 단 한 사람만 우승한다는 것을 기억하라"고 하였다. 그리고 이어서 "당신이 우승하도록 달리라"고 말한다.

이 시대의 문화에서 우리가 부름받은 리더십 경주는 그 어느 때보다도 힘든 경주이다. 동시에 갈수록 많은 리더들이 경주 중에 넘어져 결승점에 도달할 수 없게 되는 것을 보게 된다. 안타깝게도 수많은 리더들은 리더십 경주에서 전반전까지는 잘 달리지만 곧 심각한 실수를 범하여 상처를 입고 피를 흘리며 길가에 쓰러지고 만다. 하지만 그런 실수는 피할 수 있고 또 마땅히 피해야만 하는 것이다.

이런 현실을 알고 바울은 다음과 같은 훈계로 경주하는 자세를 가르쳐 준다.

셀프 리더십

이기기를 다투는 자마다 모든 일에 절제하나니 저희는 썩을 면류관을 얻고자 하되 우리는 썩지 아니할 것을 얻고자 하노라 그러므로 내가 달음질하기를 향방 없는 것같이 아니하고 싸우기를 허공을 치는 것같이 아니하여 내가 내 몸을 쳐 복종하게 함은 내가 남에게 전파한 후에 자기가 도리어 버림이 될까 두려워함이로라(고전 9:25-27).

셀프 리더십은 바로 이런 것이다. 승리하도록 리더십 경주를 하는 것이다. 셀프 리더십은 당신이 넘어지지 않고 결승점에 잘 도착하도록 자신의 삶을 사는 법을 익히는 것이다.

그러나 한순간도 잊어서는 안 될 사실은 우리가 이 경주에 참여할 수 있는 유일한 이유는, 그리스도 안에서 우리에게 부어진 하나님의 분에 넘치는 은혜 때문이라는 것이다. 우리 자신의 공로로는 이런 경주에 참가할 수 있는 자격이 없다. 또한 우리의 공로로는 경주를 마칠 수도 없다. 정말 그럴 수가 없다.

셀프 리더십은 우리가 노력함으로써 하나님의 선하신 은혜를 받아내거나, 우리의 자기 훈련과 진지한 노력의 결과로 하나님을 설득하여 우리의 노력에 축복하시도록 하는 것이 아니다. 오히려 우리가 영원한 상을 얻기 위해서 달릴 수 있도록 허락된 기회를 최대한 활용하자는 것이다.

셀프 리더십은 경주의 마지막 순간까지 결승점을 향하여 최선을 다하자는 것이다. 우리는 길가에 넘어지거나 간신히 결승점을 통과할 것이 아니라 끝까지 멋지게 달려야 한다. 셀프 리더십은 하나님이 우리

마치는 글

에게 주신 모든 것을 잘 붙들어 우리가 태어나기도 전에 예비해 두신 그 좋은 것들을 모두 다 성취할 수 있도록 우리의 삶을 살기 위한 것이다(엡 2:10 참고).

예수 그리스도의 교회는 도전과 변화의 새 천년을 맞으면서 하나님께서 리더십으로 부르신 사람들을 의지하고 있다. 그들은 성실과 열심으로 리더십을 수행해야 한다. 그것이 그들을 불러 리더십을 삼으신 분을 바르게 그리고 정확하게 반영하는 것이다.

이 책이 리더들을 동기화하고 무장시켜서 승리하도록 경주하게 하며, 그리하여 썩지 아니할 면류관을 받게 되기를 기도한다. 물론 그들은 최후에 결승선을 통과하는 날 그 모든 것을 가능하게 해주신 이인 그리스도의 발 앞에 그 면류관을 벗어 드릴 수 있을 것이다. 그리스도께 영원히 영원히 영광이 있기를.

III

그룹 스터디 가이드

셀프 리더십

그룹 스터디 가이드

제1장
왜 셀프 리더십인가?

1. 셀프 리더십 : 잃어버린 기술

1. 리더의 사적인 생활은 그의 공적 리더십 수행과 관련되어서는 안 된다는 생각에 대해 당신은 어떻게 생각하는가?
2. 리더의 사적인 행위와 공적인 리더십 사이의 이분법 논쟁이 그토록 격화되고 극단으로 치닫고 있는 것에 대해 당신은 어떻게 생각하는가?
3. 이런 이분법이 정기적으로 실천된다면 어떤 결과가 나타날지 말해 보라.
4. 리더의 사생활이 어떤 식으로 그의 공적 리더 생활에 흘러들어가 리더십에 영향을 주게 되는가? 당신이 아는 예를 몇 가지 들어 보라.
5. 지난 50년 동안 리더에 대한 이 "공적/사적" 개념이 어떻게 변화되었다고 생각하는가? 가능하다면 구체적인 예를 들어 보라.
6. 리더의 공적 삶과 사적 삶이 오늘날처럼 불일치하는 근본 원인이 무엇이라고 생각하는가?
7. 일반적으로 이로 인한 사회적 결과는 무엇인가?

2. 셀프 리더십이란 무엇인가?

1. 셀프 리더십이 무엇인지 당신 자신의 말로 써 보라.
2. 경영과 리더십의 차이점은 무엇인가? 이것은 어떻게 셀프 리더십과 연결되는가?
3. 셀프 리더십이 어려운 이유는 무엇인가? 당신에게 가장 어려운 부분은 어떤 것인가?

3. 셀프 리더십의 신학

1. 다음 성경 말씀에서 셀프 리더십의 중요성에 대해 무엇을 배울 수 있는가?

   - 딤전 1:18-19; 3:2-5
   - 딤전 4:6-16
   - 삼상 2:22-36
   - 삼하 11장
   - 민 20:1-13

제 2 장
삶의 가치를 정립하라

1. 인격이 중요하다

1. 개인과 관련하여 "인격"을 어떻게 정의하겠는가?

2. 인격은 어떻게 개인의 행동에 영향을 미치는가?

3. 인격과 관련하여 개인의 공적 행위와 사적 행위 사이를 구분해야 하는가? 그 이유는?

2. 행위라는 시험지

1. 우리의 행동은 어떻게 우리의 가치를 나타내는가?
2. 35페이지에 있는 코우즈와 포스너의 말에 대해 평을 하라.

3. 가치와 행위 일치시키기

1. 자신의 개인적 가치를 만들어 본 일이 있는가? 그것들은 어디서 온 것인가?
2. 우리의 개인적 가치들은 언제나 칭찬할 만하고 긍정적인가? 그 이유는 무엇인가? 왜 그렇게 되는지 설명해 보라.
3. 가치는 어떤 식으로 우리의 도덕적 절대 가치와 관련되는가?

4. 리더십에 있어서 가치의 역할

1. 가치는 리더십에서 어떤 역할을 하는가?
2. 한 리더의 가치가 그가 이끄는 조직의 가치와 충돌될 때 어떤 결과가 나타날 수 있는가? 이런 일의 원인은 무엇인가?
3. 이런 원리가 우리 나라에서 나타나는 것을 본 일이 있다면 이야기해 보라.
4. 리더가 자신의 개인적 가치를 파악하고 정립하는 데 필요한 일을 하는 데 실패하기 쉬운 이유는 무엇인가?

5. 가치의 기초를 확립하는 방법

1. 해당되는 부분을 읽고 당신 자신의 말로 다음의 중요한 과정 각각에 들어가는 내용을 설명하라.

    제1단계

    제2단계

    제3단계

2. 왜 이것이 리더에게 중요한 과정이 되는가?

제 3 장
소명 의식을 가지라

1. 소명이란 무엇인가?

1. 큰 소명(천직)을 정의해 보라.
2. 작은 소명(부업)을 정의해 보라.
3. 현재 우리의 문화는 큰 소명과 작은 소명을 어떻게 혼동하고 있는가?
4. 우리 리더들이 소명 의식을 갖는 것이 왜 중요한가? 그렇지 못하면 어떤 결과가 생기는가?

2. 장막 만드는 자, 사도 바울과 소명

1. 왜 사람들은 초월적 의미 의식을 갈망하는가?
2. 큰 소명은 작은 소명과 어떻게 연관되는가? 이 두 가지가 모두 중

요한 이유는 무엇인가?

3. 바른 직업을 찾는 단서

1. 이 장에서 읽은 것을 바탕으로 우리의 최선의 작은 소명을 찾는 데 도움이 되는 일곱 가지 단서들을 열거하고 설명해 보라.
2. 모세의 삶에서 큰 소명과 작은 소명에 관한 통찰을 얻을 수 있다면 어떤 것이 있는가?

제 4 장
삶의 목표를 세우라

1. 목표의 능력

1. 왜 목표가 우리 사람들에게 그런 강력한 영향을 미친다고 생각하는가?
2. 목표를 세우려 할 때 당신에게 닥치는 가장 큰 도전은 무엇이며 그 이유는 무엇인가?

2. 인생의 목표란 무엇인가?

1. 목표를 당신 자신의 말로 정의해 보라.
2. 인생의 목표란 무엇인가?
3. SMART 목표와 인생의 목표는 무엇이 다른가?
4. 목표 설정에 있어서 SMART 목표가 하는 역할은 무엇인가?

5. 우리가 SMART 목표만 세울 경우 문제점은 무엇인가?

6. 인생의 목표를 세울 때 염두에 두어야 할 6가지 지침은?

7. 인생의 목표가 될 만한 목표를 가졌던 성경의 리더들을 제시해 보라. 그들이 가졌던 인생의 목표들을 제시하고 설명하라.

제5장
삶의 동기화 수준을 측정하라

1. 지식 이상의 것이 필요하다

1. 지식은 셀프 리더십 영역에 어떤 방식으로 능력을 부여하는가?

2. 지식은 어떤 방식으로 셀프 리더십 실천에 대해 책임이 있는가? 예를 들어 보라.

2. 동기화가 문제다

1. 셀프 리더십과 관련하여 동기화를 정의하라.

2. 네 가지 핵심적인 동기화 메커니즘을 말해 보라. 각각에 대해 간단히 설명하라.

3. 이 네 가지 가운데 당신의 삶에서 가장 강력한 것은 무엇인가? 이유는?

4. 가장 약한 것은? 그리고 이유는?

3. 동기화 수준 측정 방법

1. 동기화 요인표로 모세의 동기화 정도를 측정했던 것처럼 성경의 다른 인물에 대해서 그렇게 해보라.
2. 당신의 동기화 수준을 증가시키기 위해 당신이 할 수 있는 일은?

4. 동기화가 이루어지지 않을 경우

1. 동기화 수준을 증가시키는 데 유익한 두 가지 활동을 설명하라.
2. 당신에게는 어떤 것이 효과적일 것 같은가? 그 이유는?

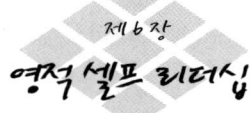

제 6 장 영적 셀프 리더십

1. 개인의 영혼 관리

1. 개인의 영혼 관리가 무엇인지 당신 자신의 말로 설명하라.
2. 개인의 영혼 관리가 당신의 영적 생활에 중요한 이유는 무엇인가?

2. 영성과 리더십

1. 리더십을 논의할 때 영성이 갈수록 중요한 주제로 자리하게 되는 이유는 무엇이라고 생각하는가?

2. 당신의 삶 가운데 영성의 부족으로 리더십에 실패한 경험이 있는가?
3. 당신의 영혼이 나태(영적 무관심, 권태, 열정 부족)에 빠졌을 때, 그것을 어떻게 극복하는가?

3. 효과적인 영혼 관리

1. 성경 읽기를 할 때 다양한 번역본을 사용하는 것이 하나님의 뜻과 마음을 경험하는 일에 어떤 도움을 주는가?
2. 당신이 성경 읽기를 하는 데 가장 이상적인 장소는 어느 곳인가? 그 이유는?
3. 당신은 언제 기도하는 것이 가장 좋은가? 그 이유는?
4. 당신의 기도 시간을 보다 의미있게 하기 위해 어떤 일을 할 수 있는가?
5. 영적인 일기 쓰기가 당신 개인의 영혼 관리에 어떻게 도움이 되었는가? 만일 영적 일기를 써 본 일이 없다면 무엇 때문에 시작하지 못하는가? 그 장애물을 극복하기 위해 당신이 할 수 있는 일은?
6. 예수님 외에 개인 휴양 시간을 가진 성경의 인물들을 찾아보라.
7. 개인 휴양 시간을 갖지 못하도록 방해하는 것은 무엇인가? 당신은 그 장애물을 어떻게 극복할 수 있는가?

   개인 휴양 시간에 당신이 늘 하게 되는(될) 일은 어떤 것인가?
8. 효과적인 영혼 관리의 장애물을 몇 가지 찾아보라.

   그 장애물을 어떻게 극복할 수 있는가?
9. 리더가 영적 셀프 리더십에 관심을 기울이는 것이 왜 중요한가?

제 7 장
신체적 셀프 리더십

1. 개인 자원 관리

1. 그리스도인 리더의 과체중이 일반적으로 그냥 받아들여지는 이유는 무엇인가? 왜 그들의 상태에 대해 지적하는 일이 거의 없을까?
2. 그리스도인들이 신체의 영적 중요성과 그것이 우리의 소명을 성취하는 데 중요한 역할을 한다는 성경의 가르침을 소홀히 하는 경향이 있는 이유는 무엇이라고 생각하는가?
3. 교회에서 알코올을 마시는 것은 진지하게 금지하면서 교제라는 이름으로 음식을 잘못된 방식으로 먹는 습관을 방치하는 이유는 무엇일까?

2. 신체적 셀프 리더십의 요소

1. 신체적 자원 관리의 네 가지 요소를 들고, 그 중에서 당신에게 가장 어려운 것이 어느 것이며 그 이유가 무엇인지 말해 보라.
2. 당신은 음식에 대해 어떤 적절하지 못한 견해를 가지고 있는가? 그것을 바꾸기 위해 어떤 일을 할 수 있겠는가?
3. 우리가 우리 몸으로 하나님께 영광을 돌리기 위해서는 적당한 체중을 유지하는 것이 필수적이라는 데 대해 당신은 동의하는가? 우리의 몸 관리가 어떻게 하나님을 영화롭게 하는가?

그룹 스터디 가이드

4. 만일 당신이 규칙적으로 체력 단련을 한다면, 그렇게 하는 이유는 무엇인가? 그리고 그것을 지속할 수 있는 방법은?
5. 정기 검진을 받는 것이 셀프 리더십과 어떤 관계가 있는가?

3. 휴식과 레크리에이션

1. 의미 있는 휴식과 레크리에이션 면에 있어서 당신에게 가장 큰 도전은 무엇인가?

4. 효과적인 신체적 셀프 리더십의 장애물

1. 이 장에서는 효과적인 신체적 셀프 리더십의 주된 장애물이 어떤 것이라고 하였는가?
2. 이 장애물들 가운데서 당신에게 가장 큰 장애가 되는 것은 무엇이며 그 이유는?
3. 이들 장애물을 극복하고 효과적인 셀프 리더십을 실천하기 위해 당신이 취할 수 있는 구체적인 행동 3가지를 써 보라.

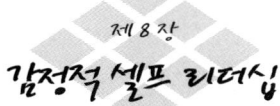

제 8 장
감정적 셀프 리더십

1. 기분의 위험

1. 기분이 성공적인 리더십 수행을 방해하는 방법들을 설명해 보라.

2. 제시된 성경의 예들 가운데서 당신과 가장 가까운 것은 어느 것인가? 왜 그런가?

2. 성경과 감정

1. 분노, 두려움, 염려, 우울 등의 감정 가운데서 당신이 가장 많이 겪는 것은 어느 것인가?
2. 이 감정들은 당신을 어떻게 괴롭히는가?
   당신은 왜 그렇게 고생한다고 생각하는가?
3. 우리 문화에서 매체들이 두려움과 염려를 어떻게 조장한다고 생각하는가?
4. 그리스도인 리더로서 당신은 이런 문화적 영향에 어떻게 대처하겠는가?
5. 영적 리더들이 우울을 인정하고 다루기가 어려운 이유는 무엇이라고 생각하는가?
6. 영적 리더들이 우울을 쉽게 다스리기 위해서는 어떤 일을 할 수 있을까?

3. 기분 다스리기

1. 리더들이 자신의 기분을 다스리는 법을 배워 효과적으로 실천하는 것이 중요한 이유는 무엇인가?
2. 리더가 자신의 기분을 다스리지 못하면 어떤 결과가 생기게 될까?

4. 생각이 그 사람을 결정한다

1. 우울 등의 좋지 못한 기분을 만들어 내는 파괴적인 사고 방식 5

가지를 제시하라.

이 5가지 중에서 당신이 가장 자주 겪는 것은?

제9장 지적 셀프 리더십

1. 리더들의 우민화

1. 그리스도인 리더들의 지적인 활력이 줄어들게 된 주된 원인이 무엇이라고 생각하는가?
2. "복음주의 지성의 스캔들"을 당신의 입장에서 설명해 보라.
3. 당신이 평생 학습자가 되는 데 있어서 가장 큰 장애물은 무엇인가?

2. 지적 셀프 리더십의 실천 방법

1. 9장에 제시된 지적 셀프 리더십의 실천 방법 4가지를 제시하라.
2. 이 4가지 방법들 가운데 당신이 보기에 가장 쉬운 것과 가장 어려운 것을 그 이유와 함께 이야기하라.
3. 당신은 "독서가는 리더요, 리더는 독서가이다(Readers are Leaders and leaders are readers)"라는 말에 동의하는가? 왜 그런가?
4. 당신은 어느 장르를 독서하기 좋아하는가? 그리고 어떤 장르의 책이 읽기 힘든가?

5. 당신의 독서의 폭을 넓히기 위해 취할 수 있는 구체적인 행동은?
6. 지속적인 지적 성장에 실패할 경우 그것이 어떤 식으로 당신의 리더십에 부정적인 영향을 미치는가?
7. 지적 셀프 리더십이 어떤 방식으로 특별히 그리스도인 리더에게 적용되는지 설명해 보라.

사명선언문

너희가 흠이 없고 순전하여……세상에서 그들 가운데 빛들로
나타내며 생명의 말씀을 밝혀 _ 빌 2:15-16

1. 생명을 담겠습니다
만드는 책에 주님 주신 생명을 담겠습니다.
그 책으로 복음을 선포하겠습니다.

2. 말씀을 밝히겠습니다
생명의 근본은 말씀입니다.
말씀을 밝혀 성도와 교회의 성장을 돕겠습니다.

3. 빛이 되겠습니다
시대와 영혼의 어두움을 밝혀 주님 앞으로 이끄는
빛이 되는 책을 만들겠습니다.

4. 순전히 행하겠습니다
책을 만들고 전하는 일과 경영하는 일에 부끄러움이 없는
정직함으로 행하겠습니다.

5. 끝까지 전파하겠습니다
모든 사람에게, 땅 끝까지, 주님 오시는 그날까지
복음을 전하는 사명을 다하겠습니다.

서점 안내

광화문점 서울시 종로구 새문안로 69 구세군회관 1층
　　　　　 02)737-2288(T) 02)737-4623(F)

강남점   서울시 서초구 신반포로 177 반포쇼핑타운 3동 2층
　　　　　 02)595-1211(T) 02)595-3549(F)

구로점   서울시 구로구 시흥대로 577 3층
　　　　　 02)858-8744(T) 02)838-0653(F)

노원점   서울시 노원구 동일로 1366 삼봉빌딩 지하 1층
　　　　　 02)938-7979(T) 02)3391-6169(F)

분당점   경기도 성남시 분당구 황새울로 315 대현빌딩 3층
　　　　　 031)707-5566(T) 031)707-4999(F)

신촌점   서울시 마포구 서강로 144 동인빌딩 8층
　　　　　 02)702-1411(T) 02)702-1131(F)

일산점   경기도 고양시 일산서구 중앙로 1391 레이크타운 지하 1층
　　　　　 031)916-8787(T) 031)916-8788(F)

의정부점 경기도 의정부시 청사로47번길 12 성산타워 3층
　　　　　 031)845-0600(T) 031) 852-6930(F)

인터넷서점 www.lifebook.co.kr